Vieja y nueva política
Escritos políticos I (1906-1919)

José Ortega y Gasset

Vieja y nueva política

Escritos políticos I (1906-1919)

 **Alianza** editorial
El libro de bolsillo

Diseño de colección: Estrada Design
Diseño de cubierta: Manuel Estrada
Fotografía de Javier Ayuso

PAPEL DE FIBRA
CERTIFICADA

© *Vieja y nueva política. (Conferencia dada en el Teatro de la Comedia el 23 de marzo de
   1914)* (1914), Herederos de José Ortega y Gasset.
© *[Discurso para los Juegos Florales de Valladolid]* (1906), Herederos de José Ortega y Gasset.
© *Reforma del carácter, no reforma de costumbres* (1907), Herederos de José Ortega y Gasset.
© *La reforma liberal* (1908), Herederos de José Ortega y Gasset.
© De re politica (1908), Herederos de José Ortega y Gasset.
© *Los problemas nacionales y la juventud* (1909), Herederos de José Ortega y Gasset.
© *Imperialismo y democracia* (1910), Herederos de José Ortega y Gasset.
© *Imperialismo y democracia.- II* (1910), Herederos de José Ortega y Gasset.
© *Las revoluciones* (1910), Herederos de José Ortega y Gasset.
© *[El problema español]* (1910), Herederos de José Ortega y Gasset.
© *Una respuesta a una pregunta* (1911), Herederos de José Ortega y Gasset.
© *De Puerta de Tierra* (1912), Herederos de José Ortega y Gasset.
© *Competencia* (1913), Herederos de José Ortega y Gasset.
© *Liga de Educación Política Española* (1913), Herederos de José Ortega y Gasset.
© *[Notas para dos reuniones de la Liga de Educación Política Española]* (1913), Herederos de
   José Ortega y Gasset.
© España *saluda al lector y dice:* (1915), Herederos de José Ortega y Gasset.
© *La nación frente al Estado* (1915), Herederos de José Ortega y Gasset.
© *Una manera de pensar* (1915), Herederos de José Ortega y Gasset.
© *Hacia una mejor política* (1917), Herederos de José Ortega y Gasset.
© *Hacia una mejor política* (1918), Herederos de José Ortega y Gasset.
© *La verdadera cuestión española* (1918), Herederos de José Ortega y Gasset.
© *La fiesta de los ingenieros.- Competencia y política* (1919), Herederos de José Ortega y
   Gasset.
© Alianza Editorial, S. A., Madrid, 2024
   Calle Valentín Beato, 21
   28037 Madrid
   www.alianzaeditorial.es

ISBN: 978-84-1148-741-2
Depósito legal: M. 11.578-2024
Printed in Spain

Si quiere recibir información periódica sobre las novedades de Alianza Editorial, envíe
un correo electrónico a la dirección: alianzaeditorial@anaya.es

Índice

Nota preliminar

En esta edición iniciamos el recorrido por los escritos de contenido político de Ortega, presentando junto a *Vieja y nueva política* algunos de los momentos fundamentales en la interpretación de su circunstancia desde una perspectiva política en los primeros años de su producción intelectual.

Es necesario señalar que los dos aspectos del proyecto intelectual de Ortega consisten en la comprensión de su circunstancia y la intervención activa para su «salvación». Ello es especialmente claro en los primeros años de su trayectoria, cuando la primera y la segunda motivación, específicamente política, van de la mano en sus ensayos a través del medio periodístico, medio en que Ortega se presenta en sociedad y puede ajustarse a ese proyecto que entiende como generacional –en primer lugar, el periódico que dirige su familia, *El Imparcial*. Entre sus primeras colaboraciones, aparecen sus «Notas de Berlín» en 1905 y 1906, como corresponsal del periódico en la ciudad alemana cubriendo la visita del Rey Alfonso XIII.

Con un claro tono crítico como constante, la prosa de Ortega analiza cada momento de la coyuntura española con luces de optimismo, pero también con momentos de desánimo ante los acontecimientos. Muestra además la complejidad de un momento histórico en que la crisis toma magnitud de dominio público a partir el «Desastre del 98» y la desconexión con los importantes territorios ultramarinos de Cuba, Puerto Rico y Filipinas. Acontecimiento que evidencia a la generación de intelectuales que lo viven una profunda crisis política, social y económica del llamado régimen de la Restauración ante la cual hay que reaccionar. Con ellos —algunos de los cuales, sus maestros y mentores— y con las principales figuras políticas españolas, teniendo a la sociedad española como público y trasfondo, dialoga Ortega, incorporándose a un proyecto que en todo momento entiende como común, y en que el filósofo madrileño se integra activamente con el bagaje cultural ganado tras su segunda estancia en Alemania: el ejercicio de comprensión e intervención en su circunstancia. Va más allá en el caso de Unamuno y de Ramiro de Maeztu entre 1908 y 1910, con quienes entra en debate sobre el escenario público del medio periodístico. Con el primero de ellos, debate acerca de la pertinencia de la cultura asimilada desde Europa para la regeneración de la sociedad española —en esta línea, además de «Unamuno y Europa, fábula», las presentaciones de «Asamblea para el progreso de las ciencias» y «La pedagogía social como programa político», ensayos ya publicados en *Meditación de Europa* en esta Biblioteca de autor y por ello no recogidos en esta edición—, y, con el segundo, acerca del polo sobre el que enfocar esa propuesta de solución: los hombres o las ideas.

La obra con que Ortega vertebra la problemática española en estos primeros años de su trayectoria y encauza una propuesta común de intervención desde el plano cultural, dando a conocer a la sociedad su circunstancia para su transformación, es su conferencia *Vieja y nueva política*, impartida en el Teatro de la Comedia de Madrid el 23 de marzo de 1914, año en que manda también a la imprenta la obra con que, de manera complementaria, expone el método de comprensión de su circunstancia, *Meditaciones del Quijote*. La primera de las dos, que editamos en este volumen, responde a la necesidad de organizar las perspectivas de sus contemporáneos en una propuesta común, que sobre el plano político se cifra en la presentación de la Liga de Educación Política Española, nacida en 1913, cuyo manifiesto fundacional redacta Ortega y acompaña a la edición de *Vieja y nueva política*, firmado por algunos de los más destacados jóvenes intelectuales del país junto a algunos de la generación precedente. La aventura, sin embargo, dura poco y la situación adquiere complejidad de manera inmediata cuando estalla la Primera Guerra Mundial, en la cual España se mantiene neutral. Como *Anexos* a la obra incluimos: «Liga de Educación Política Española», borrador del «Prospecto» redactado en otoño de 1913, y «[Notas para dos reuniones de la Liga de Educación Política Española]», que agrupa dos manuscritos preparados para sendas intervenciones de Ortega en las primeras reuniones de la asociación.

Incluimos en esta edición, además, los escritos políticos que enumeramos a continuación en el orden cronológico

en que se presentan. Remontándonos a 1906, apenas iniciada la colaboración de Ortega en el periódico familiar, prepara el «[Discurso para los Juegos Florales de Valladolid]»
para la lectura por su padre, José Ortega Munilla, en la ce-
remonia de entrega de premios de los Juegos Florales valli-
soletanos, texto que se conserva con añadidos manuscritos
de otras manos, editados entre corchetes. Del año siguiente, publicado en primera plana en *El Imparcial* el 5 de octubre de 1907, recogemos «Reforma del carácter, no reforma
de costumbres», artículo dirigido al gobierno conservador de
Antonio Maura. Otro momento importante en su intervención tendría lugar al año siguiente con el artículo «La
reforma liberal», en el periódico *Faro* de 23 de febrero de
1908, iniciando un debate con Gabriel Maura, hijo del presidente y líder de las juventudes conservadoras. Del mismo
año, recogemos el artículo «*De re politica*», de evidente re-
levancia temática, publicado en *El Imparcial* el 31 de julio
de 1908. A continuación, ofrecemos «Los problemas nacionales y la juventud», primera parte del texto escrito con
ocasión de la conferencia que imparte con el mismo título
en el Ateneo de Madrid el 11 de octubre de 1909, de gran
repercusión. Del año siguiente, incluimos «Imperialismo y
democracia», publicado en *El Imparcial* el 12 de enero de
1910, e «Imperialismo y democracia.– II», texto de la segunda entrega —no publicada finalmente por Ortega— del
artículo homónimo. Recogemos a continuación el artículo
«Las revoluciones», que contiene la segunda parte, publicada en *Vida Socialista* el 6 de febrero de 1910, del texto preparado para la conferencia impartida en el Ateneo en octubre de 1909. Tras él, incluimos el escrito «[El problema
español]», redactado en 1910 y que no entrega a galeradas,

en el cual trata sobre el liberalismo, haciendo alusión, entre otros, a Ramiro de Maeztu. Del año siguiente es el artículo recogido a continuación, «Una respuesta a una pregunta», publicado en dos entregas en *El Imparcial* el 13 y el 21 de septiembre de 1911. Del año siguiente, se ofrece el resonante artículo «De Puerta de Tierra», publicado en tres entregas en *El Imparcial* el 19 y el 20 de septiembre y el 20 de octubre de 1912. Tras él, incorporamos el ensayo en cuyo título Ortega demanda «Competencia», serie de dos artículos publicada en *El Imparcial* los días 8 y 9 de febrero de 1913, año en que se formaría el primer intento de participación directa de Ortega en la política, la Liga de Educación Política Española. Tras la importante fecha de 1914, recogemos el artículo en que el filósofo madrileño presenta su nuevo proyecto, «*España* saluda al lector y dice.», publicado el 29 de enero de 1915 en el periódico homónimo promovido por Ortega. Del mismo año, incluimos «La nación frente al Estado», artículo publicado en *España* el 12 de febrero de 1915, y «Una manera de pensar», publicado en dos entregas en el mismo periódico el 7 y el 14 de octubre de 1915. Gracias a la repercusión personal y social de su viaje a Argentina en 1916, Ortega —que había roto su colaboración con el diario familiar tras el artículo «De un estorbo nacional» de 1913, donde critica la posición del Partido Liberal en que milita su tío Rafael Gasset— encuentra renovadas fuerzas, iniciando su colaboración con Nicolás María de Urgoiti en el diario *El Sol* —habiendo intentado antes condensar sus ensayos en periódicos alternativos promovidos por él, como fueron *Faro* en 1908, *Europa* en 1910 y el mencionado *España* en 1915. En el marco de la formación de *El Sol*, que sería el diario en que Ortega publique habitualmente a partir de 1917, ofrecemos al lector el ensayo «Hacia una mejor política», serie de tres artículos publicados los días 7, 9 y 28 de diciembre de la decisiva fecha de 1917. A continuación, la serie homónima «Hacia una mejor política», que consta de cinco artículos publicados en *El Sol* los días 22 de enero y 15, 21, 22 y 24 de febrero de 1918. Del mismo año, «La verdadera cuestión española», publicado en dos entregas en *El Sol* el 12 y el 26 de agosto de 1918. Y, en último lugar, recogemos «La fiesta de los ingenieros.— Competencia y política», artículo publicado en *El Sol* el 21 de junio de 1919, cerrando el arco de fechas con el fin de la década.

Es necesario detenernos en el contexto de la época tratada. Las dos vertientes de la actividad intelectual de Ortega son cada vez más difícilmente integrables, reclamando cada foco una más detenida atención por su parte. En España, la situación venía siendo ya muy inestable, con acontecimientos como la prolongada Guerra de Marruecos —desde 1909—; la «Semana Trágica de Barcelona» en verano de ese mismo año, con la huelga, la represión y el fusilamiento del pedagogo anarquista Ferrer i Guàrdia, acusado de instigarla, y la crisis del gobierno de Antonio Maura; y el levantamiento de las Juntas de Defensa del Arma de Infantería en verano de 1917, organización de carácter sindical formada en el ejército, y la consiguiente tensión militar en el país, que lleva a dimitir al entonces presidente García Prieto —año en que también tienen lugar la Asamblea de Parlamentarios en Barcelona, exigiendo la convocatoria de Cortes Constituyentes para conseguir la autonomía regional, y la Huelga General. Ortega responde a la situación de su país en esa difícil fecha publicando el artículo de hondo calado titulado «Del momento político. Bajo el arco en ruina», que recogería en 1931 en su libro *La redención de las provincias y la decencia nacional.* Pero la situación por la cruenta guerra en Europa es, a su vez, crecientemente problemática con la Revolución en Rusia en ese año de 1917. Estos acontecimientos suponen nuevas indentaciones al esfuerzo del intérprete activo de la circunstancia española y continental.

Los volúmenes de esta «Biblioteca de autor José Ortega y Gasset» presentan un texto nacido del trabajo filosófico, filológico e historiográfico del equipo del Centro de Estudios Orteguianos de la Fundación José Ortega y Gasset – Gregorio Marañón. La investigación se ha desarrollado durante más de una década y ha permitido depurar malas lecturas y erratas de ediciones anteriores, al tiempo que se han descubierto numerosos textos desconocidos, algunos de los cuales no se habían vuelto a publicar desde su primera edición y otros eran inéditos; en ambos casos, enriquecen esta «Biblioteca».

Se ofrece al lector el texto según la última versión que el autor publicó. En el caso de la obra editada de forma póstuma, se sigue el manuscrito más próximo a una versión definitiva. El exhaustivo análisis de los testimonios conservados en el archivo del filósofo ha permitido una fijación textual que en numerosos casos difiere de las ediciones anteriores. Se ha respetado esencialmente la puntuación del propio Ortega, aunque se ha revisado en el caso de la obra póstuma. Se conservan los rasgos estilísticos del autor —como por ejemplo su reconocible «rigoroso» frente al más común «riguroso»—, los resaltes expresivos y particularidades morfosintácticas de su uso lingüístico (mayúsculas para re-marcar un concepto, concordancias *ad sensum*, leísmos, laísmos), así como las distintas grafías en nombres de personas y lugares.

En la medida de lo posible, se evita la intervención de los editores en el texto, de modo que se mantiene la versión original incluso cuando se ha detectado algún lapsus —generalmente de precisión de una fuente al citar el autor de memoria. No se pretende dar un texto perfeccionado sino aquel que Ortega entregó a las prensas o en el que trabajaba para su publicación si nos referimos a la obra que dejó inédita. Los añadidos de los editores van siempre entre corchetes, así como los títulos que no son originales del filósofo. Las notas al pie de los editores se indican con *.

En la edición de los textos del presente volumen han participado Carmen Asenjo Pinilla, Iván Caja Hernández-Ranera y Jaime de Salas Ortueta, quienes agradecen el trabajo de investigación y fijación textual previo de sus compañeros Ignacio Blanco Alfonso, Cristina Blas Nistal, José Ramón Carriazo Ruiz, María Isabel Ferreiro Lavedán, Iñaki Gabaráin Gaztelumendi, Felipe González Alcázar, Azucena López Cobo, Juan Padilla Moreno y Javier Zamora Bonilla.

Vieja y nueva política

(Conferencia dada en el Teatro de la Comedia
el 23 de marzo de 1914)

Antes de comenzar a decir lo que he de deciros tengo que empezar dándoos gracias por la benévola curiosidad con que habéis acudido a esta cita de difusa esperanza española, y pediros que, dilatando un poco más vuestra benevolencia, suspendáis un momento los juicios previos que hayáis formado sobre lo que este acto, como todo acto, tiene de personal. Porque antes de que las palabras vuelquen su sentido sobre los que escuchan, llegan a la audición como sones timbrados por una voz de un individuo, y pudiera ocurrir que el haber juzgado previamente inmodesto y excesivo que ese individuo levante su voz dañe a la comprensión seria de los pensamientos que van a conducir las palabras sobre sus alas sonoras.

Harto conozco no ser uso en nuestro país que a quien no ha entrado en un cierto gremio formado por gentes que ejercen un equívoco oficio bajo el nombre de políticos se le repute como un normal derecho venir a hablar en público de los grandes temas nacionales. Al político, sí; a ése le es permitido hablar de medicina en la apertura de una Academia, de agricultura en una Sociedad campesina, de poesía en un Ateneo; estoy por decir que de teología en todas partes; pero a quien no es político, ¡hablar de política! Esto es hacer usos nuevos, y nada arguye tan grande inmodestia como el intento de nuevos usos. Por eso, yo os ruego que con generosidad desarticuléis de vuestro estado de espíritu actual estas opiniones, tal vez justas, contra mi persona, y siento no encontrar en este instante fórmula ni modo para decir en una sola frase hondamente cordial, en que ambas cosas quedaran por igual acentuadas, que os pido perdón por lo que acaso es mi osadía, pero que no tengo derecho en el resto de mi conferencia a renunciar, por pareceros humilde, a la energía y hasta a la acritud propia a algunas ideas que voy a exponer. Escuchadme, pues, como una voz anónima y sin timbre individual que viniera a sonar entre vosotros.

Porque, en verdad, no se trata de mí ni de unas ideas mías. Yo vengo a hablaros en nombre de la Liga de Educación Política Española, una Asociación hace poco nacida, compuesta de hombres que, como yo y buena parte de los que me escucháis, se hallan en el medio del camino de su vida. No se trata, por consiguiente, de ideas originales que puedan haber sobrevenido al que está hablando en una buena tarde; se trata de todo lo contrario: de ideas, de sentimientos, de energías, de resoluciones comunes, por fuerza, a todos los que hemos vivido sometidos a un mismo régimen de amarguras históricas, de toda una ideología y toda una sensibilidad yacente, de seguro, en el alma colectiva de una generación que se caracteriza por no haber manifestado apresuramientos personales; que, falta tal vez de brillantez, ha sabido vivir con severidad y con tristeza; que no habiendo tenido maestros, por culpa ajena, ha tenido que rehacerse las bases mismas de su espíritu; que nació a la atención reflexiva en la terrible fecha de 1898, y desde entonces no ha presenciado en torno suyo, no ya un día de gloria ni de plenitud, pero ni siquiera una hora de suficiencia. Y, por encima de todo esto, una generación, acaso la primera, que no ha negociado nunca con los tópicos del patriotismo y que, como tuve ocasión de escribir no hace mucho, al escuchar la palabra España no recuerda a Calderón ni a Lepanto, no piensa en las victorias de la Cruz, no suscita la imagen de un cielo azul y bajo él un esplendor, sino que meramente siente, y esto que siente es dolor.

Quisiera gritar lo menos posible. Decía Leonardo de Vinci que *dove si grida non è vera scienza*, donde se grita no hay buen conocimiento. La Liga de Educación Política se propone mover un poco de guerra a esas políticas tejidas exclusivamente de alaridos, y por eso, aun cuando cree que sólo hay política donde intervienen las grandes masas sociales, que sólo para ellas, con ellas y por ellas existe toda política, comienza dirigiéndose primero a aquellas minorías que gozan en la actual organización de la sociedad del privilegio de ser más cultas, más reflexivas, más responsables, y a éstas pide su colaboración para inmediatamente transmitir su entusiasmo, sus pensamientos, su solicitud, su coraje, sobre esas pobres grandes muchedumbres dolientes.

EN LAS ÉPOCAS DE CRISIS,
LA VERDADERA OPINIÓN PÚBLICA
NO ES LA EXPRESADA POR LOS TÓPICOS AL USO

Al hablaros, frente a la vieja, de una nueva política, no aspiro, por consiguiente, a inventar ningún nuevo mundo. Acercándose a la política es cuestión de honradez para el ideólogo torcer el cuello a sus pretensiones de pensador original. Un principio, nuevo como idea, no puede mover a las gentes. Nueva política es nueva declaración y voluntad de pensamientos, que, más o menos claros, se encuentran ya viviendo en las conciencias de nuestros ciudadanos.

Decía genialmente Fichte que el secreto de la política de Napoleón, y en general el secreto de toda política, consiste simplemente en esto: declarar lo *que es*, donde *por lo que es* entendía aquella realidad de subsuelo que viene a constituir en cada época, en cada instante, la opinión verdadera e íntima de una parte de la sociedad.

Todos habréis experimentado hasta qué punto es difícil saber cuáles son nuestras verdaderas, íntimas, decisivas opiniones sobre la mayor parte de las cosas: hablamos de ellas, opinamos sobre ellas, porque el trato o la utilidad nos obligan a decir algo, a tomar alguna posición. Pero bien notamos que algo en nosotros se resiste a reconocer en esas opiniones emitidas por nuestros labios nuestras verdaderas opiniones: no daríamos por ellas ni una sola hora de sueño. Y no es que mintamos: esto supondría que decimos una cosa y pensamos claramente otra. Lo único de que sinceramente nos percatamos es de que allá el fondo oscuro e íntimo de nuestra personalidad no se siente ligado integralmente a esas opiniones que dicen nuestros labios o que hace como que piensa nuestra mente; no son opiniones sentidas; no son, por tanto, nuestras opiniones. Son los tópicos recibidos y ambientes, son las fórmulas de uso mostrenco que flotan en el aire público y que se van depositando sobre el haz de nuestra personalidad como una costra de opiniones muertas y sin dinamismo.

La política es tanto como obra de pensamiento obra de voluntad; no basta con que unas ideas pasen galopando por unas cabezas; es menester que socialmente se realicen, y para ello que se pongan resueltamente a su servicio las energías más decididas de anchos grupos sociales.

Y para esto, para que las ideas sean impetuosamente servidas, es menester que sean antes plenamente queridas, sin reservas, sin escepticismo, que hinchen totalmente el volumen de los corazones.

Mas ocurre que las gentes, unas por falta de cultura, otras por falta de poder reflexivo, otras porque no han tenido solaz, otras por falta de valor (ya veremos que también hace falta algún valor para pensar lealmente consigo mismo), no han podido ver claro, formularse claramente ese su íntimo hondo sentir. De aquí la misión que, según Fichte, compete al político, al verdadero político: *declarar lo que es*, desprenderse de los tópicos ambientes y sin virtud, de los motes viejos y, penetrando en el fondo del alma colectiva, tratar de sacar a luz en fórmulas claras, evidentes, esas opiniones inexpresas, íntimas de un grupo social, de una generación, por ejemplo. Sólo entonces será fecunda la labor de esa generación: cuando vea claramente qué es lo que quiere.

En épocas críticas puede una generación condenarse a histórica esterilidad por no haber tenido el valor de licenciar las palabras recibidas, los credos agónicos, y hacer en su lugar la enérgica afirmación de sus propios, nuevos sentimientos. Como cada individuo, cada generación, si quiere ser útil a la humanidad, ha de comenzar por ser fiel a sí misma.

Comprenderéis que el empeño parece en tal punto excesivo, que tomarlo alguien sobre sí, y, sobre todo, alguien como yo, sería sencillamente intolerable, si no estuviéramos todos y cada uno obligados a ensayarlo en todos los momentos, cada cual a su manera.

Nuestra generación parece un poco remisa a acudir a una brecha donde es menester que ponga su cuerpo. Y esto no sería tan absolutamente grave como es si no trajera consigo y significara el fracaso de nuestra generación, y si este fracaso de nuestra generación no fuera, tal vez, según los momentos que llegan, posible anuncio del fracaso definitivo de nuestro pueblo.

Es una ilusión pueril creer que está garantizada en alguna parte la eternidad de los pueblos; de la historia, que es una arena toda de ferocidades, han desaparecido muchas razas como entidades independientes. En historia, vivir no es dejarse vivir; en historia, vivir es ocuparse muy seriamente, muy conscientemente del vivir, como si fuera un oficio. Por esto es menester que nuestra generación se preocupe con toda consciencia, premeditadamente, orgánicamente, del porvenir nacional. Es preciso, en suma, hacer una llamada enérgica a nuestra generación, y si no la llama quien tenga positivos títulos para llamarla, es forzoso que la llame cualquiera, por ejemplo, yo.

La España oficial y la España vital

Casi diría que los pensamientos más urgentes que tenemos que comunicarnos unos a otros podrían nacer todos de la meditación de este hecho: que sea preciso llamar a las nuevas generaciones. Esto quiere decir, por lo pronto, que no están ahí, en su puesto de honor.

Naturalmente, por nuevas generaciones no se me ha de entender sólo esos pocos individuos que gozan de privilegios sociales por el nacimiento o por el personal esfuerzo, sino igualmente a las muchedumbres coetáneas. Más aún; las muchedumbres, para los efectos políticos, tienen siempre como una media edad: el pueblo ni es nunca viejo ni es nunca infantil: goza de una perpetua juventud. De modo, que decir que las generaciones nuevas no han acudido a la política es como decir que el pueblo, en general, vive una falta de fe y de esperanzas políticas gravísima.

Con todos sus terribles defectos, señores, habían, hasta no hace mucho, los partidos políticos, los partidos parlamentarios, subsistido como inmersos en la fluencia general de la vida española; nunca había faltado por completo una actividad de ósmosis y endósmosis entre la España parlamentaria y la España no parlamentaria, entre los organismos siempre un poco artificiales de los partidos y el organismo espontáneo, difuso, envolvente, de la nación. Merced a esto pudieron ir renovando, evolutivamente, de una manera normal y continua, sus elementos conforme los perdían. Cuando la muerte barría de un partido los miembros más antiguos, los huecos se llenaban automáticamente por hombres un poco más jóvenes, que, incorporando al tesoro ideal de principios del partido algo de esa su poca novedad, dotaban al programa, y lo que es más importante, a la fisonomía moral del grupo, de poderes atractivos sobre las nuevas generaciones. Pero desde hace algún tiempo esa función de pequeñas renovaciones continuas en el espíritu, en lo intelectual y moral de los partidos, ha venido a faltar, y privados de esa actividad —que es la mínima operación orgánica—, esa actividad de ósmosis y endósmosis con el ambiente, los partidos se han ido anquilosando, petrificando, y, consecuentemente, han ido perdiendo toda intimidad con la nación.

Estas expresiones mías, sin embargo, no aciertan a declarar con evidencia la enorme gravedad de la situación: parecen, poco más o menos, como esa frase estereotipada de que usan los periódicos cuando suelen anunciar que tal Gobierno se ha apartado de la opinión. Pero yo me refiero a una cosa más grave. No se trata de que un Gobierno se haya apartado en un asunto transitorio de legislación o de ejercicio autoritario, de la opinión pública, no; es que los partidos íntegros de que esos Gobiernos salieron y salen, es que el Parlamento entero, es que todas aquellas Corporaciones sobre que influye o es directamente influido el mundo de los políticos, más aún, los periódicos mismos, que son como los aparatos productores del ambiente que ese mundo respira, todo ello, de la derecha a la izquierda, de arriba abajo, está situado fuera y aparte de las corrientes centrales del alma española actual. Yo no digo que esas corrientes de la vitalidad nacional sean muy vigorosas (dentro de poco veremos que no lo son), pero, robustas o débiles, son las únicas fuentes de energía y posible renacer. Lo que sí afirmo es que todos esos organismos de nuestra sociedad —que van del Parlamento al periódico y de la escuela rural a la Universidad—, todo eso que, aunándolo en un nombre, llamaremos la España oficial, es el inmenso esqueleto de un organismo evaporado, desvanecido, que queda en pie por el equilibrio material de su mole, como dicen que después de muertos continúan en pie los elefantes.

Esto es lo grave, lo gravísimo.

Se ha dicho que todas las épocas son épocas de transición. ¿Quién lo duda? Así es. En todas las épocas la sustancia histórica, es decir, la sensibilidad íntima de cada pueblo, se encuentra en transformación. De la misma suerte que, como ya decía el antiquísimo pensador de Jonia, no podemos bañarnos dos veces en el mismo río, porque éste es algo fluyente y variable de momento a momento, así cada nuevo lustro, al llegar, encuentra la sensibilidad del pueblo, de la nación, un poco variada. Unas cuantas palabras han caído en desuso y otras se han puesto en circulación; han cambiado un poco los gustos estéticos y los programas políticos han trastrocado algunas de sus tildes. Esto es lo que suele acontecer. Pero es un error creer que todas las épocas son en este sentido épocas de transición. No, no; hay épocas de brinco y crisis subitánea, en que una multitud de pequeñas variaciones acumuladas en lo inconsciente brotan de pronto, originando una desviación radical y momentánea en el centro de gravedad de la conciencia pública.

Y entonces sobreviene lo que hoy en nuestra nación presenciamos: dos Españas que viven juntas y que son perfectamente extrañas: *una España oficial* que se obstina en prolongar los gestos de una edad fenecida, y otra España aspirante, germinal, *una España vital*, tal vez no muy fuerte, pero vital, sincera, honrada, la cual, estorbada por la otra, no acierta a entrar de lleno en la historia.

Éste es, señores, el hecho máximo de la España actual, y todos los demás no son sino detalles que necesitan ser interpretados bajo la luz por aquél proyectada.

Lo que antes decíamos de que las nuevas generaciones no entran en la política, no es más que una vista parcial de las muchas que pueden tomarse sobre este hecho típico: las nuevas generaciones advierten que son extrañas totalmente a los principios, a los usos, a las ideas y hasta al vocabulario de los que hoy rigen los organismos oficiales de la vida española. ¿Con qué derecho se va a pedir que lleven, que traspasen su energía, mucha o poca, a esos odres tan caducos, si es imposible toda comunidad de transmisión, si es imposible toda inteligencia?

En esto es menester que hablemos con toda claridad. No nos entendemos la España oficial y la España nueva, que, repito, será modesta, será pequeña, será pobre, pero que es otra cosa que aquélla; no nos entendemos. Una misma palabra pronunciada por unos o por otros significa cosas distintas, porque va, por decirlo así, transida de emociones antagónicas.

Tal vez alguien diga que son estas afirmaciones gratuitas del sesgo acostumbrado siempre y conocido a la vanidad de los ideólogos.

Creo que para obviar este juicio bastaría con que nos volviéramos a algunas cosas concretas de lo que está pasando.

Ahora se van a abrir unas Cortes; estas Cortes no creo que las haya inventado precisamente un ideólogo; todo lo contrario; ¿no es cierto? Pues bien; salvo Pablo Iglesias y algunos otros elementos, componen esas Cortes partidos que por sus títulos, por sus maneras, por sus hombres, por sus principios y por sus procedimientos podrían considerarse como continuación de cualesquiera de las Cortes de 1875 acá. Y esos partidos tienen a su clientela en los altos puestos administrativos, gubernativos, seudotécnicos, inundando los Consejos de Administración de todas las grandes Compañías, usufructuando todo lo que en España hay de instrumento de Estado. Todavía más; esos partidos encuentran en la mejor Prensa los más amplios y más fieles resonadores. ¿Qué les falta? Todo lo que en España hay de propiamente público, de estructura social, está en sus manos, y, sin embargo, ¿qué ocurre? ¿Ocurre que estas Cortes que ahora comienzan no van a poder legislar sobre ningún tema de algún momento, no van a poder preparar porvenir? No ya eso. Ocurre, sencillamente, que no pueden vivir, porque para un organismo de esta naturaleza vivir al día, en continuo susto, sin poder tomar una trayectoria un poco amplia, equivale a no poder vivir. De suerte que no necesitan esos partidos viejos que vengan nuevos enemigos a romperles, sino que ellos mismos, abandonados a sí mismos, aun dentro de su vida convencional, no tienen los elementos necesarios para poder ir tirando. ¿Veis cómo es una España que por sí misma se derrumba?

Lo mismo podría decirse de todas las demás estructuras sociales que conviven con esos partidos: de los periódicos, de las Academias, de los Ministerios, de las Universidades, etcétera, etcétera. No hay ninguno de ellos hoy en España que sea respetado, y exceptuando el Ejército no hay ninguno que sea temido.

La España oficial consiste, pues, en una especie de partidos fantasmas que defienden los fantasmas de unas ideas y que, apoyados por las sombras de unos periódicos, hacen marchar unos Ministerios de alucinación.

Conste, pues, que no he hecho aquí la crítica, cien veces repetida, de los abusos y errores que unos partidos, unos periódicos, unos Ministerios vengan cometiendo. Sus abusos me traen sin cuidado para los efectos de la nueva orientación política que busco y de que hoy os ofrezco, como la previa cuadrícula, la pauta de conceptos generales donde habrá de irse encontrando en sus detalles. Los abusos no constituyen nunca, nunca, sino enfermedades localizadas a quienes se puede hacer frente con el resto sano del organismo. Por eso no pienso como Costa, que atribuía la mengua de España a los pecados de las clases gobernantes, por tanto, a errores puramente políticos. No; las clases gobernantes durante siglos —salvas breves épocas— han gobernado mal no por casualidad, sino porque la España gobernada estaba tan enferma como ellas. Yo sostengo un punto de vista más duro, como juicio del pasado, pero más optimista en lo que afecta al porvenir. *Toda una España —con sus gobernantes y sus gobernados—, con sus abusos y con sus usos, está acabando de morir.*

Y como son sus usos, y no sólo sus abusos, a quienes ha llegado la hora de fenecer, no necesita de crítica ni de grandes enemigos y terribles luchas para sucumbir.

Mis palabras, pues, no son otra cosa sino la declaración de que la nueva política ha de partir de este hecho: cuanto ocupa la superficie y es la apariencia y caparazón de la España de hoy, la España oficial, está muerto. La nueva política no necesita, en consecuencia, criticar la vieja ni darle grandes batallas; necesita sólo tomar la filiación de sus cadavéricos rasgos, obligarla a ocupar su sepulcro en todos los lugares y formas donde la encuentre y pensar en nuevos principios afirmativos y constructores.

No he de insistir, naturalmente, en traer pruebas para esto. Yo no pretendo hoy demostrar nada; vengo simplemente a dirigir algunas alusiones al fondo de vuestras conciencias. Allí es donde podréis lealmente buscar la confirmación de mis aseveraciones. No vengo a traeros silogismos, sino a proponeros simples intuiciones de realidad.

Pero, además, no es sino muy natural que acontezca en España esto que acontece; y si lo que voy a decir ahora es en cierta manera nuevo, que no lo es, pero nuevo para un público un poco amplio, es porque no se quiere pensar seriamente en política.

QUÉ SIGNIFICA PARA NOSOTROS «POLÍTICA»

La nueva política, todo eso que, en forma de proyecto y de aspiración, late vagamente dentro de todos nosotros, tiene que comenzar por ampliar sumamente los contornos del concepto político. Y es menester que signifique muchas otras actividades sobre la electoral, parlamentaria y gubernativa; es preciso que, trasponiendo el recinto de las relaciones jurídicas, incluya en sí todas las formas, principios e instintos de socialización. La nueva política es menester que comience a diferenciarse de la vieja política en no ser para ella lo más importante, en ser para ella casi lo menos importante la captación del gobierno de España, y ser, en cambio, lo único importante el aumento y fomento de la vitalidad de España. De suerte que llegará un día (¿quién lo duda?) en que, con unos u otros hombres, la nueva política ganará sus elecciones y tendrán gentes de su espíritu las varas de alcaldes; pero esto no pesará en su satisfacción ni un adarme más que el haber conseguido, por ejemplo, que se publique un buen libro de anatomía o de electricidad, o haber hecho que se forme por los labriegos perdidos en el áspero rincón de una montaña una Sociedad agrícola de resistencia.

Con esto está dicho que el Estado español, es decir, el buen compás jurídico, el formalismo oficial, el orden público, en una palabra, no es precisamente a quien nosotros deseamos servir en última instancia. Es más; si el Estado español fuera el que se hallara enfermo por errores de esto que se ha llamado política, entonces probablemente no tendríamos por qué considerarnos obligados moralmente a servir en la vida pública. Lo malo es que no es el Estado español quien está enfermo por externos errores de política sólo; que quien está enferma, casi moribunda, es la raza, la sustancia nacional, y que, por tanto, la política no es la solución suficiente del problema nacional porque es éste un problema histórico. Por tanto, esta nueva política tiene que tener conciencia de sí misma y comprender que no puede reducirse a unos cuantos ratos de frívola peroración ni a unos cuantos asuntos jurídicos, sino que *la nueva política tiene que ser toda una actitud histórica*. Ésta es una diferencia esencial. El Estado español y la sociedad española no pueden valernos igualmente lo mismo, porque es posible que entren en conflicto, y cuando entren en conflicto es menester que estemos preparados para servir a la sociedad frente a ese Estado, que es sólo como el caparazón jurídico, como el formalismo externo de su vida. Y si fuera, como es para el Estado español, como para todo Estado, lo más importante el orden público, es menester que declaremos con lealtad que no es para nosotros lo más importante el orden público, que antes del orden público hay la vitalidad nacional.

Diferencia radical entre la «Liga de Educación Política Española» y los partidos actuales

Si tenéis algún deseo de entender bien nuestras aspiraciones y queréis, desde luego, ser justos con aquello que hay de pretensión de novedad en nuestros propósitos —no esperando a que hasta los ciegos lo tengan que reconocer—, es necesario que toméis completamente en serio esa ampliación del concepto «política» que yo acabo de exigir; que la realicéis en vuestro pensamiento y advirtáis las consecuencias a que lleva.

Todas las labores que hasta ahora realizan todos los partidos se reducen a preparar, conquistar y ejercer la actuación de gobierno. Política es, hasta ahora, sólo gobierno y táctica para la captación de gobierno. Sólo en parte, y en parte sólo, habremos de considerar como excepciones el partido socialista y el movimiento sindical; que por esto son las únicas potencias de modernidad que existen hoy en la vida pública española, y con las cuales nosotros nos confundiríamos si no se limitaran, sobre todo el socialismo, a credos dogmáticos con todos los inconvenientes para la libertad que tiene una religión doctrinal.

Consideramos el Gobierno, el Estado, como uno de los órganos de la vida nacional; pero no como el único ni siquiera el decisivo. Hay que exigir a la máquina Estado mayor, mucho mayor rendimiento de utilidades sociales que ha dado hasta aquí; pero aunque diera cuanto idealmente le es posible dar, queda por exigir mucho más a los otros órganos nacionales que no son el Estado, que no es el Gobierno, que es la libre espontaneidad de la sociedad.

35

De modo que nuestra actuación política ha de tener constantemente dos dimensiones: la de hacer eficaz la máquina Estado y la de suscitar, estructurar y aumentar la vida nacional en lo que es independiente del Estado. Nosotros iremos a las villas y a las aldeas, no sólo a pedir votos para obtener actas de legisladores y poder de gobernantes, sino que nuestras propagandas serán a la vez creadoras de órganos de socialidad, de cultura, de técnica, de mutualismo, de vida, en fin, humana en todos sus sentidos: de energía pública que se levante sin gestos precarios frente a la tendencia fatal en todo Estado de asumir en sí la vida entera de una sociedad.

Por esto es, en nuestra opinión, «política» toda una actitud histórica. La Historia, según hoy se entiende, no es, en primer término, la historia de las batallas, ni de los jefes de Gobierno, ni de los Parlamentos; no es la historia de los Estados, que es el cauce o estuario, sino de las vitalidades nacionales, que son los torrentes.

Esto de que con tanta insistencia aparezca, no sólo en mis palabras, que es lo de menos, sino en el fondo de las conciencias de esa España no oficial, el término y la idea de la vitalidad nacional y su oposición a eso que se llama el orden público, indica que deben significar cosa distinta de lo que a primera vista aparece. Pues es natural, es evidente: nadie está dispuesto a defender que sea la Nación para el Estado y no el Estado para la Nación, que sea la vida para el orden público y no el orden público para la vida. Algo, pues, debe haber latente, y es la convicción de que hay motivos para que sea de especial urgencia entender por política el conjunto de labores cuyo fin sea el aumento del pulso vital de España, especialmente aquéllas que signifiquen el violento acoso de esta raza valetudinaria hacia una enérgica existencia.

La lealtad puede decirse que es el camino más corto entre dos corazones, y yo ahora no hago sino dirigirme al fondo leal de los vuestros y preguntaros si allá, en ese fondo insobornable que no se deja desorientar nunca por completo, al comparar la época actual con la que queda del otro lado —por lo menos en el pleno dominio de la conciencia española—, del otro lado del 98, si no notáis que es característica de la actual la sospecha recia y trágica de que no ha sido sólo éste o el otro Gobierno, tal institución o tal otra, quien ha llegado por sus errores y sus faltas a desvirtuar la energía nacional al punto a que ha llegado; y estoy seguro de que en ese fondo leal de vosotros a que antes me refería, si recordáis lo que os pasara siempre que hayáis pensado en un tema político con un poco de atención, habréis sorprendido en vosotros la sospecha previa de que las soluciones políticas no son bastantes; de que, bajo las presentes o posibles texturas legales, la raza se halla como exánime; de que no se puede contar, por lo menos de antemano y como han contado y cuentan otros pueblos, con una abundancia de energías que sólo aguardan cauce, que sólo le quedan como unos hilillos de vitalidad histórica, y de que, por tanto, toda solución meramente política es insuficiente.

Por esta trágica convicción, señores, nos preocupa tanto afirmar la necesidad de anteponer el salvamento de nuestra vida étnica a toda jurídica delicadeza, porque estamos en el fondo convencidos de que tenemos muy poca vida, de que urge acudir a salvar esos últimos restos de potencialidad española.

Y es claro que, bajo esta trágica convicción, el orden público, la paz jurídica no perderán el carácter de cosas respetables, pero francamente se convertirán en respetables nimiedades. Nuestro problema es mucho más grande, mucho más hondo; no es vivir con orden, es vivir primero.

LA MUERTE DE LA RESTAURACIÓN

Estas dos emociones radicales, la de abrigar vivas sospechas sobre el positivo vigor histórico de nuestra raza y, en consecuencia, la de estar dispuestos a anteponer todos aquellos medios que sean necesarios para avivarlas a las meras ficciones y apariencias de buen gobierno, significa que ha entrado España en una época de la pública sensibilidad incompatible e incomunicante con otra época que se conoce en la Historia con el nombre de Restauración, la cual gravitaba sobre las dos ideas más opuestas a éstas que cabe imaginar. Y como el ser toda una actitud histórica es el carácter que tiene que tener la nueva política, antes de comenzar la actividad conviene que tomemos una clara orientación histórica.

Aquel apartamiento de la política de las nuevas generaciones, esa senilidad, esa desintegración fatal de los partidos vigentes, esa conducta de fantasmas que llevan los organismos de la España oficial frente a la nueva, debían recibir una sencilla denominación histórica; eso tiene un nombre, hay que ponérselo: es que asistimos al fin de la crisis de la Restauración, crisis de sus hombres, de sus partidos, de sus periódicos, de sus procedimientos, de sus ideas, de sus gustos y hasta de su vocabulario; en estos años, en estos meses concluye la Restauración la liquidación de su ajuar; y si se obstina en no morir definitivamente, yo os diría a vosotros —de quienes tengo derecho a suponer exigencias de reflexión y conciencia elevadamente culta—, yo os diría que nuestra bandera tendría que ser ésta: «la muerte de la Restauración»: «Hay que matar bien a los muertos».

¿Qué es la Restauración, señores? Según Cánovas, la continuación de la historia de España. ¡Mal año para la historia de España si legítimamente valiera la Restauración como su secuencia! Afortunadamente, es todo lo contrario. La Restauración significa la detención de la vida nacional. No había habido en los españoles, durante los primeros cincuenta años del siglo XIX, complejidad, reflexión, plenitud de intelecto, pero había habido coraje, esfuerzo, dinamismo. Si se quemaran los discursos y los libros compuestos en ese medio siglo y fueran sustituidos por las biografías de sus autores, saldríamos ganando ciento por uno. Riego y Narváez, por ejemplo, son, como pensadores, ¡la verdad!, un par de desventuras; pero son como seres vivos dos altas llamaradas de esfuerzo.

Hacia el año 1854 —que es donde en lo soterraño se inicia la Restauración— comienzan a apagarse sobre este haz triste de España los esplendores de ese incendio de energías; los dinamismos van viniendo luego a tierra como proyectiles que han cumplido su parábola; la vida española se repliega sobre sí misma, se hace hueco de sí misma. Este vivir el hueco de la propia vida fue la Restauración.

En pueblos de ánimo más completo y armónico que el nuestro puede, a una época de dinamismo, suceder fecundamente una época de tranquilidad, de quietud, de éxtasis. El intelecto es el encargado de suscitar y organizar los intereses tranquilos y estáticos, como son el buen gobierno, la economía, el aumento de los medios, de la técnica. Pero ha sido la característica de nuestro pueblo haber brillado más como esforzado que como inteligente.

Vida española, digámoslo lealmente, señores, vida española, hasta ahora, ha sido posible sólo como dinamismo.

Cuando nuestra nación deja de ser dinámica cae de golpe en un hondísimo letargo y no ejerce más función vital que la de soñar que vive.

Así parece como que en la Restauración nada falta. Hay allí grandes estadistas, grandes pensadores, grandes generales, grandes partidos, grandes aprestos, grandes luchas: nuestro ejército en Tetuán combate con los moros lo mismo que en tiempo de Gonzalo de Córdoba; en busca del Norte enemigo hienden la espalda del mar nuestras carenas, como en tiempos de Felipe II; Pereda es Hurtado de Mendoza, y en Echegaray retoña Calderón. Pero todo esto acontece dentro de la órbita de un sueño; es la imagen de una vida donde sólo hay de real el acto que la imagina.

La Restauración, señores, fue un panorama de fantasmas, y Cánovas el gran empresario de la fantasmagoría.

«No llamé Restauración a la contrarrevolución –dice Cánovas–, sino conciliación». «No haya vencedores ni vencidos» –dice otra vez. ¿No son sospechosas, no os suenan como propósitos turbios estas palabras? Esta premeditada renuncia a la lucha, ¿se ha realizado alguna vez y en alguna parte en otra forma que no sea la complicidad y el amigable reparto? «Orden», «orden público», «paz»... es la única voz que se escucha de un cabo a otro de la Restauración. Y para que no se altere el orden público se renuncia a atacar ninguno de los problemas vitales de España, porque, naturalmente, si se ataca un problema visceral, la raza, si no está muerta del todo, responde dando una embestida, levantando sus dos brazos, su derecha y su izquierda, en fuerte contienda saludable.

Y para que sea imposible hasta el intento de atacarlos, el partido conservador, y Cánovas haciendo de buen Dios, construye, fabrica un partido liberal domesticado, una especie de buen diablo o de pobre diablo, con que se complete este cuadro paradisíaco.

Y todo intento de eficaz liberalismo es aplastado, es agostado. Recordad si no la izquierda dinástica, que se parece tanto a ciertas evoluciones de nuestros días.

Para que puedan vivir tranquilamente estas estructuras convencionales es forzoso que todo lo que haya en torno de ellas se vuelva convención; en el momento en que introduzcáis un germen de vida, la convención explota.

Y aquí tenéis que Cánovas sólo en una cosa aprieta —ya es esto para ponernos en guardia—, una cosa que va a servir como de suprema convención, encargada de dar seguridad a todas las demás. Esta cosa es la lealtad monárquica, de que en breve hablaremos. Se hace del monarquismo un dogma sobrenatural indiscutible, rígido. Y eso, eso es lo único que antepone Cánovas al orden público y que identifica con España. Sus palabras fueron: «Sobre la paz está la Monarquía». Frase verdaderamente sospechosa para quien sobre todo, incluso sobre la vitalidad nacional, estaba la paz. Pero Cánovas, señores, no era una criatura inocente; yo respeto sinceramente su enorme talento, tal vez el más grande de su siglo en España para cuestiones ideológicas, si hubiera podido dedicar a ellas su vida; mas por encima de ser un gran erudito, y un gran orador, y un gran pensador, fue Cánovas, señores, un gran corruptor; como diría- mos ahora, un profesor de corrupción. Corrompió hasta lo incorruptible. Porque esa frase «sobre la paz está la Monar- quía» produjo el efecto de convertir a su vez en dogma rígi- do, esquemático, inflexible, ineficaz, extranacional, a la idea republicana. La frase de Cánovas fue al punto contes- tada por la extrema izquierda de este modo: «Para noso- tros, sobre la paz está la República». Y he aquí dos esque- mas simplistas, Monarquía, y República, puestos sobre todas las cosas nacionales, y he aquí España girando sobre dos polos, que son dos duros vocablos. Medio país ocupado en garantir el orden público en nombre de la Monarquía y el otro medio país ocupado en subvertirle en nombre de la República. Y como el orden público se pedía en beneficio de una palabra y no de nada sustancial, y como la revolu- ción se demandaba en servicio de algo bien poco inminen- te y positivo, no había sino una ficción y cáscara de orden, no había más que revoluciones oratorias. De este modo se embotó el sistema nervioso de las clases acomodadas, acos- tumbrándolas a la ineficacia y a la desconfianza, y los repu- blicanos enrudecieron todavía más a las muchedumbres con sus simplismos. Los hombres que entonces quisieron iniciar en España el movimiento socialista, que era una política mucho más compleja, mucho más sabia y mucho más real, saben muy bien cómo fue para ellos una muralla granítica el republicanismo restaurador.

Me es imposible seguir con detalle, porque el tiempo corre muy deprisa, los distintos rasgos característicos de la Restauración; y lo siento verdaderamente, porque forman un cuadro cuya contraposición exacta hallaríais en el fondo de vuestras conciencias. Sólo mentaré los nombres de estos rasgos fisonómicos. Es, por lo pronto, el amor a la ficción jurídica (este orden público a que antes me refería), a la pomposidad, a la exterioridad, a contentarse con la apariencia. Es el seguir hablando de la tradición nacional, lo cual es grave, señores, porque no es sino otro nombre con que se indica el desconocimiento del caso España, de lo que es España como peculiar problema histórico y político. Porque lo que representa España, a diferencia de los demás pueblos actuales de Europa, es ser el pueblo en que no han fracasado estos o los otros hombres, estas o las otras instituciones, sino algo más hondo; es que en nuestra historia tenemos como un rompimiento de la eficacia de los principios más íntimos e inalienables del pueblo, de la tradición; en España, pues, es donde (aun aparte de cuestiones de ética y de derecho) el tradicionalismo no puede ser nunca un punto de partida para la política. Podrá tal vez ser útil para ciertas labores complementarias; pero centrar la política en la tradición, conservar los nombres huecos del pasado y con eso querer resolver las lacras del presente, esto no es más que un desconocimiento de la realidad española; es decir, convencionalismo, simplismo, caracteres de la Restauración.

Pero, además de esto, fue la Restauración, como hemos visto, la corrupción organizada, y el turno de los partidos, como manivela de ese sistema de corrupción.

Por fin, yo casi estoy por decir que, como más característico que todo esto, como más pernicioso, como raíz y origen de todo lo dicho, el fomento de la incompetencia.

Yo os pido que si queréis tomar una postura fundada ante los problemas actuales de la nación, releáis, de cuando en cuando, libros en que se cuente esta historia restauradora, por ejemplo, entre los que se ocupan de los últimos años de esta etapa, los veinte tomos del *Año político*, de Soldevilla, donde están los gérmenes puros, ingenuamente depositados sobre el papel, de los hechos nacionales en aquel período. Y yo os digo que de esa galería oscura de años inertes, de años trágicos, porque la inercia puede tomar en ocasiones el vuelo de una trágica condición, de aquel movimiento de generales que van y vienen y se suceden, de Comisiones que se reúnen y se desunen sin haber resuelto nada, de temas que se suscitan y a los cuales no piensa nadie dar cima ni llegar a la fórmula más elemental de su solución, de todo ese fondo no os quedarán, sin embargo, como lo más característico, flotando en la memoria, grandes crímenes constitucionales, ni, tal vez, demasiado grandes y súbitos descubrimientos de defraudaciones al Erario; pero lo que sí emana de todos esos años oscuros y terribles es una omnímoda, horrible, densísima incompetencia.

¿Adónde podía conducir todo esto? Al 98. ¿Cómo dudar de la existencia de esas dos Españas incomunicantes e incompatibles a que yo antes me refería? Deben ser un poco enfermos de la memoria quienes lo niegan, cuando olvidan que entre esa época y nosotros hay una fecha terrible, fatal: el 98. Podrá satisfacerse el que encuentre en ello gusto, haciendo notar, insistiendo en que la época del 98 acá no ha producido hombres de cualidades brillantes; pero es que la convivencia nacional no es una reunión escolar en la que se trate de dar premio al mérito de unos cuantos. Por bajo la falta de brillantez en este o aquel individuo está el acervo positivo de la gran modestia nacional, de la espléndida sacra anonimidad, y allí, sin ruido, lentamente, ocultamente, se viene preparando un momento fieramente justiciero. Es natural.

Tardará más o menos en venir; pero el más humilde de vosotros tiene derecho a levantarse delante de esos hombres que quieren perpetuar la Restauración y que asumen su responsabilidad, y decirles: «No me habéis dado maestros, ni libros, ni ideales, ni holgura económica, ni amplitud saludable humana; soy vuestro acreedor, yo os exijo que me déis cuenta de todo lo que en mí hubiera sido posible de seriedad, de nobleza, de unidad nacional, de vida armoniosa, y no se ha realizado, quedando sepulto en mí antes de nacer; que ha fracasado porque no me disteis lo que tiene derecho a recibir todo ser que nace en latitudes europeas».

Y aun habíamos de avergonzarnos de ser nosotros quienes viniéramos con estas exigencias, al fin y al cabo hemos nacido en las capas superiores de la sociedad española; pero ¿qué no tendría derecho a decir el obrero en la vida cruda de su ciudad y el labriego en su campiña desértica y áspera?

Todo español lleva dentro, como un hombre muerto, un hombre que pudo nacer y no nació, y claro está que vendrá un día, no nos importa cuál, en que esos hombres muertos escogerán una hora para levantarse e ir a pediros cuenta sañudamente de ese vuestro innumerable asesinato.

Yo necesitaba extenderme en estos puntos de vista, y al solicitar a la acción pública, a las nuevas generaciones y especialmente a las minorías que viven en ocupaciones intelectuales, no quiero decir que se dejen las exigencias y la fuerza de su intelectualidad en casa; es menester que, si van a la política, no se avergüencen de su oficio y no renuncien a la dignidad de sus hábitos mentales; es preciso que vayan a ella como médicos y economistas, como ingenieros y como profesores, como poetas y como industriales. Y la dignidad del hábito mental, adquirido por quien vive en obra de intelección, es moverse no sólo en cosas concretas, sino saber que para llegar a ellas fina y acertadamente hay que tomar la vuelta de las orientaciones generales. Lo general no es más que un instrumento, un órgano para ver claramente lo concreto; en lo concreto está su fin, pero él es necesario. Mientras sean para los españoles sinónimos la idea general y lo irreal, lo vago, todo empeño de renacer fracasará. Porque cultura no es otra cosa sino esa premeditada, astuta vuelta que se toma con el pensamiento –que es generalizador– para echar bien la cadena al cuello de lo concreto.

DESCONFIANZA ANTE LOS PROGRAMAS SIMPLES

Yo quisiera ahora, rápidamente, puesto que el tiempo no me deja más, explicar cuáles son algunas de las posiciones de la Liga de Educación Política frente a algunos temas presentes e ineludibles de la política española.

Pero conste que yo no voy a hacer un programa. La «Liga de Educación Política Española» no es hoy un partido parlamentario preocupado de captar el Poder y a quien sea urgente la posesión de esas ganzúas de gobierno que algunos llaman programas. ¡Ojalá que existieran hoy, como en otros tiempos, breves y sencillos ideales políticos, capaces de encender en llama de fe viva los corazones de todo un pueblo, así de los privilegiados intelectuales como de las muchedumbres pasionales! Mas precisamente porque hoy no los hay se ha fundado la «Liga de Educación Política

Española», a fin de que mañana, en un mañana muy próximo, los haya. Porque, como al principio os decía, y luego he insistido en decir y ahora reitero, se trata de un instante crítico, en que las fórmulas recibidas y gritadas públicamente no satisfacen íntegramente a nadie y urge renovar los principios mismos de toda la batalla política, tejer nuevas banderas, modular nuevos himnos y forjar nuevas interjecciones políticas que no se pierdan en el aire, como meros sonidos, que acierten a poner tensión duradera en los músculos de legiones de brazos.

Por ser de inminencia que alguien tocara a rebato solicitando a la actuación política las nuevas generaciones, me he atrevido a hablaros hoy desde aquí; pero —claro está— mi atrevimiento no llega a más que a enunciar aquellas convicciones primarias y genéricas dentro de las que evidentemente han de formarse los nuevos usos. No he de tener la avilantez de exponeros mi programa. Experimento demasiado amor, tengo demasiada fe y conozco demasiado las dificultades que se encierran en esta frase: «nueva política». ¿Lo oís bien? Nueva —por tanto, desde sus bases hasta sus cimas, desde sus axiomas a sus últimos corolarios, desde sus emociones hasta sus términos—, nueva. ¿Y voy a tener la avilantez de venir aquí, sin autoridad y en un breve rato, a pretender vuestra súbita conversión? No; yo no puedo daros hoy otro programa que éste, compuesto de dos proposiciones: los programas usaderos son caducos e inútiles —venid a trabajar en un nuevo edificio de ideas y pasiones políticas. Yo ahora no pido votos; yo ahora no hablo a las masas; me dirijo a los nuevos hombres privilegiados de la injusta sociedad —a los médicos e ingenieros, profesores y comerciantes, industriales y técnicos—; me dirijo a ellos y les pido su colaboración.

Más acción nacional que fórmulas políticas

Cualquiera que sea el contenido particular de nuestro programa, sé de antemano que se caracterizará por exigir con el mismo vigor estas dos cualidades: justicia y eficacia. Mirad cómo en toda Europa comienzan nuevos fervores de luchas liberales, y mirad cómo no encienden esa pasionalidad política modernísima, utopías más o menos remozadas, sino el ideal de la eficacia.

Vamos a inundar con nuestra curiosidad y nuestro entusiasmo los últimos rincones de España; vamos a ver España y a sembrarla de amor y de indignación. Vamos a recorrer los campos en apostólica algarada, a vivir en las aldeas, a escuchar las quejas desesperadas allí donde manan; vamos a ser primero amigos de quienes luego vamos a ser conductores. Vamos a crear entre ellos fuertes lazos de socialidad —cooperativas, círculos de mutua educación, centros de observación y de protesta. Vamos a impulsar hacia un imperioso levantamiento espiritual los hombres mejores de cada capital, que hoy están prisioneros del gravamen terrible de la España oficial, más pesado en provincias que en Madrid. Vamos a hacerles saber a esos espíritus fraternos, perdidos en la inercia provincial, que tienen en nosotros auxiliares y defensores. Vamos a tender una red de nudos de esfuerzo por todos los ámbitos españoles, red que a la vez será órgano de propaganda y órgano de estudio del hecho nacional; red, en fin, que forme un sistema nervioso por el que corran vitales oleadas de sensibilidad y automáticas, poderosas corrientes de protesta.

¡El programa! Si se entiende por tal algo hondo y vivaz, tiene que ser creado tema a tema, en esa convivencia a que os invito. Tengamos el valor de esa misma novedad que pretendemos y no comencemos, como han hecho y hacen los otros partidos, por el fin. Nosotros no tenemos prisa: prisa es lo único que suelen tener los ambiciosos.

Odiemos las puras palabras: ¿qué ganaríamos con que yo ahora incluyera aquí un párrafo diciendo que es uno de los cuatro ángulos de nuestro programa la demanda de la moralidad en los poderes? Eso no se dice; eso es para hecho. En lugar de decirlo, hagámoslo; organicémonos en línea de agresión contra la inmoralidad; que lleguen a saber los ofendidos y maltrechos que hay una colectividad dispuesta y pertrechada en todo instante para defenderlos.

Sólo por la necesidad en que estamos —conforme tejemos esa nueva acción política, que será lo nuestro genuino— de dar cara a los sucesos de la política momentánea, de intervenir, desde luego, en la contienda, diré algo que ha de valer más bien como ejemplo de nuestra orientación que como definitivas aclaraciones, salvo en un asunto a que luego me he de referir.

¿Qué actitud tomar entre las direcciones genéricas de la política al uso? Señores, si yo ahora declaro que los que formamos parte de la Liga de Educación Política somos liberales, no diría nada, porque el vocabulario político está infestado y todos sus términos tienen que ser sometidos a lazareto. Las cosas claras. Yo desearía poderme llamar aquí radical. No creo, es cierto, que todas las labores hechas por los radicales españoles hayan sido inútiles; ha habido algunos —que yo llamaría buenos demagogos—, en cuya vida particular yo no tengo para qué meterme, que han ejercido una función necesaria en la sociedad: han producido como una primera estructura histórica en las masas; y ésos son realmente respetables. Pero esto ocurre a alguno que otro. Los radicales, así, en general, son unas gentes que van gritando por esas reuniones de Dios, y nuestra política es todo lo contrario que el grito, todo lo contrario que el simplismo. Si las cosas son complejas, nuestra conducta tendrá que ser compleja. No hay nada más absurdo que, por ejemplo, pedir que en el espectro de los colores se nos indique dónde exactamente acaba el anaranjado y dónde empieza el amarillo, porque es esencial a los colores puros el fundirse unos con otros en transición suavísima, el no acabar aquí o allí. Lo complejo tiene que ser reflejado, en los programas políticos, complejamente; y una de las cosas más graves que ocurren en España es que sólo se dirigen a la multitud esos simplismos radicales o reaccionarios, esos grandes gritos, que convierten la política en un sicofantismo, en obra de denostación y de insulto. Por consiguiente, yo necesitaría mucho tiempo para explicar en qué sentido nosotros deseamos ser radicales, es decir, extremadamente liberales, mucho más liberales que cuantos partidos tienen hoy representación en nuestro Parlamento. Pero es que hay cosas que, a lo mejor, pasan como no radicales y lo son. Yo no puedo olvidar que uno de los intentos de reformas más positivamente avanzados que se ha intentado en la Hacienda fue una ley de impuestos sobre las cédulas personales; y los republicanos fueron los primeros en oponerse a ella. Mientras las cosas no se pongan claras no podremos, sin incurrir en falta de seriedad, declararnos, sin más ni más, radicales. ¿Para qué? ¿Para pedir la limosna de un aplauso?

LAS FORMAS DE GOBIERNO

Esto nos lleva a una de las cuestiones más graves del momento, sobre la que es forzoso tomar una postura digna, seria, evidente, inequívoca; la cuestión de las formas de gobierno.

No vamos a ocultar nuestra gran simpatía por un movimiento reciente que ha puesto a muchos republicanos españoles en ruta hacia la Monarquía. Sin embargo, la mayor parte de los que hasta ahora componen la Liga de Educación Política no hemos sido nunca republicanos, o lo hemos sido, como muchos compatriotas nuestros, pasajeramente, en una hora de mal humor. Con esto quiero decir que la cuestión de Monarquía no puede significar para nosotros lo mismo que para aquéllos que van lanzados en un viaje siempre azaroso hacia ella. En un país donde las masas están pervertidas por esos simplismos de los gritadores a que antes me refería, harto tienen los que hacen la evolución con decir que van de la República a la Monarquía. Pero en esto hay un inconveniente: porque vienen de una república que es la lunática república de la Restauración, y al anunciar su proximidad a la Monarquía, las gentes literalmente entienden por Monarquía lo que ha significado esta palabra en la Restauración, y tienen razón a resistirse, y los que evolucionan tendrán fatalmente que retroceder con gran violencia, si ser monárquico va a seguir significando lo que ha significado hasta aquí.

Esto requiere, por consiguiente, una extremada precisión, es algo en que, por fuerza, ha de quedar claro el campo.

Aun cuando acepte la intención con que las palabras estas han sido frecuentemente dichas, no puedo aceptar la forma, no puedo aceptar los términos, según los cuales se dice que las formas de gobierno son accidentales.

¿Qué se quiere declarar con su accidentalidad? Sin duda se quiere decir que hay en nuestra conciencia política ciertas ideas a las cuales sentimos indisolublemente adscrito el eje moral de nuestra persona, y, en cambio, otras de las cuales, con más o menos facilidad, podríamos prescindir. Y, efectivamente, si somos leales con nosotros, las formas de gobierno nos aparecerán como de aquellas cosas de que en algún caso podríamos prescindir o que podríamos trasmudar la una por la otra. Pero ¿cuáles son las imprescindibles? ¿Cuáles son las que van atadas a ese fondo inalienable de nuestra conciencia política?

No es ciertamente la Monarquía, no es ciertamente la República. Las extremas izquierdas de todo el mundo, hoy los sindicalistas, con quien en cierto sentido simpatizamos, consideran a la República cosa tan reaccionaria como la Monarquía y piden un Estado espontáneo, difuso, sin poder gubernativo. Pero también los radicales de muchos países combaten el régimen parlamentario y el sufragio universal por juzgarlos antidemocráticos.

De suerte que, en resolución, lo único que queda como inmutable e imprescindible son los ideales genéricos, eternos, de la democracia; y todo lo demás, todo lo que sea medio para realizar y dar eficacia en cada momento a esos ideales democráticos es transitorio.

Estos medios reales y transitorios para cumplir los ideales, los fines políticos, son los que se llaman instituciones; no conviene, pues, decir especialmente que las formas de gobierno son accidentales, porque toda institución lo es; toda institución es un mero instrumento que, a fuer de tal, sólo puede ser justificado por su eficacia. Abandonamos, pues, esta terminología escolástica en que se nos habla de lo accidental y de lo sustancial; es menester que traigamos la cuestión a su terreno propio, que es el de los medios y fines; los medios, es decir, las instituciones, y los fines, es decir, la justicia humana y la plenitud vital de la sociedad.

Puesto el tema en este campo, que es el suyo, ¿cómo puede decirse que la institución máxima, de la que depende la buena marcha de todas las demás, es cosa de menor cuantía? No, esto quiere decir que se simpatiza con instituciones evanescentes y evaporadas, cuya única misión es ésta, siendo así que quien tiene una noción y un deseo de la política como de algo plenamente vivo en todos sus actos y órganos, no puede lealmente pedir estas instituciones holgazanas.

Esto nos huele demasiado a siglo XIX, que es para nosotros tan pasado como el X.

Bien está que los republicanos de la Restauración, contaminados por la política abstracta, irreal, de esta época; hombres que no sentían con la misma fe y con la misma fuerza que el imperativo de la justicia el imperativo de la eficacia, creyeran encontrar en no sé qué razones de no sé qué teorías motivos para decidirse por una de estas formas de gobierno. Para nosotros, el problema de toda institución nace y muere dentro de la órbita experimental de la historia. No entendemos, pues, qué puede quererse decir con que la República es mejor en teoría; no hay más teoría que una teoría de una práctica, y una teoría que no es esto, no es teoría, sino simplemente una inepcia.

Se trata de estructurar la vida española, se trata de obrar enérgicamente sobre esos últimos restos de vitalidad nacional. Para esto, nosotros empezamos a trabajar en la España que encontramos. Somos monárquicos, no tanto porque hagamos hincapié en serlo, sino porque ella –España– lo es. No vemos en la Restauración el fracaso de la Monarquía, sino también el de los republicanos.

Convencidos de que a nadie en particular, sino a todos en general, correspondió el fracaso, esperamos de la Monarquía, en lo sucesivo, no sólo que haga posible el derecho y que se recluya dentro de la Constitución, sino mucho más: que haga posible el aumento de la vitalidad nacional. No somos, pues, monárquicos porque dejemos de ser republicanos; no somos, no podemos ser, no entendemos que se pueda ser definitivamente lo uno ni lo otro. En esta materia no es decorosa al siglo XX otra postura que la experimental.

Como Renan decía que una nación es un plebiscito de todos los días, así la Monarquía tiene que justificar cada día su legitimidad, no sólo negativamente, cuidando de no faltar al derecho, sino positivamente, impulsando la vida nacional. Pues por encima de la corrección jurídica piden los pueblos a sus instituciones una imponderable justificación de su fecundidad histórica, y si no la dan, un día antes o un día después, las instituciones son tronchadas. Mas para esto es preciso que el pueblo vea bien claro que quien no ha cumplido es esa institución, y para esto hace falta que vea a sus hombres mejores, a aquéllos en quienes más confía, trabajar dentro de ella.

En España, señores, mientras no hubo republicanos hubo revoluciones; desde que hay republicanos no hay revoluciones. Esa actividad republicana enorme, ubicua, verdaderamente incansable durante cuarenta años, ha consistido en una abundantísima producción oral, y con ser tan tenues, tan leves los cuerpos de las palabras, han sido tantas las pronunciadas por los republicanos, que se han condensado en un recio muro, puesto en torno a la Monarquía, a la Monarquía tradicional, a la Monarquía lealista y extranacional, de tal manera que la defensa más poderosa que hasta ahora ha tenido la Monarquía ha sido esa muralla china de la oratoria republicana.

Señores: conviene que Monarquía y República dejen de ser dos convenciones sin tránsito fácil y vivo de la una a la otra; que no sea el declararse monárquico o republicano algo que, como el nacimiento o la muerte, no se puede hacer más que una sola vez en la vida. Nada viviente manifiesta estas rigideces; son propias sólo de los esquemas.

La Monarquía, en tanto, puede, si quiere, hacerse solidaria de las esperanzas españolas y entretejerse hondamente con ellas; mas para esto es preciso, repito, que ser monárquico signifique otra cosa de lo que significó para los dos partidos restauradores.

Hay un momento famoso, en el año de 1878, en que Cánovas, habiendo oprimido oratoriamente a Sagasta para que pronunciara la palabra fatal, la que le ligaba por siempre al convencionalismo de la Restauración, tuvo la satisfacción de oír que Sagasta la pronunciaba, y entonces, recogiéndola y remachándola, pronunció estas otras, verdaderamente interesantes:

«La lealtad, cuando se trata de Monarquía y cuando la frase se completa llamándola lealtad monárquica —no la lealtad de las relaciones particulares—, tiene un sentido histórico, y este sentido histórico es estar con la Monarquía sin condiciones, de todas maneras, bien o mal, como la

Monarquía se conduzca, de todas suertes apegado a ella[1]. Éste es el sentido histórico de la frase; esto es lo que hasta aquí se ha llamado lealtad monárquica; por lo cual tampoco el señor ministro de la Gobernación (Romero Robledo) ha dudado ni por un instante de la lealtad del partido constitucional».

...El cual era el partido liberal de la Restauración.

Sin embargo, no creáis que esto ha pasado por completo. Si no en fórmula tan extrema ni tan solemne, yo tengo aquí unas palabras del señor Maura en 1907, donde viene a decirse lo mismo: «Así como una mujer, para elevar sus plegarias a la Virgen, necesita de una imagen para formarse una idea de ella, así la idea de la Patria no está concebida sin el Rey».

Si se quiere una fórmula, tal vez ruda, pero la única que juzgamos digna y seria y patriótica, para expresar nuestra posición, diríamos que vamos a actuar en la política como monárquicos sin lealismo. La Monarquía es una institución y no puede pedirnos que adscribamos a ella el fondo inalienable, el eje moral de nuestra conciencia política. Sobre la Monarquía hay, por lo menos, dos cosas: la justicia y España. Necesario es nacionalizar la Monarquía.

LA ORGANIZACIÓN NACIONAL

Señores, la obra más característica que quisiéramos realizar, que por lo menos vamos a ensayar, consiste en poner junto a aquella afirmación genérica de liberalismo a que an-

---

1. Así en el *Diario de las Sesiones*.

tes me refería (y que incluye en sí, naturalmente, todos los principios del socialismo y del sindicalismo en lo que éstos tienen de no negativos, sino de constructores), el principio de la organización de España. Nos es tan esencial y tan necesario como ese principio de ética y de derecho que se llama liberalismo el afirmar y el imponer todas aquellas labores, y todas aquellas exigencias que traiga consigo la organización mínima de las funciones nacionales, que está completamente por realizar. Es decir, que para nosotros es tan necesario como la justicia en los gobernantes la competencia en ellos y en los administradores; y en esto estamos completamente por empezar. ¿A quién se va a encargar de la organización de los servicios? Todo lo que no sea esto, señores, es retórica, son palabras. Una nación no se hace sólo con un verso, con un razonamiento o con un párrafo que le ocurre a un orador; es una labor de todos los días, de todos los instantes; labor sobre la cual hay que extender como un calor, como un amor que haga fructificar a su tiempo la semilla y la acompañe en su expansión. Y esto ¿dónde está preparado? ¿Cómo es posible que en el estado actual de los partidos políticos se pueda encontrar amparo para esas delicadísimas, oscuras, nobles labores de competencia? Los Ministerios, como las Universidades, no crean competentes. Hay en ellas, naturalmente, algunos, muy pocos. Pero esos mismos que hay no pueden dar a la nación todo el rendimiento, todas las posibilidades que dentro llevan. Ya sé yo que hay hombres como Flores de Lemus en el Ministerio de Hacienda, como González Hontoria en el Ministerio de Estado, como Castillejo, Acuña en el Ministerio de Instrucción Pública, y algunos más que no cito, que han hecho y hacen esa labor sin pensar en el elogio; esa labor en que no se da la cara a la multitud, y, por tanto, no se corre el riesgo, siempre grato, de recibir el aplauso. A estos hombres y a otros que con ellos vengan habrá de prestar su calor y su entusiasmo la Liga de Educación Política.

Este principio de la competencia es, no se me oculta, de grande sutileza. Comprendo que para decidir quién es competente es menester emplear unos aparatos de una finura tal, sobre todo de una finura moral tan exquisita, que es muy difícil lograrlos hoy por hoy en España. ¿Qué inconveniente va a tener el señor conde de Romanones en buscarse unos competentes domésticos?

Las Universidades dan títulos. Si se escoge un hombre que posea un montón de títulos, que transporte a lomo una carga de títulos, ya tenemos un competente. No, señor; es preciso que de una vez para siempre recusemos todas esas competencias, fundadas en organismos que no han podido darlas, porque no las tenían.

Nos encontramos como con unos restos carcomidos de esa época restauradora, que va en naufragio, con dos partidos políticos, el partido conservador y el partido liberal, que, por lo visto, aspiran a que sea eterna esa época y a que no rinda ese pleito homenaje a la ley de la historia que es el morir, como los individuos, las épocas alguna vez.

Pareció un momento como si ese par de alas anquilosadas fueran a desaparecer; hubo un momento en que esas alas estaban rotas, y ahora parece que se las quiere remendar.

La posición de la juventud que actualmente entra en la política, naturalmente tiene que ser la de aplicar en este caso concreto frente a esos partidos —si se obstinan demasiado en perdurar— aquella decisión que yo antes proponía de muerte a la Restauración. Ellos son la Restauración; por consiguiente, con esos partidos absolutamente nada. Son el enemigo máximo, el que ha dejado morir a España; son los representantes de la inercia, del convencionalismo. Cada día que perduren sobre el haz de la tierra se aleja un día más el resurgimiento de la vitalidad nacional.

MAURA

Hay un hombre en la política española que se diferencia de estos partidos, y frente al cual no hay otro remedio sino reconocer que lleva tras él una realidad. Es el señor Maura. Pero esta realidad que está tras él es, señores, la más terrible de España, es el peso inerte que lleva España desde hace siglos; es lo que ha ido quedando sobre el organismo de la raza de resultas de sus fracasos y de sus dolores; es toda esa parte inculta, apegada a las palabras más viejas, a las emociones más extremas; es todo ese trozo de la raza que yo llamaría el trozo histérico de España. Pero es una realidad; eso está ahí y con el señor Maura, y es lástima que no podamos decir que estando detrás de él una realidad es él una realidad.

Yo, sinceramente, señores, pensando en las fórmulas que podrían darse de la política del señor Maura, me he encontrado siempre con que tendría que presentarle como una figura típica de esa política restauradora.

El señor Maura (y dejemos las páginas oscuras de 1909) es el que ha afirmado siempre que España es una cuestión de orden público, que el gran problema de España es el Ministerio de la Gobernación, precisamente en lo que tiene de Ministerio de represión. Además, el señor Maura, cuando el señor Cambó en las Cortes últimas pedía que se rompiera para siempre el turno de los partidos, fue el defensor del turno de los partidos, síntoma típico de la Restauración; el señor Maura no ha defendido la competencia; el señor Maura cree en los jesuitas. Y hoy, aun en un momento de renovación por los dolores, deja que, más o menos en su nombre, se hable de «Dios, Patria y Rey», el lema de los carlistas. ¿Es que vamos a poder ir con la Divinidad como jefe de nuestros muñidores electorales?

La afirmación que hoy se hace de la política de 1909 consiste curiosamente en una operación de hacer entrar en lo que era muy poco muchas cosas que allí no estaban; la política de 1909 nos suena a los españoles normales, corrientes, vulgares, simplemente a un movimiento guerrero en África, a una revolución, ¿qué digo revolución?, a un conato de motín en Barcelona y a una represión. No nos suena a más.

PARA LA CUESTIÓN MARROQUÍ
PEDIMOS UN POCO DE SERIEDAD

Con esto llegamos a un problema del cual no puedo menos de decir algo, por la enorme significación que tiene dentro de la atención española, y que, sin embargo, no puedo tocar de una manera suficiente por la absoluta escasez de tiempo: el problema de Marruecos.

Orientando como hemos orientado todos los temas de esta conferencia en la oposición de una época restauradora y una época que parece como que quiere venir, yo os diría que el problema de Marruecos se presenta, ante todo, como un síntoma ejemplar de cosas que ocurrieron en la Restauración: generales que van y vienen; victorias que lo son, pero que a algunos les parecen derrotas; una lluvia áurea de recompensas que el cordón de cierta real orden trae y lleva de lo más alto al último sargento.

El caso es que también la gente, como entonces, como en tiempos de cuba, no sabe lo que pasa, no se forma esa noción modesta que hay que preparar, aun para las mínimas fortunas intelectuales del pueblo, de qué es lo que allí se hace.

Me es enojoso el empleo de palabras duras y excesivas; pero yo diría que es un poco escandalosa la ignorancia en que estamos de todo lo que se ha hecho, se puede hacer y conviene hacer en el problema de Marruecos. Por lo pronto, fuimos sin saber por qué fuimos. Esto puede tener dos sentidos: sin saberlo nosotros, los súbditos españoles, o sin saberlo los que nos llevaron; y no es saber por qué fuimos que se nos cite un texto o que se nos aluda a un posible texto de un Tratado internacional. Pero, además —ante un público reflexivo—, puedo advertir cómo esta frase de que fuimos sin saber por qué íbamos tiene otro tercer sentido. Se pone el problema y parece muy claro, en estos términos: ¿debimos ir o no a Marruecos, es decir, España a Marruecos? Todas las cavilaciones gravitan sobre el problema del deber ir o no deber ir, y se olvidan de que antes de resolver esta cuestión parcial es menester que sepamos bien si sabemos qué es España y qué es Marruecos, señores, porque la ignorancia de la realidad nacional, de sus posibilidades actuales, de los medios para poder organizar una mayor potencialidad histórica, y, de otro lado, el grado de ignorancia de lo que constituye nuestro problema marroquí, más

aún, de lo que es Marruecos, hasta como problema científico, hasta en su conocimiento más abstracto, es verdaderamente increíble. Yo leí, y me produjo un gran pesar, en un
rapport de un famoso geógrafo, publicado hace unos cuantos años, que sólo dos manchas hay desconocidas en el glo-
bo: una, Tibesti —un rinconcito del centro de África—, y la
otra —¿creéis que era allá por Groenlandia?; no—, la otra
era eso que está a la vera de España desde que el mundo es
mundo, el Rif. De suerte que después de conocido todo
el mundo, después que las otras razas han cumplido con su
misión enviando a veces al otro extremo de la tierra sus ex-
ploradores, no hemos tenido la curiosidad de conquistar
para Europa el conocimiento geográfico de esto que está
junto a España, a dos dedos de España. De manera que,
aparte de la ignorancia política y guerrera que podamos tener, es decir, la ignorancia de si nos conviene o no la guerra, etcétera, tenemos esta ignorancia mucho más básica, la
ignorancia de lo que es Marruecos.

¿Y vamos a colonizarlo? Yo no digo que sí ni que no. Lo
único que advierto es que, antes de resolver nada, es preciso conocer seriamente la situación, es preciso que nos pro-
pongamos estudiarla de un modo profundo y serio. Es muy
fácil, para halagar a la muchedumbre exaltada, decir que se
reembarquen las tropas, que vengan las tropas. Ésta es una
idea que anda por el aire, y hay una porción de políticos
que van a la carrera a ver si la atrapan y la pueden poner en
su solapa para hacer de ella su programa político. Claro es;
cualquiera puede recogerla; ¡es tan simple, supone tan pocos quebraderos de cabeza, está ahí!

¿Véis en qué dirección va mi odio a eso que llaman problemas políticos? Yo sostengo que en el mejor caso se trata de

inicuas explotaciones en beneficio particular de pasiones inconscientes de las pobres ciegas muchedumbres hermanas.

Yo siento profunda aversión hacia toda guerra, simplemente por lo que tiene de guerra. Pero no voy a repetir en este asunto la postura ineficaz, *soi-disant* teórica, que censuraba en los republicanos cuanto a la forma de gobierno. *Aspiraciones escatológicas, proyectos para un futuro ideal humano son las normas que han de orientar nuestras afirmaciones de política; pero no pueden nunca confundirse con éstas. Un ideal ético no es un ideal político.* Mientras esto no se vea claro y no se reconozca su evidencia, la política será una hipocresía vergonzosa y un perpetuo engaño del prójimo y de nosotros mismos. Hay que deslindar ambos campos.

Que no haya guerras de ninguna clase es un tema santo de propaganda social, de humana religión, de cultura, pero no una posición política con sentido. En política sólo cabe oponerse a esta guerra, a aquella guerra, y, consecuentemente, oponerse por las razones concretas que en cada caso se den, no por la razón abstracta que existe, y que yo íntegramente reconozco y defiendo, contra toda guerra. Creo que es innecesario repetir por milésima vez, en esta coyuntura, las palabras célebres de Bebel en el Congreso Socialista de Essen.

Conclúyase, pues, la guerra esta; pero dígasenos por qué. Tal vez declarar los motivos que llevamos dentro contra esta guerra sea más útil para España que la conquista de medio continente. Pero no se concluya la guerra por la misma razón que se comenzó: porque sí. Ya que no sabíamos por qué fuimos, sepamos por qué volvemos.

Acaso muchas de las razones corrientes contra esta guerra no sean tales razones contra esta guerra, sino manifestaciones de un cierto estado de espíritu, innegablemente muy generalizado, en relación con nuestro ejército. No tenemos fe en la buena organización de nuestro ejército; y de que no salgamos de estas dudas tienen, a no dudarlo, parte de la culpa los que por un torpe, insincero radicalismo han impedido que los españoles civiles entren en mayor intimidad con los españoles militares, produciéndose una mutua y penosísima suspicacia.

No son ellos, sin embargo, los únicos culpables.

En todos los demás organismos nacionales ha habido individuos de los que rinden en ellos funciones de servicio, y entierran en ellos sus esfuerzos, pertenecientes en su mayoría a las nuevas generaciones, que han tenido el valor, que han cumplido el deber de declarar los defectos fundamentales de esos organismos. En cambio, hasta hoy no conocemos críticas amplias y severas de la organización del ejército, y esto es un deber que se haga, éste es un asunto en que nosotros debemos estar decididos a conseguir esclarecimiento.

Tanto como me sería repugnante cualquiera adulación al ejército, me parecería sin sentido no entrar con los militares en el mismo pie de fraternidad que con los demás españoles.

Por eso, no creo herir ningún mandamiento ni ninguna prescripción, si solicito a los militares jóvenes, a los que son en el ejército también una nueva generación, para un cierto género de colaboración ideal y teórica, para una como comunión personal con los demás españoles de su tiempo que se preocupan de los grandes problemas de la patria.

De todas suertes, hay que recordar, frente a los simplismos de los gritadores, que el problema de la guerra supone la solución previa al problema de Marruecos. Y ésta es la hora, señores, ¡vergüenza da decirlo!, en que no se ha oído ninguna voz clara, articulada, que muestre reflexión, conocimiento ni astucia sobre este asunto. ¡Ved cómo el programa, este programa, digno de una nueva política, no puede inventarse en la soledad de un gabinete! Sin una múltiple colaboración, sin medios abundantes, ¿quién puede pretender ideas claras sobre esto que España en cinco siglos no ha conseguido fabricar?

En fin, señores, habíamos de decidir el punto de la guerra y el abandono absoluto de Marruecos, incluso de esos viejos peñones calvos donde está agarrada secularmente España, como un águila herida, y todavía continuábamos forzados a tener pensada una política africana. Pero de esto no podemos hoy hablar con oportunidad.

Estos días toma un cariz nuevo este problema de Marruecos, un cariz de política interior, un cariz nuevo del que va a ser difícil tratar con discreción. Alguien, presentándose noblemente como guerrilla avanzada de quien no aparece todavía, ha disparado un venablo..., no sé cómo decir esto, ha disparado un venablo en dirección cenital. Y ha habido en muchos periódicos esta exclamación: «Eso es quebrantar secretos». Señores, vayamos claros: nos pasamos la vida diciendo que no sabemos nada de Marruecos, y cuando se nos presenta alguien que nos declara un secreto, ¿vamos a negarle la audición? No; eso tenemos que recibirlo con simpatía, con honda simpatía. Ahora, una cosa es eso y otra es que nos parezcan tan simpáticos los que pueden ser móviles de esa declaración de secretos. Porque son cosas que pasaron en 1909 y ha corrido el tiempo hasta 1914. ¿Qué ha pasado entre medias de nuevo que justifique la nueva actitud de un hombre? Nada nacional: sólo un asunto particular. Y, además, de esos secretos ahora presentados, resulta que hubo un momento en que los gobernantes de 1909 estaban plenamente convencidos de que no se debía realizar una cierta campaña en una cierta manera, y eso trajo consigo el que una porción de españoles pensaran próximamente lo mismo que el Gobierno, y eso produjo un movimiento de inquietud en Barcelona, que tuvo como consecuencia una represión por el mismo Gobierno que pensaba lo mismo que aquéllos que protestaban.

CONCLUSIÓN

Liberalismo y nacionalización propondría yo como lemas a nuestro movimiento. Pero ¡cuánto no habrá que hablar, que escribir, que disputar hasta que estas palabras den a luz todo el inmenso significado de que están encintas!

Nacionalización del ejército, nacionalización de la monarquía, nacionalización del clero (no puedo en esto detenerme), nacionalización del obrero; yo diría que hasta nacionalización de esas damas que de cuando en cuando ponen sus firmas detrás de unas peticiones cuya importancia y trascendencia ignoran, peticiones que, a veces, van a herir la posibilidad de que se realice una función vital, imprescindible en España.

Yo pido la colaboración principalmente a las gentes jóvenes de mi país para esta labor tranquila, continua, a sus horas enérgica, violenta cuando fuere menester, dedicada al estudio de los problemas nacionales, a la articulación detallada de una porción de masa nacional a la cual no ha llegado todavía la acción de los partidos políticos —de las villas y lugares, sobre todo, de los labriegos. España, que sólo tiene unas cuantas capitales, capitales que por cierto no son suficientes para responder a lo que significa el concepto de capitalidad en el mundo europeo moderno, tiene todo el resto expandido por sus campos y nadie se acuerda de él, y eso es menester llegar a dotarlo de una gran vigorosidad política, para que pueda ser una esperanza y una amenaza, las dos cosas tienen que ir unidas, para los que se preocupan ante todo de la vitalidad nacional. Para todo esto, que más en alusión que en exposición os he dicho, yo solicito la colaboración de los hombres de buena voluntad.

No se entienda, por lo frecuente que ha sido en este mi discurso el uso de la palabra nacional, nada que tenga que ver con el nacionalismo. Nacionalismo supone el deseo de que una nación impere sobre las otras, lo cual supone, por lo menos, que aquella nación vive. ¡Si nosotros no vivimos! Nuestra pretensión es muy distinta: nosotros, como se dice en el prospecto de nuestra Sociedad, nos avergonzaríamos tanto de querer una España imperante como de no querer una España en buena salud, nada más que una España vertebrada y en pie.

Prospecto de la «Liga de Educación Política Española»

Reunidos en una agrupación de enérgica solidaridad que lleva este nombre, pensamos unos cuantos españoles emprender una serie de trabajos destinados a investigar la realidad de la vida patria, a proponer soluciones eficaces y minuciosamente tratadas para los problemas añejos de nuestra historia, a defender, por medio de una crítica atenta y sin compromisos, cuanto va surgiendo en nuestro país con caracteres de aspirante vitalidad contra las asechanzas que mueven en derredor todas las cosas muertas o moribundas.

La magnitud y la gravedad de la empresa podrían verter sobre nosotros un color de peligrosa inmodestia si se tratara de un empeño que libremente habíamos escogido y no de una tarea inalienable, que errores viejos y presentes tibiezas dejan caer de golpe sobre los hombros de una generación. No es, pues, materia sobre la que quepa deliberación, ni hay lugar para detenerse a medir la firmeza de los hombros, cuando ya tienen la carga encima. El hecho más evidente y grave de nuestra vida nacional en los meses que corren es la manifiesta incapacidad de los viejos partidos, de las instituciones antiguas, de las ideas tópicas para prolongar su propia existencia aparente, aunque nadie ni nada viniera a combatirlos. Sólo conservan la aptitud de los escombros para ahogar bajo su gravamen las nuevas germinaciones. Sería, en consecuencia, una injusticia menospreciable calificar de ambicioso el acto por el cual intentamos situar el hombro bajo las vigas que vienen a tierra.

Pero aun esta disculpa preventiva creemos innecesaria. La intervención vigorosa y consciente en la política nacional es un deber de todos, no un derecho que quede adscrito a los ciudadanos que no sirven para otra cosa, que no colaboran en otras formas al aumento moral y material de España, a los llamados «políticos». Una clara voluntad de no dejar incumplida aquella obligación nos lleva a este ensayo de organizar un instrumento político que, apartándose de la forma en que suelen estar constituidos los partidos, coincida con nuestro carácter.

Misión política de las minorías intelectuales

Partimos en nuestro propósito de una consideración principal: la de que no sólo España, sino Europa entera ha ingresado en una crisis de la ideología política, que únicamente halla su semejanza en la primera mitad del siglo XIX. Bien está que los partidos a quienes sorprende ya en movimiento procuren aferrarse a las ideas caducas que los engendraron o acudan a hilvanes y equívocos para mantenerse sobre el haz de la actualidad. Pero los que se preocupen más de promover el futuro que de retener el presente han de mirar cara a cara la plenitud de esta crisis, a fin de no embarcarse, como en naves maltrechas, dentro de ideales desvencijados.

El nombre y menester de una gran parte de nuestros agrupados podía atraernos el apelativo pernicioso de «intelectuales», si no acentuamos desde luego el convencimiento de que la política no es faena que satisfaga con sólo el intelecto, ni sólo mediante la acción individual. Creemos, por el contrario, que el área política comienza propiamente donde el puro entendimiento y el individuo aislado concluyen y aparecen las masas sociales batiéndose en una dinámica apasionada. El término de nuestros propósitos no puede ser otro, por consiguiente, que llegar hasta esas masas. Pero esto es sólo el término y como postrero horizonte de nuestras aspiraciones. Con urgencia hemos de dedicarnos a una labor previa y de más moderada ambición.

Salvo casos insólitos en tiempo y espacio, las masas nacionales no se hallan políticamente movilizadas. Dicen que esto obedece a una peculiar inercia del *pueblo* español. Nosotros, sin negar esta razón, declaramos no entenderla. No entendemos que pueda hablarse de masas inertes donde falta el intento repetido de minorías directoras para sacarlas de su indolencia. Son insuficientes a todas luces las gesticulaciones, dichas «programa», que hace este o el otro hombre público sobre el fondo de hacinadas desesperanzas. Por otra parte, no es bastante, ni saludable, que de lustro en lustro invada súbitamente la conciencia pública algún tema de positivo vigor para producir en las muchedumbres no más que una convulsión fugitiva. Es forzoso aspirar a introducir la actuación política en los hábitos de las masas españolas. ¿Cómo sería posible lograr esto sin la existencia de una minoría entusiasta que opere sobre ellas con tenacidad, con energía, con eficacia?

Para nosotros, por tanto, es lo primero fomentar la organización de una minoría encargada de la educación política de las masas. No cabe empujar a España hacia ninguna mejora apreciable mientras el obrero en la urbe, el labriego en el campo, la clase media en la villa y en las capitales no hayan aprendido a imponer la voluntad áspera de sus propios deseos, por una parte; a desear un porvenir claro, concreto y serio, por otra. La verdadera educación nacional es esta educación política que a la vez cultiva los arranques y los pensamientos.

CRISIS DE LAS IDEAS POLÍTICAS

Mas ¿dónde está un conjunto de ideas políticas, dotadas de evidencia y fecundidad bastante para que sirvan de fe motriz a esa minoría, de cuya existencia depende la perduración nacional? No lo hay en parte alguna: a esta ausencia nos referimos antes, y del hecho de ella partíamos para razonar la necesidad de un nuevo instrumento político encargado, por lo pronto, de remediarla.

Estamos ciertos de que un gran número de españoles concuerdan con nosotros en hallar ligada la suerte de España al avance del liberalismo. Sobre este punto no nos sorprendemos en la menor vacilación. Pero a la vez estimamos que con declararnos liberales no hemos abreviado en lo más mínimo nuestra tarea. Por liberalismo no podemos entender otra cosa sino aquella emoción radical, vivaz siempre en la historia, que tiende a excluir del Estado toda influencia que no sea meramente humana, y espera siempre, y en todo orden, de nuevas formas sociales, mayor bien que de las pretéritas y heredadas.

Mas esta perenne emoción necesita en cada jornada de su histórico progreso un cuerpo de ideas claras e intensas donde encenderse. Cuando se desplazan los problemas materiales y jurídicos de la sociedad, cuando varía la sensibilidad colectiva, quedan obligados los verdaderos liberales a trasmudar sus tiendas, poniendo en ejercicio un fecundo nomadismo doctrinal. por esta razón es hoy ineludible para el liberalismo hacer almoneda de aquellas ideologías que le han impulsado durante un siglo. Otra cosa sería buscar el propio engaño y condenarse a la esterilidad. Los dos términos que constituyen los polos de la acción política se han modificado: los problemas y el ánimo público. Vano será que aspire a triunfar un movimiento desde cuyos principios no se puede atacar de faz aquéllos ni satisfacer íntimamente a éste. Ninguna de ambas cosas puede hoy intentar la forma individualista del liberalismo. El problema religioso y el de la escuela, el social y el administrativo según hoy se presentan, rebosan por todos lados los entecos principios individualistas.

Tampoco el credo socialista es suficiente. Dejando a un lado sus utópicos ademanes y la rigidez de sus dogmas, que la corriente revisionista del partido obrero en otros países condena, no dudaríamos en aceptar todas sus afirmaciones prácticas. En este terreno creemos que nuestra Asociación marchará junto al socialismo sin graves discrepancias. Pero no podemos coadyuvar a sus negaciones. Para nosotros existe el problema nacional; más aún: no acertamos a separar la cuestión obrera de la nacional.

LA ORGANIZACIÓN NACIONAL

Junto *con aquel impulso genérico del liberalismo, es el ansia por la organización de España lo que lleva nuestros esfuerzos a agruparse.* No se debe olvidar que formamos parte de una generación iniciada en la vida a la hora del desastre postrero, cuando los últimos valores morales se quebraron en el aire, hiriéndonos con su caída. Nuestra mocedad se ha deslizado en un ambiente ruinoso y sórdido. No hemos tenido maestros ni se nos ha enseñado la disciplina de la esperanza. Hemos visto en torno, año tras año, la miseria cruel del campesino, la tribulación del urbano, el fracaso sucesivo de todas las instituciones, sin que llegara hasta nosotros rumor alguno de reviviscencia. Sólo viniendo a tiempos más próximos parecen notarse ciertos impulsos de resurgimiento en algunos parajes de la raza, en algunos grupos, en algunos medrosos ensayos. Sin embargo, los Poderes públicos permanecen tan ajenos a aquel dolor y mengua como a estos comienzos de vida. Diríase que la España oficial, en todas sus manifestaciones, es un personaje aparecido, de otra edad y condición, que no entiende el vocabulario ni los gestos del presente. Cuanto hace o dice tiene el dejo de lo inactual y la ineficacia de los exangües fantasmas.

No creemos que sea una vanidad la resolución de dedicar buena porción de nuestras energías —cuyos estrechos límites nos son harto conocidos— a impedir que los españoles futuros se encuentren, como nosotros, con una nación volatilizada. Por otra parte, no nos sentimos de temperamento fatalista: al contrario, pensamos que los pueblos renacen y se constituyen cuando tienen de ello la indómita voluntad. Todavía más: cuando una parte de ese pueblo se niega reciamente a fenecer. El brillo histórico, la supremacía, acaso dependan de factores extraños al querer. Pero ahora no se trata de semejantes ornamentos. Nuestra preocupación nacional es incompatible con cualquier nacionalismo. Nos avergonzaría desear una España imperante, tanto como no querer imperiosamente una España en buena salud, nada más que una España vertebrada y en pie.

Para este acto de incorporarse, necesita la España vivaz una ideología política muy clara y plenamente actual. Tenemos que adquirir un pensamiento firme de lo que es el Estado, de qué puede pedírsele y qué no debe esperarse de él. Pero no basta con un principio político evidente. La organización nacional es una labor concretísima; no consiste en un problema genérico, sino en cien cuestiones de detalle: en esta institución y aquella comarca, este pueblo y aquella persona, esta ley y aquel artículo. La organización nacional nos parece justo lo contrario de la retórica. No puede fundarse más que en la competencia.

ACTUACIÓN SOCIAL DE LA «LIGA»

Por esto, la obra característica de nuestra Asociación ha de ser el estudio al detalle de la vida española y la articulación, al pormenor, de la sociedad patria con la propaganda, con la crítica, con la defensa, con la protesta y con el fomento inmediato de órganos educativos, económicos, técnicos, etcétera.

Para ello procuraremos reunir todos aquellos grupos de compatriotas que viven en las provincias alimentando deseos y propósitos análogos a los nuestros, pero que, esparcidos y sin cohesión, no podrán, como no podríamos nosotros, dar cima a empeño alguno positivo. Y nos conviene hacer constar, por cierto, que no consideramos a Madrid sino a la manera de una provincia central, cuya más levantada misión en la hora presente acaso sea hostigar hacia una vida propia a las provincias valetudinarias y recoger, de las que han despertado, enseñanzas, sugestiones y emulaciones. Viviendo todos en continuo trato, iremos reuniendo noticias intuitivas de la existencia nacional, asistiremos a las amarguras de la vida aldeana, recorreremos los campos, intentaremos la elaboración de estadísticas y encuestas fidedignas por medio de consultas circulares a nuestros asociados y personas que nos merezcan crédito. Encargaremos a conocedores especiales proyectos de solución a las cuestiones técnicas, administrativas, agrícolas, pedagógicas, etcétera. De ese modo aspiramos a poseer como un almacén de hechos españoles que sirva de cimiento para mejoras reales y de arsenal para la crítica y la propaganda. Por el periódico, el folleto, el mitin, la conferencia y la privada plática haremos penetrar en las masas nuestras convicciones e intentaremos que se disparen corrientes de voluntad.

Nuestra actuación política

Huelga advertir a quien sea maligno que no pretendemos hacer todo esto, sino que vamos meramente a ensayarlo de todas veras.

Tal es el perfil de nuestros propósitos.

¿Cuál puede ser la manera de irlo llenando con realizaciones? Pensemos que la ideología política sólo puede crecer robusta en la actuación inmediata. Ciertas convicciones, unas de tema general, otras sumamente concretas, hallamos ya formadas en nosotros. Según hemos dicho, no las consideramos bastantes para satisfacernos; pero son sobradas y de evidencia asaz victoriosa para que creamos obligatorio esforzarnos en su próximo triunfo. En consecuencia, comenzaremos, desde luego, a intervenir en la batalla política.

La escasez de nuestras presentes fuerzas remueve hasta una discreta lontananza la posibilidad de que aparezcamos como lo que es uso llamar un partido. Somos un grupo nacional y todavía extraparlamentario, formado por gentes de oficio conocido y libres de apresuramientos personales —siempre que esta declaración no signifique que vamos a cultivar una aérea teología y renunciar a la conquista de los órganos políticos y de gobierno. Los fines de nuestra Asociación, más nuevos en su espíritu que en su letra, necesitan abrirse vías nuevas y distintas de las acostumbradas por nuestra vieja política. Pero al lado de esta actuación lenta y peculiar, hemos de buscar, en todo momento, las brechas que nos ofrezca la política vigente para insertar nuestro influjo, sea éste mínimo. Nos aproximaremos, pues, como contingente auxiliar a aquellos partidos de gobierno que circunstancialmente coincidan con nuestras opiniones o que menos las contradigan. Dispuestos a no divinizar vocablos, vemos en la eficacia la norma de la acción pública.

Por malaventura, la situación en que hoy yacen los partidos españoles dificulta sobremanera nuestros primeros movimientos. No podemos acercarnos al cuerpo liberal; exento de ideas y aun del respeto a ellas, presenciamos estos días su caída, que es la de un cuerpo muerto. Ningún síntoma de los que hallamos en él lo califica de aficionado a las cosas que aspiran a vivir sanamente. Esto es para nosotros esencial. El partido que ahora gobierna patrocina la incompetencia, fabrica inercias y discute jefaturas. Como españoles, sólo podemos desearle una muerte feliz.

El republicanismo tradicional plantea ante nosotros una cuestión previa —la de la forma de gobierno—, que resolvemos en sentido opuesto a su venerable dogma. Ninguna institución histórica es para nosotros rigurosamente consustancial con el liberalismo. Decide de su valor su eficiencia. Y aquella forma de gobierno sería, a nuestro juicio, opima, que hiciera posibles estas dos cosas: democracia y España. Por entenderlo de otro modo han vivido los republicanos en un Aventino sempiterno, haciendo de una posada su casa solariega y negándose a colaborar positivamente en lo que es para nosotros substancial: la organización española.

Menos que ningún otro de los grandes partidos, puede el conservador atraernos. Aunque olvidáramos algo, su última etapa gubernativa representa la exacta contradicción de nuestra sensibilidad. Prefiere el pasado al futuro. Se apoya en las fuerzas menos ágiles de la nación y más culpables del fracaso. Enaltece la ficción legal. No quiere ensayar, sino hacer palingenesias. Prolonga el culto insincero de los valores más falsos y arcaicos. Fía todo del principio de autoridad en un pueblo que tiene derecho exuberante a quejarse. Procede con un temple de odiosidad, cuando ha de ser España obra de amor, de aquel amor que no rehuye la lucha, antes en ella da su manifestación. Y, sobre esto, en fin, muestra una excesiva tendencia al aspaviento.

LA COLABORACIÓN DE LA JUVENTUD

Estas palabras de solicitación dirigimos hoy a los españoles que por dedicarse al trabajo científico y literario, a la industria, a la técnica administrativa y comercial, están más obligados a tener una idea serena y grave de los problemas nacionales. No quieren ser un manifiesto destinado al gran público y huyen de formular un programa circunstanciado.

A los jóvenes, sobre todo, quisiéramos incitar. Las nuevas generaciones han aprendido en la justa desconfianza, en el hábito insustituible de la crítica más acerba, pretextos para la inacción. Han abandonado la política. ¿Es esto beneficioso? Creemos que no, ni para la nación ni para ellos, que no conseguirán dar a su vida individual la máxima intensidad. Nos plazca o nos disguste, no existe en nuestro país otro órgano de socialización fuera de la política. En Francia tienen los valores literarios una eficacia social tan grande como los políticos. Cosa análoga ocurre en Alemania con la ciencia y la industria, en Inglaterra con el comercio y la técnica. En España, por el contrario, son los políticos los únicos valores dotados de plena energía social.

Además, el resultado de la crisis ideológica que atravesamos se anuncia claramente como un anhelo de vida enérgica y entusiasta. Harto de sí propio se aleja el escepticismo. Renace violenta la fe en el poder que el hombre tiene sobre sus personales destinos. La nueva manera de pensar conduce a un afán de dinamismo y a la exigencia de intervenir con nuestra voluntad en el contorno.

Anexos

Liga de Educación Política Española

Esta llamada a los hombres de buena voluntad emana de un grupo de gentes, hasta ahora apartadas de la política, que creen indispensable una total renovación y purificación de las costumbres públicas españolas.

Aunque es conocido de antiguo el cuadro de síntomas de nuestra incapacidad nacional para la vida política moderna, no ha sido aún posible en España ni siquiera el intento de poner remedio a este mal, porque nuestras clases mal llamadas directoras han carecido de la fuerza ideal, de la ciencia y del deseo de acabar con una situación colectiva de cuya miseria vivían.

La política no es entre nosotros servicio de la Patria, sino oficio lucrativo que ejerce su industria en los linderos de la picardía; no es lucha de ideales, sino pendencia movida por los más mezquinos y egoístas intereses. Consecuencia de esta miseria moral e intelectual del ambiente político español, ha venido siendo el creciente retraimiento de aquellos espíritus sanos y activos que no se han avenido a poner el caudal de sus energías al servicio de la corrompida política profesional, produciéndose de este modo una selección a la inversa, que ha abandonado los intereses públicos a las manos más indignas. De aquí un doble mal: por un lado, la vida política, privada de la colaboración de sus mejores elementos, es decir, de aquéllos que en su esfera individual demuestran su capacidad mediante una acción creadora, languidece bajo la tutela de quienes desvían las escasas corrientes de savia nacional en beneficio de intereses parasitarios; por el otro, el individuo, que no ejerce su actividad en la esfera de lo colectivo, sufre una limitación de su horizonte mental, que acaba por incapacitarlo para toda obra que no resulte inmediatamente en su egoísta provecho.

Éstas son las causas del hecho lastimoso que debe ser punto de partida de toda cruzada patriótica: España no existe. A este nombre responde una entidad geográfica, mas no un alma nacional, un espíritu colectivo que pueda llevar el nombre de patria. Nos proponemos, pues, en la medida de nuestras fuerzas, hacer patria, según la expresión tan usada, trabajar en la formación del espíritu nacional, contribuir a despertar en el individuo la conciencia del mundo social, convertir hombres en ciudadanos.

Para atraer a la acción política a las masas apartadas por repugnancia o indiferencia, es menester llevar al espíritu de todos el convencimiento de que la vida pública, que hoy no es sino farsa nada amena, comienza a ser realidad auténtica. Y sólo lo será si nace y se nutre del estudio de los problemas verdaderamente nacionales.

El fin inmediato de la *Liga de Educación Política Española* es por tanto el estudio de tales problemas. No es concebible una política seria sin su conocimiento profundo. Al abordarlos, nos distinguiremos de quienes hasta ahora han trabajado en este sentido por una tendencia, que nos esforzaremos en hacer progresiva y cada vez más acentuada, a especializar las cuestiones y a formarnos sobre cada asunto de interés público una opinión sólidamente fundamentada en argumentos técnicos; por nuestro carácter de colectividad, capaz de recoger, reunir y contrastar los trabajos aislados dotándolos de la fuerza y la fecundidad que dan la unión de inteligencias y voluntades, y finalmente, por nuestra absoluta imparcialidad, la que no puede ser alcanzada por la Prensa, ligada por sus compromisos de partido, ni por las Cámaras de Comercio y demás organismos industriales, por serles constitucionalmente imposible salir de sus peculiares puntos de vista.

Para esta tarea, solicitamos amplísima colaboración. En especial nos es indispensable contar con el apoyo de aquellos grupos de compatriotas que viven en las provincias alimentando deseos y propósitos análogos a los nuestros; pero que, esparcidos y sin cohesión, no podrán, como no podríamos nosotros, dar cima a empeño alguno positivo. Y nos conviene hacer constar, por cierto, que no consideramos a Madrid sino a la manera de una provincia central, cuya más levantada misión en la hora presente acaso sea hostigar hacia una vida propia a las provincias valetudinarias, y recoger de las que han despertado enseñanzas, sugestiones y emulación. Viviendo todos en continuo trato, iremos reuniendo noticias intuitivas de la existencia nacional, asistiremos a las amarguras de la vida aldeana, recorreremos los campos, intentaremos la elaboración de estadísticas y encuestas fidedignas por medio de consultas circulares a nuestros asociados y personas que nos merezcan crédito. Encargaremos a conocedores especiales proyectos de solución a las cuestiones técnicas, administrativas, agrícolas, pedagógicas, etcétera. De este modo aspiramos a poseer como un almacén de hechos españoles, que sirva de cimiento para mejoras reales y de arsenal para la crítica y la propaganda.

Abrigamos la ambición de que nuestro trabajo facilite la formación de un plantel de personas técnicamente enteradas, que pueda contribuir poderosamente a elevar el nivel de aptitud de nuestros funcionarios y de nuestros organismos administrativos, en su mayoría pésimas traducciones de un mal original francés, inadaptables a nuestro acusado temperamento.

Paralelamente con el sereno estudio de los males nacionales, llevaremos la exposición pública de nuestras ideas, en el periódico, el folleto, la conferencia y la privada plática. Acudiremos de preferencia al *meeting*. A ello nos mueve la necesidad de fortalecer nuestras opiniones, haciéndolas respirar el aire libre de la plaza pública, y el convencimiento de que no será inútil que vibre una voz serena allí donde generalmente no resuenan más que apasionadas estridencias. Pero, libres de prejuicios, solicitaremos la controversia, y la recibiremos siempre con júbilo, seguros de que el pan del espíritu ha menester de la levadura de la discusión.

Trataremos también de llevar nuestra actividad a esferas donde difícilmente pueda llegar con eficacia la de los poderes públicos, fomentando en nuestro pueblo el espíritu de asociación y cooperatismo, y propagando la idea de solidaridad, acción indispensable para mejorar las míseras condiciones económicas y culturales en que vive y trabaja, y para dotar al pueblo de la necesaria cohesión que le permita oponer suficiente resistencia a los desmanes de la organización caciquil; pues la fuerza del cacique reside en la debilidad de sus víctimas, y ésta, en el individualismo estrecho y en la carencia de intereses colectivos.

Los miembros de la *Liga de Educación Política Española* se hallan unidos por aquella fraternidad espiritual, indispensable a toda colaboración, que nace de la comunidad de criterio para abordar las cuestiones. Somos liberales, es decir, nos consideramos libres de toda traba dogmática en el sentido más amplio de esta palabra, y creemos en la posibilidad de formar un Estado social y político en el que sean una cosa misma la vida próspera de la Nación y el bienestar de todos y cada uno de los ciudadanos. Conscientes de lo penoso de la tarea, tenemos la firme voluntad de trabajar al advenimiento de este Estado, seguros de que, lejos de destruirla, continuamos de este modo la tradición nacional.

Somos, por consiguiente, accesibles a todas las ideas que tiendan a mejorar la salud moral y material, individual y colectiva de nuestro pueblo. Del socialismo recogemos íntegramente su crítica de la organización actual de la producción, y su manera de considerar el salariado como mera categoría histórica, tan pasajera como la esclavitud. Mas el tono general de su propaganda se nos antoja por demás olvidadizo de la importancia de la emancipación espiritual, y no podemos adoptar su fe en la Revolución para resolver el problema político español, ni su irreductible hostilidad hacia la Monarquía. Tampoco hacemos nuestra su actitud frente a las cuestiones patrióticas, ya que creemos compatible el ideal nacional con el ideal humano, y que en el estado presente de la cultura universal es de vital importancia para la nación el mantenimiento de fuertes medios materiales de defensa. Por esto mismo, creemos indispensable y urgente reducir a los institutos armados a su verdadero papel de organismos ejecutores de la voluntad nacional, y no olvidamos que, más que en los acorazados, la fortaleza de una nación reside en los corazones de sus ciudadanos.

Las circunstancias han hecho que la creación de la *Liga de Educación Política Española* coincida con la aparición de un nuevo partido situado en la zona del campo político donde se han de ejercer de preferencia nuestras energías. Nuestra agrupación no cree enajenar su absoluta independencia ni su completa imparcialidad declarando que ve con una gran esperanza la formación del Partido Republicano Reformista en cuya voz cree encontrar un eco de sus propios anhelos. La *Liga de Educación Política Española* pondrá al servicio del nuevo partido, en cuanto conserve su pureza de ideales y hondas tendencias democráticas, su desinteresada actividad.

[Notas para dos reuniones de la Liga de Educación Política Española]

[I]

Señores, yo no tengo más que una cuerda en mi violín y en ella tengo que modular todas las canciones: quieran o no es la cuerda de la áspera franqueza. Tiene para mí esta reunión a que ustedes me han invitado un carácter sospechoso: lo digo sin ambages. Sea por la razón que sea acontece que el primer acto solidario que la *Liga de Educación Política Española* realiza viene a consistir en un té ofrecido a uno de sus socios. En una congregación que va a significar ante un cierto público —ante el público no muy numeroso que sabe que existimos— como una indicación de una nueva, reluciente jefatura de un grupo recién florecido. En suma, la *Liga de Educación Política Española* muestra una vertiginosidad extraña en hacer que dentro de sí repercutan los gestos mismos vitandos de la inerte política al uso. Y yo que no soy más que el más arisco e irreductible defensor de lo que hace de nuestra *Liga* una barbacana que avanza agresiva contra todos los usos y gestos que se contentan con ser inveterados y no aspiran a ser justificados, yo que veo en nuestra *Liga* antes que nada la expresión orgánica de una enorme voluntad de innovación latente en todos nosotros y en muchos más que otro día serán también nosotros protestan de un modo recio y grave contra esta primera infidelidad. Porque, entendámoslo bien, es la condición de nuestra influencia genuina sobre el medio nacional que no toleremos en la vida interna de nuestra *Liga* pacto alguno con nada de lo acostumbrado —porque partimos justamente de la conciencia amarga del fracaso de lo acostumbrado en nuestra patria y pretendemos llevar dondequiera un vigoroso imperativo de innovación, desde las emociones hasta las ideas políticas, desde* hasta el vocabulario. Miremos que son pavorosos los quintales de inercia contra quien tenemos que luchar y nada puede por tanto sernos indiferente. Que sobre menudas transacciones como ésta de hoy se articulan luego con harta facilidad las grandes transacciones. Piensen ustedes que en definitiva una nueva manera de vivir depende de un cierto ritmo nuevo y general en los espíritus para el cual es tan importante lo nimio como lo máximo. Yo protestaría, pues, de esta reunión en forma recia y grave si pensara que va a acabar siendo lo que alguien pudiera sospechar que comenzaba por ser.

Pero no va a ser esto, sino que va a ser una cosa muy distinta, ni siquiera conviene que yo retarde el cambio de carácter de esta reunión usando de unas palabras para dar a ustedes las gracias. No les doy las gracias porque no me

* [Aquí se interrumpe el manuscrito].

hace ninguna y darlas equivaldría a pactar con el enemigo aceptando en parte sus seducciones.

Es ésta simplemente la primera sesión que la *Liga de educación* celebra: aquélla en que se declara constituida.

Por tanto yo, primer firmante del escrito de solicitación que hemos hecho imprimir, declaro constituida la *Liga*.

Perfectamente, ahora hago a la *Liga* dos propuestas:

1.ª Va a comenzar inmediatamente a trabajar: el primer trabajo tiene que ser el de buscar entre los que formamos esta *Liga* y hasta hace poco vivíamos ajenos unos de otros por medio de un serio cargo de impresiones el camino más corto para ir llegando a una cierta unanimidad de intenciones. ¿Se acepta?

2.ª propuesta.

Como todos los que formamos parte de la *Liga* somos gentes conscientes y andamos por el mundo moral como sobre nuestros propios pies por el físico, sobre nuestros propios, individuales pensamientos no necesitamos que la Liga posea el ornato de un director, jefe o caudillo. Habrá, como es psicológicamente forzoso, una jefatura ideal que en cada caso recaerá sobre aquél de nosotros que parezca tener razón en el asunto particular de que se trate —pero no una jefatura o dirección vinculada en nadie. Por esto, para que sobre ello no quepa duda propongo que el presidente sea en cada sesión uno distinto. Todos los que aquí estamos confiamos las modestas capacidades que requiere la presidencia de una tan breve asamblea como aún formamos: si un día somos un número ubérrimo tal vez convenga elegir unos cuantos de entre nosotros que se distingan por la energía, la ecuanimidad para que ejerzan la función presidencial. Por ahora, conviene que nos sucedamos en ésta según un orden cualquiera, por ejemplo el de ingreso en la *Liga* que expresan las firmas de nuestro escrito. No hallándose entre nosotros desventuradamente el señor Azaña propongo que nos dirija hoy el señor Gancedo.

[II]

Las dudas que se suscitaron el otro día entre nosotros me han hecho considerar forzoso dar una expresión orgánica al conjunto de ideas y de emociones que sin hallarse formuladas en el escrito de solicitación redactado por unos cuantos de nosotros iban envolviéndolo de la manera difusa que una atmósfera. Porque no todo podía decirse en ese escrito; había muchas cosas, las decisiones, que no debían decirse. Luego veremos por qué. Nosotros nos dirigíamos en él, principalmente a una generación de españoles. Notad que el concepto de generación tiene en la crítica histórica un sentido muy preciso. Es la historia, la historia de las variaciones humanas: el sujeto, el portador de cada una de esas variaciones es una generación. La historia no se ocupa del individuo en cuanto aislado —tal sería una abstracción, una ficción— sino del individuo en cuanto inmerso en la magnífica continuidad del flúido humano. Este flúido humano está constituido por ciertos modos de pensar y sentir que le van sucediendo y que forman el clima sentimental e intelectual donde brotan los individuos. Cada época histórica es una dirección genuina de la sensibilidad humana: dentro de ella cada siglo un temblor peculiar ante las últimas, decisivas cuestiones: dentro de cada siglo cada generación un desplazamiento más o menos importante de las emociones e ideas radicales.

No os asustéis —no voy a haceros una conferencia de metafísica. Pero de que veamos claro, con brava claridad esto que voy a deciros depende mucho lo más grave para nosotros, depende que nuestras vidas individuales lleguen a expansión victoriosa o no pasen de ser una queja prolongada que se arrastra.

Época, siglo, generación son círculos de sensibilidad cuyo radio al disminuir en amplitud va aumentando en intensión. De suerte que este último círculo, la generación, es el que determina más apretadamente la contextura individual. Dime de qué generación eres y te diré lo que llevas en el vértice del corazón.

¿Por qué es el círculo generación el más elemental, el primario dentro del cuerpo histórico? Muy sencillo y esto es lo que más de cerca nos importa. No hay calidad que diferencie más hondamente unas de otras las cosas todas que llevamos pululando en nuestro ánimo como la de que sean éstas recibidas pasivamente por nosotros o activamente creadas. Noten que son las dos posturas más antitéticas de nuestro espíritu la de recepción y la de invención, la de aprender o la de innovar. En el aprendizaje —y ésta es la extrema diferencia— recibimos las soluciones, los credos y las normas antes, o cuando menos a la par, que llegan a nosotros los problemas, las necesidades y los azares. En la innovación, cuando nuestro ánimo pone la proa hacia avante, son los problemas, las perplejidades, quienes primero se hacen presentes. Este esquema de la mecánica espiritual nos aclara un poco a qué es debido el triunfo de ciertas generaciones y el fracaso de otras. Las ideas y las cosas que encontramos ya hechas a cuyo nacimiento no hemos asistido se presentan a nuestra aquiescencia con un carácter de autoridad que nos parecen poderes cósmicos, sustantivos. En cambio las soluciones que a nuestros nuevos problemas nos ocurren las vemos nacer dentro de nosotros, apenas diferentes de nuevos caprichos. Por esto nos es más fácil creer en lo tradicional que en lo inventado por nosotros. En cambio las ideas recibidas no suelen coincidir con nuestra intimidad, no están hechas a nuestra medida, no solicitan espontánea y fuertemente nuestro entusiasmo. Unas veces el excesivo respeto a lo antiguo lleva a una generación a aceptar principios que no la satisfacen por completo y que estorban la agilidad y eficacia de sus actos, y otras que se libran de aquel mal no tienen el valor de afirmar robustamente sus nuevas, propias opiniones. Pues el concepto de generación en historia no es sino la fórmula en que se expresa la ecuación a que en cada momento llegan esas fuerzas enemigas. Los hombres que nacen dentro de un mismo tiempo se encuentran sometidos a una atmósfera intelectual y moral ya hecha que les es común en todo lo importante. Durante la primera época de nuestra vida, linfáticos o sanguíneos, nerviosos o ecuánimes, unos mismos tópicos cardinales han hecho su labor sobre nosotros y por consiguiente más allá de las divergencias individuales han dado a nuestras vísceras una sensibilidad común para lo nuevo, nos han lanzado como proyectiles según una parábola determinada. Por mucho que quiera significar el individuo no es más que una modulación fugitiva sobre el enérgico fondo de determinismos en que lo envuelve su generación. Y que nuestra vida sea en lo postrero, en lo decisivo, triunfante o fracasada no depende del mayor o menor acierto en nuestros negocios individuales sino en haber descubierto y en hacer la afirmación plenaria de los destinos, genéricos y potentes fatalmente adscritos a nuestra generación. Errar en los detalles de nuestra vida individual tiene siempre algún arreglo y rectificación posibles, pero fallar en lo que constituye la trayectoria histórica, el destino histórico de nuestra generación es fatal y nos inclina inevitablemente hacia la muerte.

(Peary) Es, pues, preciso que de una manera valiente busquemos en nuestras entrañas como el augur en las de sus víctimas sagradas, la alusión a nuestro porvenir, la iniciación de la curva dinámica que es nuestra misión seguir y una vez descubierta afirmarla, defenderla, como el óvalo de tierra firme bajo nuestros pies. Dicho de otro modo es preciso que sin debilidad y sin jactancia tengamos la voluntad de nuestra generación, la voluntad de nosotros mismos.

Ahora bien, aun sin descender a detalles hallamos ya preformada en esa mecánica que pone tensa el alma de una generación la posibilidad de dos destinos antagónicos. Hay, en efecto, generaciones cuya misión yace evidentemente en dejarse dominar, henchir, florecer por el cúmulo de lo recibido: hay, en cambio, otras para quienes la suerte trae en sus alforjas un destino más difícil, más exigente, de más penoso cumplimiento: el destino de no poder vivir de lo recibido, de no poder contentarse con los dogmas hechos, con los usos predispuestos, de no poder dejar que en ella repercutan los gestos acostumbrados y que otros hicieron por vez primera. Ahorremos palabras, que anda mal de crédito el diccionario español. Nuestra generación, no hay duda, es de esta índole, una generación cono.

Ya sabemos que se debe esto en su máxima parte a una malaventura específicamente española: somos la generación que hereda el desastre, que hereda una negación,

una deuda. Patria no podía significar un grato tesoro recibido sino al contrario —patria era una cosa difícil que tendríamos que hacer al día siguiente.

Sin embargo, no sólo como españoles somos una generación desheredada. Europa entera se halla hoy deshabitada
de ideales suficientes. Nuestra educación ha coincidido
con un estado del espíritu continental gravemente crítico:
las ideas en que se nos ha educado andaban ya moribundas
y hoy en el medio del camino nos encontramos con que hemos de rehacer nuestra propia educación porque las ideas
recibidas no sirven ya. Y esto en política como en metafísica, en física como en moral, en arte como en economía.

¿Cabe duda de cuál es el destino, la esencia de nuestra
generación? Hemos sido lanzados al vacío, tenemos que vivir del porvenir, es decir de lo que nosotros hagamos e in-
ventemos, de nuestros propios actos. Tenemos que sacar-
nos del pozo como el barón de la Castaña tirando de nuestras
propias orejas. Por encima de todo es el resorte de nuestra vida un fiero imperativo de innovación.

¡Ah! ¡muy difícil! ¡nada más difícil! A toda hora, en
torno nuestro, desde todos los rincones nos hacen señas,
acurrucadas como brujas sabias, las seducciones de la
inercia. Aceptar lo hecho y lo usadero es lo más fácil. Repetir más blanda faena que inventar. Ser empujado más
grato que dar uno la embestida original. Dejar que en
nosotros sigan accionando nuestros padres y abuelos harto
menos penoso que decidir ser nosotros fuente de nuestros propios actos. Tan difícil es esto, tan para esforzados
que yo pude definir una vez el héroe como aquél que quiere ser él mismo, que se resiste al instinto, al medio, a la
tradición, al uso.

Hay en el fondo de nuestra conciencia la convicción de que no podemos vivir del ambiente constituido. ¿De cuál pues? De uno a constituir por nosotros. Las generaciones que pueden vivir del ambiente pueden entregarse a una excelencia contemplativa. Las que tienen que vivir haciendo el ambiente tienen además que hacer. Hay un descontento e insatisfacción en nosotros que procede claramente de que no hemos salvado la distancia que va de la quejumbre a la acción.

He aquí lo más genérico, lo esencial del estado de espíritu que ha fructificado en nuestro documento.

La *Liga de Educación Política Española* no es más que el ensayo de un aparato, de un órgano que nos haga posible ser fieles a los destinos de nuestra generación y por tanto fieles a nuestros individuales destinos.

Falta de conciencia histórica. Vida pequeña, casera —sin ambiciones y sin coraje. La voluntad de ser nosotros mismos al menos, ya que no hagamos a los demás como nosotros.

Escritos políticos (1906-1919)

[Discurso para los Juegos Florales de Valladolid]

Al hablaros desde este sitio yo me siento ensalzado, a la altísima dignidad de ese sacerdote solícito: por esta razón no he dudado un punto acerca de lo que había de deciros.

Sin vendas sagradas en torno a mi frente, sin la augusta magnificencia de los ritos antiguos, pero con el mismo fervor, con igual tensión religiosa en el ánimo, yo estoy aquí para impedir que vuestra atención se derrame vanamente sobre los esplendores de esta fiesta y para recordaros que la fiesta de religión estética que celebramos en esta vieja ciudad castellana debe ser antes que nada una fiesta de religión nacional.

El arte es un hada siempre joven que amiga a los hombres y los aproxima, pule sus diferencias, exalta sus fantasías, levanta sus corazones, les abre las venas de la sinceridad y de la benevolencia y prepara sus espíritus para las grandes, las firmes resoluciones.

El arte nos reúne hoy en una fiesta y en las fiestas es donde se recoge la flor de la conciencia nacional. No extrañéis, pues, si cuanto voy a deciros se dirige a despertar en vosotros esa conciencia que años de desdichas y centurias de errores y de malos pecados han ido adormeciendo y obscureciendo en los españoles.

Pronto hará un siglo que hallándose los soldados de Napoleón patrullando al través de las calles de Berlín, en el recinto de una academia, ante un auditorio de ánimos tensos y atentas orejas un filósofo genial, un hombre sincero y virtuoso, el sajón Fichte, pronunciaba palabras que, aun siendo de una supremacía y sutileza científicas incomparables a cuanto yo os pueda decir, llevaban el mismo propósito que éstas mías y ardían en la misma llama. Los alemanes escucharon fecundamente aquellos discursos, sintieron que se les concretaba y enreciaba el sentimiento nacional, vieron en la comunidad de su raza una forma divina de humana religión, se dispusieron a cumplir los deberes que esa religión les imponía, cumpliéronlos santamente y de un cúmulo de desventuras, de un decaimiento sólo comparable con el nuestro, sacaron esta imagen resplandeciente, esta figura triunfante de la Alemania actual.

La alteza personal de Fichte y la escasez de mi persona debieron haberme retraído de ese recuerdo abrumador; pero sabed que, cada vez más, los renacimientos no son obra de los grandes hombres sino de los buenos hombres y las páginas más sanas de la historia no nos hablan de grandes voluntades, sino de buenas voluntades. Si mejorar queremos, una magna labor se nos ofrece a todos, chicos y grandes, en la viña de nuestra tierra: no ha de haber en la labor de cada uno medida de orgullo, sino medida de deber y así, desde este lugar y ocasión que me habéis ofrecido, acudo a ella «con el cornadillo de mi pobreza» según decía el Cartujano.

Yo quisiera que suspendierais un momento vuestra sentencia y no me dierais en vuestro interior, luego de juicio sumarísimo del trasnochado y del retórico, si os digo que quisiera ver todos los campos de España florecer nuevamente y en gran florida cosecha la planta del patriotismo. Es curioso y es triste muestra —a qué ocultarlo— el hecho de que nos cause algún rubor hablar del patriotismo. El origen de esto no es difícil de hallar: son las palabras andariegas mozas que se dejan tomar por quienquiera comoquiera y faltándoles quien las defienda fácilmente se prostituyen. Así la palabra patriotismo tiene hoy para nosotros muy enojosos recuerdos de vociferaciones callejeras, de trozos lamentables de oratoria. Pero es injusto que no repongamos en su dignidad esta alta, esta necesaria palabra.

Fijaos un momento: hace quince, hace veinte años hubiérase tildado de falta de patriotismo a quien hubiese dicho que nuestro ejército no era el más valiente del mundo, que nuestros clásicos no eran los mejores escritores, que nuestro cielo no era el más intenso en azul, que nuestras campiñas no eran las más florecientes; que nuestras corridas de toros no eran la más alta fiesta imaginable; teníase, pues, de patria una noción externa, objetiva, plástica, comparativa y por patriotismo se entendía no más que un vago y ampuloso sentimiento de admiración retórica. El proceso espiritual del patriotismo español podía haberse formulado así: yo soy patriota, porque mi patria es lo mejor que existe.

Claramente veis, ¿no es cierto?, qué mísero y caedizo fundamento tenía nuestro patriotismo, qué poca garantía de solidez. Una derrota que, como una antorcha en una cueva, iluminó todos nuestros viejísimos errores, bastó para que dudáramos de las excelencias de todas esas cosas nuestras. Y como sólo ese apoyo en supuestas perfecciones exteriores sustentaba nuestro patriotismo, evaporose éste y nos quedamos sin noción ni sentimiento alguno de patria. Y comenzaron estos años que corremos de desconfianza, de desorientación, de dispersión y ciegos tanteos políticos.

Cuando un español mozo requiere su bastón de camino, alza la bizaza y se echa a correr mundos, comienza su viaje por el extranjero con una honda convicción de que ser español es ser algo más que ser inglés, francés o italiano, que es casi un título y como Tartarín al poner su nombre en la lista de viajeros de aquel hotel suizo espera que todas las miradas le sigan y a su paso se escuche: «Ése es el francés Tartarín»; cree el español que su españolería le alza por sí sola sobre el resto de los mortales y que si un francés es francés y un italiano, italiano débese a que no han logrado ser españoles. Pero como decía el vagamundo Cervantes «luengas peregrinaciones hacen a los hombres discretos». El mozo español huella una tras otra las rayas de cien fronteras y en sus años de peregrinación pide de beber y de amar de cien formas distintas en cien diversas hosterías. Entonces comienza a sentir la patria de distinta suerte: al chocar con otros patriotismos análogos comienza a delinearse con un nuevo perfil su país natal, su pueblo, su raza. Ya no compara: ha visto en todas partes bellezas y perfecciones que valen las de España; ya no es patriota porque su patria es lo mejor del mundo, sino porque es como es. ¿Queréis que os diga más? Porque su patria es como es él, porque el resto de los pueblos que visita le ofrecen un algo hostil e impenetrable. El lenguaje, las costumbres, la presión media de las almas, las alegrías, los dolores, los vicios, las virtudes son otros tantos secretos que sólo hacen patentes y cristalinos ciertas fórmulas mágicas de una magia blanca, tan sutil e inaprendible que sólo los siglos la enseñan, infundiéndola, no en nuestra razón, sino en nuestros nervios y en nuestra sangre. Recuerdo a este propósito un aforismo trágico de los misteriosos *drusos*, árabes del Líbano: su religión es la única que no admite prosélitos «porque para ser druso —dicen— hay que serlo desde toda la eternidad». Así el secreto étnico tiene en cada hombre, como producto que es de su raza, una apariencia de eternidad indomable, necesaria y trágica.

Notad ahora qué noción más distinta de Patria es ésta: ahora patria es algo íntimo, que llevamos cada uno dentro, que anima todos nuestros pensamientos, quereres, dolores y ensueños; la Patria no es algo objetivo, algo que está fuera de nosotros: la Patria está en nosotros vayamos donde vayamos.

Ahora, pensad si era no más que retórica el ardiente deseo, que poco ha expresaba, hacia un resurgimiento vigoroso del patriotismo. De este sano, íntimo, disciplinador patriotismo hablaba, no del otro vocinglero y vano: de este patriotismo de piel adentro que es como una religión que exige de nosotros grandes virtudes e incesantes deberes.

Porque si la Patria está en nosotros la única manera de ser patriotas es exigirnos nuestra propia mejora. De esta suerte el patriotismo mana de lo más adentrado de las entrañas y del grumo más hondo, más personal de nuestra conciencia.

Pero este nuevo patriotismo hay que reconocer que no existe sino en unos pocos españoles: supone cierta reciedad en el ánimo, cierta agilidad en el intelecto. España no está aún preparada para él, antes bien, roto el ilusionismo de la falsa patriotería se ha quedado sin conciencia de sí misma, angustiada, sin esperanzas, pesimista. Y si como dice Nietzsche, tan gustado hoy de los jóvenes, «vivir» es sinónimo de «más vivir», es ímpetu creador de nuevas formas de vida para el mañana, incesante renovación de deseos fuertes y robustos ideales que den un matiz de seguridad al porvenir, habrá que confesar que España no vive. Es frecuente oír: «los españoles vivimos al día», y esto —ineluctablemente— es más bien ir muriendo al día. Mal vive un hombre sin un mañana: un pueblo se congela y fenece. Como este sometimiento a un hoy desolado, siniestro, sin esperanzas ni recuerdos es el fondo de la vida española actual hay quien cree que hemos llegado al punto que llegan las razas muy viejas, los chinos, por ejemplo, cuya indiferencia moral hace dudar en todo posible renacimiento. Así piensan los pesimistas.

Hace poco tiempo viajaba yo por el Norte de España y al entrar en pueblos que había visitado hace quince, hace veinte años, cuando vivían sórdidamente dentro de una estrecha cintura una vida apagada y mortecina, sin proyectos de porvenir, sin ímpetu de renovación y hallaba en su lugar ciudades opulentas, de anchas calles por donde corría una vida recia e inquieta como en unas venas sanas corre latiendo fuertemente la sangre, sentía yo como si un viento fresco se llevara antecogiéndola de sobre el haz de mi ánimo aquella melancolía y una voz de optimismo, un grito de fe se irguiera dentro de mi espíritu exclamando: raza que tiene energía para crear en tan poco tiempo estas opulencias ciudadanas no es, no puede ser una raza esquilmada. El pesimismo político, acaso, no sea otra cosa que una teoría cómoda forjada por nosotros mismos para disculpar nuestra dejadez individual repartiendo la responsabilidad de faltas que son personales de cada uno sobre la totalidad de nuestra casta y nuestro pueblo. De esta suerte, cuando un español se recoge dentro de sí mismo y haciendo examen de conciencia encuentra en su vida graves y constantes pecados de inercia y otros peores pecados, se hace la ilusión de que no es él el que peca sino el país todo, el resto de los españoles los que le hacen pecar. «Si toda mi raza —se dice— tiene tales y tales defectos, si es incapaz de regeneración, si es inerte ¿cómo voy yo a estar libre de esos defectos, qué ha de valer, en fin, mi esfuerzo contra todo el esfuerzo contradictorio, orientado hacia la muerte del resto de mis compatriotas?» Así solemos contentar nuestros remordimientos, amenguar nuestras faltas por medio de ese razonamiento ficticio que nos torna a la inercia y a los otros pecados y nos hunde más hondamente en ellos dejándonos complacidos. De siglos viene preparándose este desmedramiento, esta pérdida de la confianza de nuestro pueblo en sí mismo, que en nuestro siglo ha llegado a los límites de la demencia y hubiera bastado para borrar cien razas de sobre la tierra. Harto sabían lo que hacían políticos de fuera cuando proclamaban la irremediable caducidad de las naciones viejas: sabían harto que quitar a un pueblo la fe en sí mismo, como quitársela a un hombre es romperles el resorte de la vida, quebrarles el vidrio de la voluntad, imposibilitar esa continuidad en el esfuerzo necesaria para hacer cualquier cosa sólida y firme. Esas razas nuevas quieren de este modo hacer con las otras más cansadas y distraídas lo que esas avispas americanas que llenan sus celdillas de arañas y orugas en las que clavan su aguijón con tal acierto que las paralizan sin matarlas y allí las dejan hasta que sus larvas nacen y se alimentan con ese siniestro manjar de víctimas impotentes pero todavía vivas.

Y es curiosa la postura que en tan crueles y peligrosos momentos tomaron nuestros más insignes pensadores, los encargados por divina elección de formar la conciencia nacional y el ánimo público: porque en aquel torbellino de amarguras y de peligros, bajo aquellas predicciones de pronto acabamiento que de los cuatro vientos del mundo nos llegaban como pájaros negros de siniestro agüero, sólo les ocurrió decir: si queremos seguir viviendo es preciso que rompamos con todo nuestro pasado, que dejemos totalmente de ser quienes somos, que por arte mágico nos trasmudemos el alma, que abandonemos toda ilusión y seamos furibundamente realistas, que pospongamos todo a la industria, al comercio que son la realidad, lo cual es tan absurdo como decir al enfermo a quien sólo resta un hilillo de vida, cuyos músculos han quedado reducidos a unas pobres fibrillas, cuyas entrañas arden en las llamas de la fiebre, cuyos ojos apenas ven, cuyos pulmones están casi cerrados: si quieres vivir tienes que hacer gimnasia y comenzar ahora mismo por levantar esta pesa de cien kilos, que acaba de alzar aquel atleta.

Algo análogo venían a decir a España aquellos hombres, algunos de los cuales han confesado luego su error. La realidad, señores, es cosa tan pesada que sólo se puede sustentar a fuerza de idealidad y la lucha por la vida cosa tan expuesta, tan insegura que sólo se puede adelantar en ella a fuerza de fe ciega en sí mismo y de un complejo aprestamiento. Un pensador norteamericano hace notar que la robustez de pueblos como Egipto en la antigüedad e Inglaterra hoy nace de que los egipcios y los ingleses consideraban su país como si fuera eje de la tierra.

En los amplios y soleados cuadros murales que desenvuelven la vida del pueblo judaico se levantan a las veces unos hombres poseídos de misterioso ímpetu, de contagiosa locura, hombres-energúmenos que dicen a Israel hundido en decadencia y en inercia: tú vencerás a los filisteos. Pasa algún tiempo: los israelitas vencen a los filisteos. Aquí tenéis el aspecto más humano y más fecundo de los profetas: cuando ellos predican no saben si va a ocurrir lo que profetizan: les basta con creerlo. Y al predecir con fe una victoria y contagiar en esa fe al pueblo ganan la mitad de la batalla. Sus palabras de confianza en la suerte de su pueblo son avanzadas de los ejércitos. De este modo predecir es preparar, es fomentar: creer es crear. *Possunt quia posse videntur* —exclama Virgilio. Pueden porque creen poder.

Yo quisiera deciros unas palabras de optimismo: estoy convencido de que el pesimismo podrá formar una aguda metafísica pero es siempre una mortal política. El pachá de Egipto —según cuenta Gerardo de Nerval— tenía siempre de pie a su cabecera un servidor encargado de despertarle cada vez que sus movimientos o su rostro revelaban un sueño agitado, una pesadilla. ¿Y no habrá quien haga tornar a nuestro pueblo a la vigilia siempre menos dolorosa que este hondo éxtasis de amargura en que vive?

Dormirà sempre e non fia chi la svegli, dormirá siempre y no habrá quien la despierte, decía de su Italia Petrarca. Evitemos al cabo que eso sea verdad para España.

Positiva mejora en la hacienda española—

Tómense algunos datos—

Algo es esto, pero es muy poco, sin embargo. No bastaría con ello para dar lugar al optimismo. Los rubios acervos de granos que rodean en verano las bocas de los hormigueros puede dispersarlos un viento que sople recio: lo que ni el agua, ni el viento, ni el fuego puede destruir es el sabio, disciplinado, afanoso, imperturbable instinto que Dios puso en la hormiga, ante cuya robusta debilidad solía derretirse en místico arrebato panteísta nuestro Fray Luis de Granada, uno de los más sanos hombres que en nuestra tierra han nacido. Lo que incita mi optimismo no es, pues, esa positiva mejora sino otros indicios que acaso parezcan a muchos vagas suposiciones.

Mi optimismo no es de presente, es de porvenir: si no queréis llamarle optimismo, nombradle esperanza. Esta esperanza mía no se basa en hechos: yo no puedo decir que se hayan realizado en España grandes cosas nuevas durante los últimos diez años pero sí que comienzan a existir, en existencia todavía oscura, nuevas intenciones, nuevos estados de alma, nuevas preocupaciones, nuevas maneras de ver la vida nacional. En este reciente viaje mío de que os hablaba he advertido, por ejemplo, qué decidido apartamiento, qué desdén hacia el mundo de la política parlamentaria alienta en todos los ánimos. Para los proyectos de su engrandecimiento y enriquecimiento no cuenta ya este o aquel pueblo con la tutela del gobierno y de los políticos: antes bien, los da de lado, se apoya sobre sí mismo, saca de sí todos los medios y todos los esfuerzos. No son muy numerosos, a decir verdad, los casos de tales pueblos, pero en la infinita desolación de la vida española esos pocos casos son como lejanas columnitas de humo que en una tierra selvática y apenas habitada reconfortan desde lo remoto al caminante desorientado. Poco a poco, esporádicamente va naciendo al través de esa hueca nacionalidad política otra que se alza junto a ella, sin preocuparse de ella. Y si esa España política es una España hueca, falsa, convencional, inorgánica que el menor temblor de tierra puede derribar, esta otra nueva España, como no tiene otro sostén que sí misma, es compacta, firme, sana y sincera. En la espontaneidad de su nacimiento tiene una garantía de virtud y de perduración.

Pero este desdén hacia la política es algo demasiado interesante y significativo para que nos sea lícito pasar de largo sin rumiarlo bien.

Yo quisiera que no os enojara esto que voy a decir pero es preciso decirlo porque es acaso el núcleo de todo nuestro malestar, lo que explica toda nuestra miseria física y todas nuestras lacerías morales, en fin, el más hondo mal de nuestras entrañas que, extirpado, nos hará absolutamente sanos, fuertes y firmes. España es hoy un pueblo de vanidosos y un sobrecrecimiento de vanidad todo nuestro vivir durante el siglo pasado. Vanidoso es el que rige su conducta por la opinión de los demás, y no la regula por un ideal íntimo, reclamador de incesante perfeccionamiento. Conténtase, a lo más, con que la distraída muchedumbre aprueba su proceder, y ordinariamente con que lo vitupere. El vanidoso es un enfermo de la voluntad que no tiene fuerza para sostenerse a sí mismo y necesita apoyarse en la opinión de los demás. Si con poco que hagamos basta para que los demás nos acepten y nos aplaudan ese *minimum* realizamos: sintiéndonos débiles, comprendiendo que nuestro tejado es de vidrio pedimos aún menos a los que tras nosotros llegan y así sucesivamente. De modo que ha ido reduciéndose hasta lo absurdo la medida de lo que unos a otros nos exigimos. Tal es la obra de la vanidad, que no vive de sanas realidades, sino de engañadoras apariencias.

De aquí que nuestras acciones sean tan vanas, es decir, imaginarias; nuestras instituciones vanas, es decir, meras apariencias, fantasmas sociales; nuestras leyes vanas, es decir, letra muerta, versículos de libros y de colecciones de la *Gaceta* que sólo tienen un interés filológico pero no rigen.

Yo no sé quién pueda tirar la primera piedra contra una clase particular de españoles. Los gobernados echan la culpa a los gobernantes. ¿Es esto justo? Somos un pueblo de vanidosos, cumplidos cada uno con nuestro deber tan sólo para salir del paso. El militar no se afana por ser el mejor militar posible ni por traer a nuestro ejército la ciencia nueva que le da una fuerza suficiente y una organización prudente: le basta con no rebasar la disciplina y cobrar su sueldo. El catedrático no se preocupa lo más mínimo de la sabiduría: para él la sabiduría está en ganar una cátedra, entrar en el escalafón con el menor esfuerzo posible; ahí tenéis la vergonzosa ignorancia de nuestros Institutos y Universidades. Y así el abogado, el labrador, el médico, el artista. ¿Qué derecho tendrán pues si siendo nosotros vanidosos, los que rigen el país, los políticos, son la flor de la vanidad? «Los vanidosos —decía Renan— ya que no caminen a la cabeza del progreso, quieren, al menos ir al frente de la decadencia». Yo no veo otro medio de mejorar a los políticos que mejorar a los electores. Pero ¡ay! ved que los electores españoles no eligen.

Poca estima nos merecen los políticos, pero aún hay algo en España que nos parece más indigno de estimación, más lamentable, más inmoral y que, por desgracia, forma la más numerosa porción de ciudadanos. Hablo de los que en un perenne ánimo de crítica no hacen sino censurar cuanto hacen los políticos, cuanto escriben los escritores, cuanto intenta el prójimo, al tiempo que ellos, lejanos de toda acción pública, sin dedicar al fomento de la nación ni un ápice de su energía, viven egoístamente, sin siquiera ambiciones personales en quietista espera de un genio, de un Mesías político que sin que a ellos cueste el menor esfuerzo, robustezca y reconstruya España. En análoga postura de espera, inerte e inmoral, aguardaban los hebreos al Mesías, y cuando vino no le conocieron. Y es que sólo conocen el signo del Salvador los que, cuando Él llega, estaban ya trabajando por salvarse a sí mismos. Es inmoral dejar caer sobre otros lo que es culpa nuestra, personal: es más inmoral todavía esperar que otro venga a darnos lo que nosotros podemos y debemos ganar. Si algo hemos de hacer, señores, es preciso que antes cerremos la era del mesianismo y comprendamos que nadie hará por nosotros lo que nosotros no hagamos.

Ved cómo ese apartamiento de la política que en algunas comarcas españolas he encontrado es una incitación al optimismo; pero ved también cómo permaneciendo en ese apartamiento será poco fecunda. Es buena señal porque el primer mandamiento de una sana moral pública ha de ser éste: la mejora de mi país no depende de esta o la otra ley sino de que yo, pobre hombre entre millones, logre hacerme mejor; de que no descanse ni pueda darme por contento hasta que en el arte, ciencia u oficio en que trabajo no llegue a alcanzar el más alto grado de perfección que me sea posible.

De cuanto os vengo diciendo se deduce que si ha de renacer de entre sus ruinas nuestro país es preciso ante todo socializarlo, darle las virtudes públicas que ha ido perdiendo hasta lo increíble. Hay que clamar cien veces por toda nuestra tierra que no bastan las virtudes individuales para hacer de un hombre un hombre honrado. Porque hay algunos —decía el republicano Cicerón en los libros de los *Deberes*— que viviendo al margen de la vida común, cuidando justamente de sus asuntos personales creen que han llenado la medida de sus obligaciones, de lo exigible. Pero los tales, si no cometen unas faltas pecan de otra suerte apartándose de la comunidad, no sacrificándole el menor esfuerzo, la más ínfima labor, el más pequeño auxilio.

El apartamiento de la política es, pues, una inmoralidad bajo este aspecto. Mientras sólo los políticos intervengan en la administración y dirección del país y desentendiéndose los demás, como ha ocurrido, legislen y gobiernen la política será forzosamente mala. Para que la política mejore es preciso que todos intervengan en la política. Mirad por encima de las fronteras la vida pública de otros pueblos más fuertes y felices hoy. ¿Qué acontece allí? Los detalles más ínfimos de la política interesan hasta la pasión: un artículo de un tratado de comercio antes de decidirse en los ministerios se ha discutido en todas las aldeas, en todas las fábricas.

Aquí tenéis el segundo imperativo de esta moral nacional, sin la que no podremos vivir en mejoría; nada de cuanto acontece en mi país puede serme indiferente.

Pero, ¡ay! cómo lograr infundir esa moral étnica en nuestro país. Mirando la realidad actual española y poniendo frente a ella ese panorama de nueva ética, de nuevas virtudes e impulsos nos sobrecoge la melancolía, el descorazonamiento, tanto camino hay de lo uno a lo otro.

Nuestra raza, ya que no nos da voluntades, nos da arbitristas. Como el ibis caracteriza la fauna africana el arbitrista significa la fauna española.

Así, apenas concluida nuestra última guerra sobrevinieron los arbitristas con sus panaceas. Ya sabéis que la panacea era el ideal de los médicos alquimistas en los comienzos de la edad moderna: una sustancia que cura todas las enfermedades y las cura momentáneamente. Dícese que Paracelso y Hermoncio inventaron una pánace que llamaban *alcahest* o agua inmortal; Paracelso, sin embargo murió a los 45 años y Hermoncio a los 58. En España se ha predicado la panacea del industrialismo, de la descentralización, de qué sé yo cuántas cosas. Prometíase en poquísimos años trastocar la nación. Abriéronse industrias a millares, minas a cientos: luego de unos años hubo que cerrar la mayor parte de las fábricas, otras tuvieron que reunirse para perdurar lamentablemente y las minas se quedaron frente al cielo mudo con sus bocas abiertas en perenne bostezo.

Otros han creído que llevando esa ciencia nueva y aun sin derechos de ciudadanía científica que llaman sociología, todos íbamos a ser más buenos y más felices dentro de breve tiempo. Yo siento no estar conforme con la *inmixtion* de los sociólogos en la dirección del país.

Frente a esas panaceas unilaterales que a lo sumo influirían transitoriamente en la periferia de la vida española, debe oponerse esta disciplina de renovación, este plan de lenta mejora: Educación y enseñanza.

Tengo por una inocencia ideológica pensar que basta para mover una raza a un renacimiento presentarle cualquiera de aquellas panaceas. Somos pueblo que lleva hartos siglos sobre el planeta y muy traídos y llevados para que nuestra alma sea tan simple, tan clásica, tan ávida, tan pronta al entusiasmo y al optimismo, somos más complicados y exigentes. Las religiones que nos muevan el ánimo han de ser cada vez más sabias, más complejas, más profundas. Los semitas, en cambio, pueblos con menos ideas ge-

nerales en sus combados cráneos y menos palabras abstractas en su vocabulario conténtanse, según dice un historiador,
para tener una religión con una *Kibla* y un *Kitab*, una dirección para orar y un libro.

No basta que perfeccionemos nuestras maneras de vivir: es preciso que enriquezcamos las fuerzas mismas de
nuestra vida. ¿De dónde sacar ese impulso? Inmediatamente de ningún lado: a años vista de un solo lugar, de la
educación.

Para ser mejor es preciso querer ser mejor; y esta voluntad no es un vago deseo incapaz de allanar las dificultades
y de proseguir tenazmente año tras año: es un querer que
no puede nacer ya en nosotros los españoles que vamos
para viejos, que éramos jóvenes en los vanos tiempos de las
revoluciones y si alguna energía teníamos la hemos ido perdiendo. Yo desconfío de que un español de cincuenta años
pueda remozarse hasta el punto que requiere esta nueva
moral nacional. Nuestro papel hoy en España, no es por
eso, menos fecundo y menos noble: seamos sinceros, reco-
nozcamos nuestro fracaso que en verdad no es nuestro
sólo, mas legado por nuestros padres y nuestros abuelos. Los hábitos mentales adquiridos en nuestras tristes vidas difícilmente podrán ser sustituidos. Si a nosotros no
nos educaron, cuidemos de que sean educadas las nuevas
generaciones. Si a nosotros no nos enseñaron y no supi-
mos, hagamos que a nuestros hijos y a nuestros nietos se
enseñe y sepan.

Esto, señores, no es otra panacea: no promete una cura
rápida: la educación y la enseñanza fructifican sólo en tiempos lejanos. Mas no importa: ved en la vida quiénes son los
que tienen prisa de llegar: los vanidosos. Si nosotros no po-

demos llenar de mies nuestros trojes, hínchenlos nuestros nietos. En ellos reviviremos.

Los tres grandes problemas inminentes en la vida actual española son: el problema económico, el problema social, el problema religioso. En toda nación alientan esos problemas, y atraviesan toda la historia; acaso sean insolubles, acaso la vida social no sea sino un seguir siendo problemas esos problemas como la vida universal es explicada por Zoroastro como una perenne lucha entre Ormuz y Ariman.

Pero en otros países el problema económico es manantial de potencia económica, el problema social de potencia política, el problema religioso de potencia moral.

Cuando decimos, pues, que hay que solucionar esos problemas, queremos decir que hay que convertirlos en fuentes de potencia nacional, que hay que elevarlos e intensificarlos hasta una atmósfera en que sean fecundos, a un tiempo causas y signos de robustez. Como en España ocurre lo contrario y son causas de muerte, digo que en España son dobles estos problemas. Desde el punto de vista político y nacional —no científico ni histórico— en que me coloco, solventar los problemas es darles condiciones de vida social.

Ahora bien, la solución de estos problemas, digo yo, es imposible, sin haber elevado previamente la cultura del país; es decir, al ponernos a pensar en los medios posibles para resolver el problema económico, el social y el religioso tenemos que dar siempre como supuesto, el problema de la educación y enseñanza: hay que retrotraer a éste los otros problemas.

El problema económico

Puede reducirse a estos tres elementos: producción, elaboración y comercio.

1. Producción.
2. Elaboración. —No basta producir. —El hierro de Bilbao. Se pierden incalculables millones por venderlo en lingotes (véase Alzola). Hay que producir bien. No basta trabajar para ser rico; hay que trabajar bien. Para trabajar bien hay que saber trabajar desde el obrero hasta el ingeniero que trace o invente los más nuevos y acertados procedimientos. Para saber trabajar, pues, hay que aprender a trabajar.
3. Comercio. —No basta elaborar. Hay que buscar y crear los mercados, dentro y fuera de España, hay que afinar en los tratados: todo esto no se hará mientras no salgan de escuelas modernas de comercio legiones de comerciantes: esto ha hecho Alemania.

El problema social

Los proletarios quieren intervenir activamente en la vida pública: no hay derecho a impedirlo. Pero aunque lo hubiera, sería inútil. La influencia socialista crece a ojos vistas, es un hecho y un hecho creciente.

El obrero tiene lo que podéis llamar según queráis: una exigencia o un ideal. Un cerebro rudo, inculto no puede percibir esta cosa tan compleja que es la vida de un pueblo y no verá claramente otro medio que el que parece más sencillo, aunque es el más ilusorio: la revolución. Digo ilusorio

porque es un hecho que las revoluciones no han conseguido nunca lo que querían los que las hicieron, sino una cosa
u otra, pero nunca la misma querida; la revolución francesa creó el capitalismo: no creó que fuera éste el deseo de los
tiradores de las barricadas; de los *sans-culottes.*

En un estado de absoluta ignorancia del obrero y de absoluta incomprensión de las otras clases para el obrero nos sobrecoge la avenida socialista.

Hay que cambiar al obrero de revolucionario en evolu-
cionista: esto sólo se consigue en la escuela. Hay que acostumbrar a las clases conservadoras a que vean que tienen
algún derecho, aunque ellas crean que muy pequeño, las
ideas nuevas frente a las viejas: para esto es preciso que
aprendan lo que son ideas, lo que es ser viejo y ser nuevo,
lo que es historia y lo que es pueblo, lo que es individuo, lo
que es nación, lo que es universo; esto sólo se consigue ilus-
trando.

Peroración emotiva describiendo brevemente, con imá-
genes vistas, reales de lo que sería un movimiento de proletarios desesperados, en estado salvaje aún, no se olvide,
que el socialismo es en cuanto doctrina un producto de cultura y civilización extrema (Karl Marx sacó de su maestro
Hegel la teoría fundamental del socialismo «concepción
materialista de la historia»): ¿qué resultará si se pone en manos de quien vive sentimental, moral e intelectualmente tres
o cuatro siglos retrasado?

El problema social supone, pues, la enseñanza del obrero y la ilustración del obrero y la ilustración del patrono y
de las clases burguesas.

Todos reconocemos que lo que nuestra Hacienda ha
sido, es nuestra vida total. Y así como nuestra moneda

tenía un valor ficticio, toda nuestra vida es un cúmulo de ficticios valores. De tal manera, que los espíritus nuevos vienen ya enfermos de ficción y si por un hado se quebraran hoy todos los vidrios fantasmagóricos de nuestra sociedad pocos habría que no pidieran la vuelta de los antiguos convencionalismos. Los pulmones acostumbrados al ambiente cargado y denso del valle no pueden respirar el aire puro y sutilísimo que resbala en las fuentes de los altos montes. Es forzoso —ved como siempre tenemos que venir a lo mismo—, es forzoso acostumbrar a la sinceridad, al horror a la ficción, los nuevos españoles ya que los viejos son incurables. Acostumbrar —eso ni más ni menos es la educación. Casi todo lo que el hombre hace lo hace por costumbre, la educación no es ni más ni menos que eso; no es sino adquirir en los primeros años buenas costumbres para el resto de la vida.

La forma de la vida universal es la economía del esfuerzo: una acción repetida exige menos esfuerzo que una acción nueva: aquélla es lo que llamamos hábito. Un buen hábito es, pues, una garantía de buenas acciones.

La educación, la Pedagogía no es una fórmula escolástica, una disciplina ilusoria. Tiene hondísimos e inconmovibles fundamentos científicos y ha habido quien ha querido decir de ella que es una ciencia exacta. Pero dejemos ahora esta cuestión interna de la educación como ciencia: acaso haya otras sabidurías más agudas, más descubridoras, más ricas en principios, leyes y teorías.

Mas considerando la educación como actividad sobrelleva a todos la ventaja en alteza y en humanidad, porque es la única que puede ser vivida: las demás no pueden ser sino pensadas y el pensamiento es sólo la piel de nuestra alma, una ínfima porción del hombre que además de intelecto y más que intelecto es sentimiento y es voluntad. La educación se vive educando y siendo educado.

Desde el punto de vista en que os hablo creo que la más clara idea de lo que es educación que pueda daros será deciros que educación es un apercibimiento, un aprestamiento para el vivir. Pero ¿qué es vivir? Habrá entre nosotros quienes crean que vivir es satisfacer las primordiales necesidades instintivas: comer y amar. Si reflexionáis sobre lo que constituye vuestras propias vidas advertiréis que no basta con los placeres sensibles: que unos más, otros menos llevamos todos dentro una misteriosa cosecha de unos místicos frutos nunca madurados que se llaman ilusiones, deseos de nombradía, anhelos de mejoramiento, etcétera. Vivir no es vivir mal, es querer vivir mejor. Si preguntarais a los hombres de los campos qué es ser labrador y os respondieran que es llenar de mies los graneros, comprenderíais al punto que esto es falso. Ser labrador es luchar durante once meses del año contra los cuatro elementos para recoger un mes los frutos; y aún llegan años tan torvos que pasan de largo con once meses de labor dura, pero sin esos otros días de cosecha. Así la vida no es un placer, ni una ilusión, sino una larga hilera de esfuerzos para ver si se logra un placer o una ilusión. Las penalidades, las dificultades, los enojos, los problemas, las desesperanzas son tan frecuentes y tan poderosas que la mayor parte de los hombres se rinden, y caídos en un grisiento pesimismo renuncian a la lucha y a sus ilusiones y se contentan con vivir dolorosamente un día tras otro; a esto no le llaméis vivir: llamadlo a lo sumo no morir.

Esta derrota del hombre proviene de que no ha sido aprestado para este difícil empeño del vivir. Hace falta una bien templada voluntad para no quebrarse en el choque con la realidad diamantina.

Y ahora fijad un momento vuestra atención: voluntad es querer, pero querer es querer algo determinado. La fuerza de una voluntad depende de la solidez de ese algo que se quiere. Se ha repetido veces y veces en nuestro país que la causa de nuestra debilidad es una *abulia*, una tuberculosis de la voluntad. Yo no puedo dejarme ir a discusiones con los sabios psicólogos que han afirmado tal cosa, pero para mí tengo que esta enfermedad del querer, ese no querer fuertemente es más bien un efecto, un resultado de nuestra miseria ideal. Con siniestra frecuencia hallamos españoles mozos que a los veinticinco años son verdaderos derrotados en la campaña oscura de la vida: decir que son *abúlicos*, que les ha faltado voluntad no explica nada. ¿Por qué son débiles e inciertos, por qué no han tenido resistencia y constancia? Es que su ánimo se ha dispersado en mil direcciones desde la niñez, ha oscilado continuamente entre mil proyectos de porvenir, entre mil ideales tan pobres, tan débiles que ninguno de ellos ha podido condensar, cristalizar su espíritu. No recuerdo quién comparaba el desarrollo del espíritu individual a esos montones de grava que en forma de estrictas pirámides suelen ocupar las márgenes de las carreteras. Para lograr en ellos esa perfecta figura es preciso ir vertiendo la piedra menuda dentro de un entablamento que las contiene e impide que se derrame en extensión: conforme el montón crece va adquiriendo la forma del entablamento. Lo que éste representa en los montones de grava es el ideal en la formación de los hombres. Es preciso que los adultos y los mozos vayan creciendo e hinchéndose espiritualmente dentro de un ideal fuerte, construido con sabiduría que entre sus firmes contornos retenga, concrete el ánimo en formación e impida que se desparrame, se disperse, se debilite. El cuerpo se robustece con intensos alimentos y la voluntad con sabios y potentes ideales.

Pero es absurdo pensar que los nuevos hombres se forjen a sí mismos ese ideal que ha de servirles para dentro de él crearse: entre las más difíciles y complicadas labores que existen en el mundo se cuenta ésta de construir un ideal capaz de formar hombres, de conformar generaciones. La niñez y la juventud no es sazón de inventar, sino de recibir.

Yo creo que nuestros padres a su hora y hasta hoy nosotros hemos cometido una gran falta contra nuestros hijos, de cuya falta se muere España. Las madres preparan solícitamente una ornada canastilla para recibir al recién nacido cuando al mundo llegue. Los padres, en cambio, olvidamos la religiosa obligación de preparar una canastilla de ideales en que descansen y se desarrollen moralmente nuestros hijos. El más grande deber de cada generación es labrar un ideal nuevo, fresco, fructífero a la generación que sobreviene. Esto y no otra cosa es el progreso. Un ideal del siglo XV ha perdido ya su energía creadora de porvenir, pues son tan sutiles esencias los ideales que se evaporan en el tiempo como los éteres olorosos en el aire.

Van arribando los nuevos españoles en las blancas naves liornesas de la vida: saltan en la costa, buscan con sus jóvenes pupilas ardorosas e inquietas un camino, una meta, un fin. La playa se extiende ante ellos desolada infinitamente. ¿Cómo pretendéis que quieran fuertemente si en este desierto no hay nada que querer?

La labor de los que ya somos casi viejos —labor que a nosotros mismos nos salvará del pesimismo— ha de ser hundirnos en esa alba cantera de la sinceridad y de la ciencia y arrancando unos grandes bloques de mármol virgen cincelar en ellos un magno ideal de exaltación, un ideal político que sea casi religioso, un ideal moral que sea casi político.

La misión educativa consiste en hacer fecundo ese ideal año tras año, lentamente porque no es tarea de un momento ni fácil inyectar de ideal el aparato de una raza marchita.

Podría resumirse cuanto os llevo dicho de esta suerte: la cuestión política es una cuestión moral, pero la cuestión moral es una cuestión de educación y de ciencia. Y al decir ciencia cuida que discrepando de cierta corriente de opinión que fía todo a la cultura mal llamada práctica, me refiero a la ciencia toda y muy especialmente a las más altas, abstractas y eruditas disciplinas. Cada día que pasa se refuerza en mí la creencia en la necesidad de la ciencia más exquisita y elevada.

Quisiera que entendierais bien mi pensamiento, ya que no pueda extenderme a razonarlo: admito, sin duda, que pueda ser un hombre feliz sin haber leído a Platón, pero desconfío de que un pueblo occidental de 16 millones de habitantes pueda vivir noblemente si no hay en él algunos miles de personas que hayan rumiado los diálogos de aquel divino griego. Con un pan vive un hombre; pero millones de hombres no pueden vivir con sólo millones de panes: con el número crece la complejidad de las necesidades y brotan nuevas exigencias.

[Como veis precisa ante todo que nos alcemos del fatalismo.

En las largas y solas horas de amargura que han atravesado en distintas épocas los españoles, suele subírsenos a la cabeza esa no escasa porción de sangre mora que aún rueda por los menudos estuarios de nuestras venas; entonces somos fatalistas y nos decimos que es vano cuanto hagamos si al fin y al cabo ha de hacer un destino ciego de nosotros cuanto quiera. Cuando en más claras horas la alegría, el alborozo, el triunfo en olas espumantes anega nuestro razonar, solemos pasarnos a la acera opuesta y somos providencialistas; todo nos parece un milagro y nos parece dulce adormecernos en el seno florido de un ser omnipotente que, siempre que lo necesitamos, haga en nuestro obsequio un milagro.

Ni lo uno ni lo otro. ¿Por qué no echamos por el camino del medio que es el camino real? Hay un lado cierto, hay una providencia, pero esto no es razón para que seamos ni fatalistas ni providencialistas. En mi entender la salud consiste en que seamos idealistas,] en que estemos convencidos de que podemos formar la realidad según nuestras intenciones y que si la realidad es amarga hoy podemos con nuestros afanes convertirla en una realidad bella de mañana. En fin, que el optimismo y el pesimismo no están en las cosas, sino dentro de nosotros: las cosas serán lo que queramos que sean. La totalidad trágica e inexorable es una diosa ya harto vieja que interviene cada vez menos en los negocios de los hombres. «La riqueza o la pobreza —dice el filósofo Antístenes en el *Banquete* de Jenofonte— no está en nuestras gavetas, sino en nuestros ánimos». Ved aquí cómo, probablemente, si en España no se hubiera dejado de estudiar a Platón y otros sabios discípulos de Sócrates, no habríamos dejado de ser idealistas.

Creo haberos mostrado que si no comenzamos inmediatamente a formar según una nueva idea los últimos sedimentos de los españoles, el porvenir se nos presentará siempre angustioso.

Eduquemos; enseñemos.

Y ahora se os ocurrirá una cosa muy justa.

Supongamos –pensáis acaso– que se logra un henchido presupuesto para educar y para enseñar. En nuestro país todo tiene que pasar antes por comisiones y en las comisiones es siempre la musa inspiradora de la discusión. ¿Qué sistema de educación vamos a seguir? ¿El alemán, el italiano, el inglés, el francés? ¿Debemos seguir el *credo* de Pestalozzi, el de Herbart, el de Natorp? ¿Vamos a enseñar *todo a todos*, como quería Comenius? ¿Hemos de empezar por abajo o por arriba, por la escuela popular o por la Universidad? ¿Va a ser el centro de gravedad de nuestra enseñanza el humanismo o el realismo? ¿Hemos de traer profesores del extranjero?

España no debe tolerar estas disputas: su espíritu es un inmenso, desolado páramo, una desierta planicie, siniestramente plana: no hay lugar a elegir la senda. Como observaba Darwin en las pampas argentinas «camino y dirección son palabras sinónimas en todo país llano». De esta suerte, no discutamos la elección de vía: echemos a andar delante de nosotros: nuestras pisadas dejarán tras sí un camino; la historia vendrá luego a plantar sus árboles sombrosos a lo largo de las orillas.

Una sola cosa es preciso que no olvidéis: el fin de todos nuestros empeños es hacer un pueblo: la educación, pues, cualquiera que sea su forma, habrá de ser una educación nacional.

Pero ¿qué es un pueblo?

Renan respondió memorablemente a esta pregunta: «Tener glorias comunes en el pasado, una voluntad común en el presente: haber hecho grandes cosas juntos, querer hacerlas todavía; he aquí las condiciones esenciales para ser un pueblo. La existencia de una nación es un plebiscito de todos los días como la existencia de un individuo es una afirmación perpetua de la vida».

En estas palabras existe inconmovible verdad. Hay una ley de perduración nacional que exige de las razas la conservación de su conciencia personal, el sentido de su continuidad histórica. *In mundo non datur saltus.* Un desmayo, un síncope nacional se paga caro; si la amencia prosigue sobreviene un viento frío que hiela un pueblo.

Ocurre la paradoja de que los Estados que evolucionan con acierto, que incesantemente saben a tiempo sucederse a sí mismos, según la expresión de La Bruyère, son a la vez incansables cultivadores de la propia historia y, por el contrario, los que cierran con siete llaves los sepulcros de sus grandes muertos se anquilosan, se cristalizan, se momifican.

¿Qué no hemos pecado los españoles contra esta ley? ¿Qué es la dolorosa desorientación en que vivimos hoy sino un resultado de la discontinuidad de la conciencia nacional? Ya antes os indicaba que nuestra casta ha sufrido una alferecía de tres siglos y señalaba el funesto error de los que ven sólo posible nuestro renacimiento en la ruptura con nuestra vida antigua. No: las civilizaciones no nacen espontáneamente como hongos, sobre unas rocas. Toda fuerte construcción necesita de hondas raíces ocultas: si es material, cimientos que se hunden verticalmente en la madre tierra; si es moral, recias raíces sentimentales que van a parar horizontalmente a remotos hondones del tiempo. De lo contrario, la construcción es imposible y habrá que contentarse con un menguado vivir sobre el momento.

Entre nosotros esa conciencia étnica viene perdiéndose poco a poco, quedándose entre las piedras y las zarzas del camino, desde hace siglos acaso. Se da el hecho increíble de que el logaritmo de España, el cuadro de valores morales, virtudes y vicios representativos de nuestro grupo humano nos lo han impuesto los extranjeros torpe y poco estudiadamente; la impresión que de nosotros tuvieron unos galantes franceses hombres de salón y corte a quienes siempre despistó nuestra dura raspa ha hecho ley: en el mundo extraño somos todavía esa desaforada imagen que a una redicha condesa del siglo XVII le plugo figurar. ¿Dónde está la interpretación española de España? Nótese cómo todos los fuertes movimientos de renovación en las naciones hoy prepotentes han sido antecedidos de un trabajo de historiadores que, rebuscando en los archivos, enmendaron la conciencia histórica de su raza.

¿Qué se ha hecho en España? Primero la desidia ha dejado que se pierda el hilo de la tradición: luego, la ceguera y el dogmatismo de algunos pensadores vio en nuestras malaventuras la derrota de nuestro pasado y concluyeron —¡caso inverosímil!— por cerrarnos sistemáticamente la casa solariega de nuestra historia como si no fuera de ella, de los pasados vicios, de donde se sacan los pueblos sus futuras virtudes.

Es curioso que se hallara alguien para decir como se ha dicho que no vivimos hoy porque vivimos de nuestra historia. ¿Pero es que existe la historia de España? Mejor hubiera dicho afirmando que nos mata la leyenda pero adviértase que la historia es el único reactivo capaz de disecar la leyenda, como es la religión la enemiga genuina y victoriosa de la superstición.

Como en la historia clínica de un enfermo está latente el más seguro diagnóstico y la mejor señal para escoger la medicina, en la histórica política y moral de una nación será donde habremos de descifrar la fórmula de su mejor vida futura. Mirad señores, hay que rumiar el pasado para ahormar el porvenir. La realidad, la materia histórica viene a ser una y la misma en todo el planeta: pero existe una manera especial de reaccionar frente a esa realidad, una forma característica de envasar esa materia indiferente: hay el genio helénico, el genio romano, el genio alemán. Hay también el genio español.

Quisiera concluir como empecé hablándoos del patriotismo.

Observando, señores, las vidas melancólicas y sonámbulas de casi todos los que viven en países extranjeros se adquiere el convencimiento de que cada individuo tiene que vivir dentro de su raza y según el genio de su raza, o no logrará jamás la plenitud de sí mismo.

Lamentable coincidencia es que al tiempo que tenemos que pensar en una urgente restauración nacional, las dos corrientes ideológicas más poderosas hoy sobre nuestros conciudadanos, sobre los mozos principalmente, son cierto vago y utópico cosmopolitismo y otro no menos vago y poco filosófico egoísmo, contradictorios ambos del ideal nacional.

El primero suele ir unido a todo socialismo: si me apretarais os confesaría que no veo la necesidad de que lo uno traiga consigo lo otro. La noción de humanidad, señores, sólo es una definición: una sensiblería enfermiza sería forzosa para sentir la humanidad, demás de pensarla. No deja de ser bella y armoniosa esa remota fantasía que se levanta lejanísimamente como un cactus al fin florido tras los horizontes de muchos, muchos siglos: todos los hombres juntos en un enorme patriarcado que ha pulido todas las diferencias. ¿Será esto algún día? ¡Quién sabe! Pero sí sabemos que no será mañana ni pasado mañana y los mañanas históricos son como los días de Brahma, cientos de centurias de años. Aún pasarán edades y eras en que siga existiendo una manera peculiar de reacción frente a la vida que tengamos que llamar española. La gente moza ha de guardarse del utopismo y cuidará mucho de no confundir la utopía con el ideal: aquélla no es sino un ideal inmotivado y que no puede ser normalmente sentido. Los sentimientos ejercen su influjo en razón inversa de las distancias y los hotentotes están harto lejos de nosotros para que les queramos apreciablemente.

Hoy por hoy, todo español que quiera vivir en integridad no tiene otro remedio que ser español. En el frontis de la casa marítima de Bremen está escrito el célebre apotegma pompeyano: *navigare necesse est, vivere non necesse.* «Es preciso que naveguemos: no lo es que vivamos». Después de haberos indicado que vivir, según la Humanidad es una idea vaga e irreal no daréis a paradoja que os diga: es preciso que seamos españoles: no lo es que seamos hombres, porque para ser hombre, hay que ser hombre-alemán, hombre-francés, hombre-español y a nosotros no nos ha sido dado elegir.

El otro extremo, el individualismo que, acabando en punta es el yoísmo, trae igualmente desconcertados a no pocos españoles nuevos. Es ésta una doctrina que halaga las pasiones de las sociedades en decadencia y favorece la indisciplina: por esto apenas llegada entre nosotros tan fácilmente cunde.

Como el cosmopolitismo parte de la idea de humanidad, arranca ésta de la idea de individuo. Yo no soy filósofo, no puedo contender sistemáticamente con esta sabiduría individualista, pero sé que los biólogos se ven y se desean para definir esa otra vaga cosa que se llama individuo.

Nuestra alma no tiene contornos definidos, no empieza ni acaba en nosotros: habría que buscar sus confines dentro de otras almas innumerables, almas de conciudadanos, de antepasados en que están injertas las nuestras como esas raíces de árboles que bajo tierra se infunden en otras raíces de otros árboles. No podemos decir: «yo soy hasta aquí y aquí es ya otro». Casi toda el área de nuestro espíritu no es nuestra sola. Cuando creemos pensar nosotros, suele ocurrir que en nosotros piensa nuestra raza, nuestra comunidad, nuestra secta. Este ánimo personal de que tan soberbios nos mostramos es el punto de intersección de legiones de ánimos. (Creo que es en un *purana* indio donde se dice que al poner el hombre en el suelo la planta, pisa siempre cien senderos. Si la astronomía aguzara sus pupilas vería en cada estrella una constelación). Lo individual, lo único, lo simple es un nombre, una abstracción. Decir *yo* es decir mil. Cuando digo *tú* digo nosotros.

La raza nos retiene y nos oprime con nervudos brazos seculares dentro de su encanto fecundo. Como dice el proverbio árabe, el hombre no puede saltar fuera de su sombra: la sombra espiritual que proyectamos proviene del sol castizo.

Para movernos en un sentido, sea el que sea, necesitamos —repito— un impulso. Sólo el avivamiento de la conciencia nacional puede engendrar ese impulso en nosotros; sólo una educación nacional podrá educarnos. Sobre nuestra vida de hoy concibamos un ideal y tomemos de la historia su sentido y las fuerzas para realizarlo. «Los verdaderos hombres de progreso —ha dicho alguien— son los que tienen como punto de partida un respeto profundo del pasado». Y el moderno Nietzsche, el enemigo de la historia, exclama una vez: «¿De qué aprovecha a lo actual la contemplación monumental del pasado, el ocuparse de lo clásico y raro de otros tiempos? Es que os hace reflexionar que esa grandeza, una vez sida, fue indudablemente posible una vez y por lo tanto será posible otra vez».

Esto quería hablaros en la presente ocasión.

La existencia inconcreta y difusa que llevamos es un mal tan grande, que, si no ponemos al punto remedio, acabarán por secarse todas las cisternas de la energía española.

Sabiduría, tolerancia, sinceridad, disciplina son los magnos ideales que es forzoso suscitar. No os parezca nunca grande ni elevada con exceso vuestra empresa. «Hagamos como los arqueros prudentes, —según el secretario Maquiavelo— que viendo el lugar donde herir quieren demasiado remoto y sabiendo hasta donde llega la virtud de su arco, ponen la mira asaz más alta, no para alcanzar con su flecha a tamaña elevación, sino para poder arribar a su designio con la ayuda de la mira tan alta».

Reforma del carácter, no reforma de costumbres

Comiénzase a hablar en España, estos últimos años, de las buenas costumbres. El tema es bastante nuevo, mas ha prendido con tanto acierto, que pocos serán los españoles a redropelo quienes no consideren las costumbres españolas como las peores imaginables, y cuando media España pregunta: «¿Cuáles son las buenas costumbres?», responde la otra media: «Las costumbres de Alemania, las costumbres de Inglaterra». Y si, por acaso, sobreviene un ministro de la Gobernación suficientemente ingenuo o suficientemente irónico para recoger solícito estas hablillas, dice que cuenta con la opinión pública —que es con lo que cuentan casi todos los españoles—, y se decide a reformar las costumbres. La gente aplaude. ¿No había de aplaudir, si es esto el viejo y eterno «Retablo de las Maravillas»? Quien no aplauda no es virtuoso. Y se aplaude y se traen a comento y en redundancia todos los lugares comunes de cierta cosa que llaman Sociología y de otra que debían llamar estadística moral. Y España entera, como aquel valentón de espátula y gregüesco, cae a la postre en el éxtasis de buenas costumbres. Y yo, no puedo menos de recordar la exclamación de Bonaparte, cuando leía los trasportes de retórico deliquio en que Madame de Genlis loaba la virtud: «Esta madama habla de la virtud como de un descubrimiento».

Comprendo perfectamente que el señor La Cierva, dedicado de por vida a las duras labores del abogado, del hombre de fortuna y del hombre que va para ministro, no haya tenido tiempo de entregarse a la ociosidad ocupada de los estudios filosóficos. Cuando Platón advertía que las sociedades no marcharían correctamente mientras no fueran los gobernantes filósofos o los filósofos gobernantes, cometió una indiscreción que, por ser él hombre tan antiguo, casi le es perdonable. Yo, al menos, quisiera perdonar al discípulo de Sócrates la indiscreción de exigir que un ministro fuera filósofo, y asimismo la del señor La Cierva por no ser filósofo. Pero sí quisiera hacer constar que reforma de costumbres es un absurdo, y si, como ahora, se trata de *reformar las costumbres del pueblo,* el absurdo es intolerable para quien tenga buen oído lógico.

Frente al problema innumerable de la vida, reacciona un individuo de una manera, otro de otra: para descubrir esto no hace falta haber leído el *Mahabharata.* Lo que hace que un individuo reaccione de un modo, y otro de otro, es el carácter individual. Los elementos de la reacción son, pues, el medio vital y el carácter: al resultado, que es lo visible y palpable, llamamos costumbre. La cosa no es muy complicada; pero traduciéndola a la matemática, osténtase más pura y más divertida: dos por cuatro igual a ocho. Al señor La Cierva le ha parecido feo el número ocho, que es el resultado, o sea la costumbre, y ha querido variarlo. ¿Cómo? Borrándolo. El número ocho es el que describen los pies del borracho cuando sale de la taberna; y el señor La Cierva ha cerrado las tabernas todo lo que ha podido. Cualquiera persona que no hubiera estudiado en Bolonia, como el señor La Cierva, habría pensado que, para mudar de producto, es preciso mudar antes uno de los factores. El señor La Cierva, espíritu original, procede de otro modo. De donde se deduce que prohibir la entrada en las tabernas desde las doce, es una y misma cosa con prohibir desde la *Gaceta* la tabla de Pitágoras.

No, señor La Cierva; no, señores celtíberos mal avenidos: las costumbres no son buenas ni malas. Es bueno o malo el carácter, es bueno o malo el medio vital, que suscita el carácter bueno o malo: pero la costumbre es irresponsable, es sencilla, trágica e ineludiblemente natural, como esa tabla de Pitágoras, el justo de Crotona. Por esa dentro de un alto sentido de justicia, es la costumbre precisamente lo ilegislable, porque no es sustancia humana, sino mecánica natural, y tanto vale prohibir una costumbre, como prohibir en una nación los terremotos. Una ley contra una costumbre, no es ley, sino pragmática. Sólo cuando la costumbre y el ideal duermen una noche juntos, queda la justicia encinta y nace la ley.

Hay un punto en que tiene razón el señor La Cierva: la única acción directa posible sobre la costumbre, es quitarla; pero quitar una cosa no es reformarla. Lo único reformable es el factor, nunca el producto que obedece a leyes físico-matemáticas, y no a leyes de justicia. Lo reformable es el carácter. La ley justa es siempre reforma: de otro modo será revolución o un golpe de Estado, según quien la dicte. Lo que no se puede reformar, no es legislable. Por esto parece un absurdo: reforma de costumbres, reforma de lo irreformable. Y el señor La Cierva es el *bourgeois gentilhomme* de la Puerta del Sol, que en lugar de hacer una ley, una reforma, ha hecho, sin saberlo, una revolución o un golpe de Estado. Todo en pequeño, para que no se fatigue la Historia, con la cual tiene tan poco que ver este partido conservador español, el partido histórico por excelencia que, formado en torno de aquella «revolución desde arriba», ha puesto ahora la pingorota de la falta de sentido histórico, acometiendo la reforma de las costumbres. Medite el señor lector y hallará que ambas cosas son como aquel cuchillo sin hoja que no tenía mango.

¡Reforma de las costumbres del pueblo! ¡Bendito sea Dios! Pero ¿no sabe el señor La Cierva que el pueblo es la porción de una sociedad no sujeta a la moda, de alma sagrada milenaria a quien han cortejado tan castamente todos los grandes políticos, porque sabían que nunca pierde del todo su virginidad? ¿No sabe que es el pueblo justamente la costumbre de tener las mismas costumbres, en oposición a las aristocracias, masas periféricas, movedizas que van y vienen sobre los mares étnicos según el viento caprichoso que sopla? Yo recomiendo al señor La Cierva la adquisición del sexto sentido, sin el cual no son posibles filólogos ni políticos; repito que es este sentido el histórico tentáculo respetuoso con que hemos de llegarnos a los pueblos, a lo castizo en cada casta, quien como la madre de los vinos nobles en el fondo de los toneles, yaciendo en el fondo de las razas, les da sabor, dignidad y equilibrio. ¿Y esto quiere reformar el señor La Cierva con una real orden? A punto estoy, señor lector, de pedirte perdón si en lo que llevo escrito encuentras cierto tono ligero de burlas; no merecen otro los errores ideológicos de unos hombres afortunados e ingeniosos, sin escuela ni unción política que llegan en la calma de una tarde a ser ministros. Mas cuando al mirar ante sí esas oscuras incertidumbres que emergen de hondura de siglos y llamamos pueblo español o pueblo francés o pueblo alemán, se siente dentro de las entrañas un religioso temblor, como yo siento, porque de allí ha de brotar todo lo bueno por venir, como brotaron todas las pasadas bondades, no hay lugar para poner reducto al enojo si esos hombres lléganse a ellas lascivamente o livianamente. No, señor La Cierva, yo acuso a Su Excelencia de político liviano si con vicios dolientes de mi pueblo quiere hacerse una plataforma parlamentaria, y le acuso por haber pretendido burlarse de los relieves de discreción lógica que queden en España. Sea dicho sin otros ambages: *Un gobierno que no ha creado ni una sola escuela popular ni ha dictado una sola ley social, no tiene derecho a prohibir al pueblo una costumbre.* Junto a la inmoralidad horrenda de mantener a lo sumo uno cabe el otro, dos tipos tan diversos de instrucción, la del rico y la del pobre, junto a la nefanda de no ocuparse de la de éste, sería un escrúpulo de monja si no fuera una burla deshonesta cuidarse de unos navajazos más o algunas borracheras menos. Reforma del carácter, señor ministro, que es lo reformable: instrucción y leyes sociales; no reforma de costumbres, no imitaciones simplistas de lo que ocurra aquí o allá. Pero volvamos a la templanza.

Es el caso, que en el Congreso celebrado poco hace, el partido socialista alemán, tan rígido y dictatorial, tan exigente para sus individuos, puso a discusión el problema del alcoholismo. Poco le hubiera costado ordenar la abstinen-

cia a los tres millones de socialistas alemanes, como les prohíbe el duelo y con él cierto honor alambicado que es el
aguardiente de los hombres de fortuna. No lo hizo, sin embargo; sus resoluciones son instancias de educación, mo-
ciones de virtud.

En el prólogo a la Real Orden nos dice el señor La Cierva
que quiere «ejercer la provechosa influencia comprobada
en otros países». Lo de siempre: un siglo llevamos trasplan-
tando a España todas las tonterías de Francia, de Inglaterra, de Alemania y ninguna de sus corduras; porque son
estas corduras genuinamente francesas, inglesas o alemanas
y, por tanto, intrasplantables. Lo que vale en estos pueblos
es el carácter; las costumbres son diferentes.

Creo haber dicho inequívocamente que la Real Orden
del señor La Cierva envuelve en su insignificancia una tre-
menda inmoralidad; frente a la cual son pecados veniales
todos los navajazos de la pasión y del instinto. Y si yo, que
soy ciudadano tan privado como pacífico, he salido ahora a
la liza con el pertrecho de unas pobres armas mías, acháque-
se a que considero un deber primario protestar contra esa
faena de desorientación que se está ejerciendo sobre el ánimo español. Y si la Real Orden halla muchos defensores,
mayor será el dolor en torno a mi ánima. Porque se ha iniciado dentro de España, en actos y en escritos, una estólida
forma de seriedad y unos pujos de graveza sin sabiduría
que no puede advertir sin inquietud el que tiene puestos sus
amores en el porvenir cultural de esta raza. Refiere Eliano
en las *Historias diversas* la conseja antigua, según la cual,
un león enfermo para sanar había de tragarse un mono.
A esta lamentable cura quieren someter el reblandecido
león celtíbero, cebándole de pedantería. Y cuanto más seria

sea y más precisa y más honda la visión que tengamos de la cultura, más ha de adolecernos el panorama de los idearios españoles.

Yo invito a los *intelectuales* para que, superando un falso buen tono que les mantiene apartados de los problemas públicos, se conozcan obligados a renovar la emoción liberal y con ella el liberalismo, bello nombre que ha rodado por Europa y que, por una ironía de la musa gobernadora de la Historia, vino a salir de nuestra oscura tierra. Aunque yo crea que el liberalismo actual tiene que ser socialismo, vengan vibraciones liberales en la melodía que gusten: ellas tomarán ritmo dentro de la gran armonía de nuestro renacimiento cultural. Bien merece ser seguido el ejemplo que don Miguel de Unamuno nos ofrece con su enfogado misticismo liberal.

Demos una lección filosófica a este bendito señor La Cierva y repitámosle el vetusto apotegma socrático, aún no refutado: Virtud es ciencia. Si Su Excelencia quiere hacer mejores celtíberos, hágalos más sabios y fomente la intelectualidad de ese partido conservador, a quien puede aplicarse lo que del rey don Felipe el III escribía un embajador italiano: «Su majestad gusta de vivir con pocos pensamientos».

¿Podemos esperar que haga el señor La Cierva algo parecido? De mí sé decir que no lo espero. El partido conservador busca una virtud menos áspera y arisca que la virtud oriunda de la esencia. No será él, no, quien nos adobe con harina candeal de sabiduría las hostias blancas de la cultura. Esta Real Orden muestra, bien claramente, una añoranza enamorada hacia otros tiempos más sencillos que los que quisiéramos ver llegar por el Oriente. Y si en algo pareciera inspirada, sospecharíamos que lo fue en aquel discutido testamento del cardenal Richelieu, pauta del absolutismo, donde hay un capítulo que se titula: *Jusqu'à quel point on doit permettre que le peuple soit à son aise.*

El Imparcial, 5 de octubre de 1907

La reforma liberal

Ora il lavoro canterò, né curo
ch'io sembri ai re l'Aedo degli schiavi

PASCOLI

Es tan grande la energía de las ideas que no cabe dentro de la mecánica, y ha sido menester abrir todas las compuertas del mundo natural a fin de que se espacie en la región de las posibilidades ilimitadas. La existencia de esta energía ideal nos permite dormirnos todas las noches con un poco de dulzor en el corazón y algunos aromas de esperanza en la fantasía: sin ella sería el optimismo un vicio, una falta de braveza intelectual.

Y, sin embargo, nada hay tan fácil como matar una idea: basta con ponerla en un medio inadecuado, tal vez en el cerebro de un político español. Las ideas científicas ejercitan su mística fecundidad quietas y quintaesenciadas en los libros: las ideas políticas, en cambio, como los dioses humildes de toda clásica religión, tienen que tomar carne y habitar un cuerpo para cumplir sus redenciones. En un principio es toda idea política una idea científica; la pensó primero un sabio, luego sobreviene un artífice de la política, un artista de la Historia, que acierta a inyectarla en el aparato nervioso de una generación. Entonces la idea, el *Logos*, el verbo, habita entre nosotros. Mas a poco arriba la nueva generación con un aparato nervioso templado de distinta suerte y es preciso otro artífice que reforme la antigua idea benéfica y la diluya en una emoción nueva apta para la nueva nerviosidad.

En España ha faltado el artista que renueve la emoción liberal: para lograrlo fuera menester algo menos burlesco que resucitar una ley sobre el matrimonio civil. La idea liberal va muriendo. No hay ya idea republicana. ¿Qué queda? Cuando los filósofos suprimen en la abstracción todas las cosas que *son* algo, queda, únicamente, la *nada*. Así, en las ciudades de los hombres, cuando no hay ninguna idea política, queda sólo la emoción conservadora. Una leal amargura ha de arrancarnos la confesión de que en la España política sólo hay conservadores, que es como decir que no hay nadie.

Y no se resuelva el caso echando sobre los políticos de oficio todos los improperios, como si junto al Parlamento hubiera otra España salubre, enérgica e inteligente. Esa España no existe; si existiera se ocuparía de política, dejaría oír en muchos casos grandes clamores y hasta haría sentir a tiempo justo la reciedad de sus músculos. Ahora bien, las dos grandes fechorías parlamentarias que han sido cometidas en el mes de diciembre acontecieron sin que esa España salubre, enérgica e inteligente marcara su juicio sobre ellas. Se nos quiere hacer grandes, quizás, se nos quiere hacer fuertes, y para ello se aprueba un presupuesto opimo que nos vaya creando una Armada. Pero no se nos ha preguntado antes si queremos ser fuertes; podría ser que prefiriéramos ser buenos, nada más que buenos; justos, no más que justos; discretos, en último caso, nada más que discretos. Y se nos prohíbe la discreción, se nos impone el deber de la incultura. Con leal dolor también ha de declararse que se dio cima a todo esto sin que se escucharan gritos de espanto, de protesta y de amenaza. ¿Es que no ha ocurrido nada?

El discurso que pronunció el señor Moret en aquella sesión inocente, donde todo fue unanimidad, significaba un pacto del partido liberal con el conservador: *Do ut des*. Hubo maliciosos que hallaron en todo ello hasta un exceso de armonía y, propensos a la paradoja, vieron en aquella concordancia ejemplar una ilustre complicidad, y en aquellos discursos un monótono y funesto rumor de azadones que entierran con nobles formas de liturgia *diez años de crítica de la conciencia nacional*. Yo me contaba entre esos paradojistas. Y así fue: el segundo término del pacto no se cumplió; el señor Moret toleró ese incumplimiento.

Ha sido la protesta harto débil para que no sea pecaminosa. Los periódicos se van dejando seducir por esas virtudes recientes de mesura y graveza muy de moda hoy entre nosotros, virtudes nobilísimas en su lugar, pero impropias de la significación que compete a aquéllos en la república. Los diarios deben volver a la era de las enérgicas vociferaciones: han de ser colaboradores en la construcción política, pero nunca colaboradores en la vida parlamentaria, y fuera más oportuno que se apartaran de la parsimonia académica.

El periódico no es ciencia, sino arte; arte de las emociones sociales. Como en algún modo el político, están encargados de dar a la idea carne de emoción para que se expanda y se haga emotiva; no les toca elaborar afirmaciones o negaciones, esto queda para el sabio, para el estadista; su tarea se reduce a expresar robustamente esas afirmaciones o negaciones labradas por otros.

En estos últimos tiempos no han solido hacerlo así. Sólo una voz sonora se ha oído que sonaba por la parte de Aragón, la del señor Costa, dando al aire muerto bramidos, como un búfalo viejo desde el fangal de un barranco. Conviene que esa noble y clara voz no se pierda en ambiente tan poco vibrátil como el de estos días, y es un supremo deber ante la Historia para los españoles que quieran cumplir la clarísima virtud de la fidelidad hacia los destinos de su raza, hacer que no queden vanos y estériles esos *diez años de crítica de la conciencia nacional*, años dolorosos de espiritual cauterio y purificación de nuestras entrañas morales.

Para ello es menester que resucitemos el liberalismo y que luego el liberalismo instaure con sus manos sabias y puras un verdadero partido liberal.

Los partidos liberales tienen hoy en Europa la más triste figura que cabe imaginar. Sobrevinieron a punto para conquistar unas cuantas virtudes públicas, unos cuantos derechos sagrados; lograron en lo esencial su intento, cumplieron su vida heroica, y hoy, perdida la juventud, se obstinan en proseguir el mismo gesto. Pero han llegado las horas nuevas, trayendo en sus odrecillos de peregrinas para ellos la vejez, y para otros la mocedad con la leyenda fresca de una política futura. La discreción les hubiera aconsejado una retirada o un cambio. Lohengrin llega a la hora justa de cumplir su hazaña, y cuando la mujer quiere atraerle a la vida mansa y vulgar, Dios, que favorece su fisonomía legendaria, le hace desaparecer. ¿No lamentaríamos que Don

Quijote, luego de vuelto a la cordura, hubiera seguido viviendo, y aquel divino hijo del Ciervo nos le presentara unido a Aldonza en justas nupcias y gobernando un cortijo? Quiere el destino que los revolucionarios parezcan ridículos cuando renuncian a hacer revoluciones. Ésta ha sido la suerte de los partidos liberales, que no han acertado a renovar sus programas y buirlos una vez más como puñales usaderos, sino que, hallando blanda la paz y descansada la siesta, se han entregado a la fruición burguesa:

> de voir autour de soi croître dans la maison,
> sous les paisibles lois d'une agréable mère,
> de petits citoyens dont on croit être père.

Una empresa política de Saavedra Fajardo pinta una saeta en el aire bajo la cual se lee: «o sube o baja»; y aunque hace con ello referencia a los Estados, vale también para los partidos de progreso; permanecer igual no es no mudarse, sino mudarse al compás y al ritmo de las cosas. Los partidos de vanguardia han de avanzar tierra adentro luego de ganadas las batallas, y sólo se conservan iguales a sí mismos cuando viven en perpetuo peligro, como aquellas mesnadas de la España medioeval, que al ir desterrando a los moros dejaban las mansiones de ayer por demasiado seguras y construían otras nuevas en los linderos enemigos.

Los partidos liberales son partidos fronterizos de la Revolución o no son nada. El último y más fino teorizador de la idea conservadora, Federico Julio Stahl, jurista ingenioso y teológico, creyó dictar la sentencia del liberalismo demostrando que el liberalismo es el «sistema de la Revolución». Fue esto dicho hacia 1840: los liberales de entonces, aún siéndolo muy de veras, porque consideraban aquella palabra perjudicial a la sazón para sus intentos, protestaron. Mas el tiempo, que es un *galant'uomo*, según el cardenal Mazzarino, ha ido limpiando esa voz de su escoria lamentable, y hoy sería menester harta mala fe para ver en ella otra cosa que la luz sutil y espiritual de una idea. Hoy son afortunadamente, las calles de las grandes urbes demasiado anchas, y los cargadores de los fusiles demasiado rápidos para que tenga nadie honrado derecho a interpretar aviesamente lo que digo.

Y es esto que digo que el liberalismo de hoy, si no quiere seguir siendo un entremés para la Historia, tiene que confesarse y declararse inequívocamente «sistema de la revolución». A los ánimos que acostumbran espantarse de la sombra que dejan en el aire las palabras propongo este punto de meditación: ¿Qué prefieren: un sistema de revolución o revolucionarios sin sistema? Un sistema es una idea: sistema de la revolución significa, pues, idea de la revolución o revolución ideal. *De revolutionibus orbium cœlestium* llamó el sacerdote Copérnico a su sistema de los astros, y mire el señor lector cómo, gracias al sistema astronómico, han desaparecido de tras los planetas aquellas torvas divinidades anárquicas e injustas que intervenían a lo mejor en los negocios de los hombres, y hoy quedan simplemente unas flores de dulce lumbre lejana que dan sus vueltas o revoluciones con estricta blandura y armonía. Los terremotos, en cambio, continúan siendo irreductibles a un sistema: cuando se les reduzca habráseles puesto un yugo, y en lugar de destruir ciudades los aprovechará la industria como fieras domadas.

Llamo liberalismo a aquel pensamiento político que antepone la realización del ideal moral a cuanto exija la utilidad de una porción humana, sea ésta una casta, una clase o una nación. La dirección conservadora, por el contrario, se desentiende de exigencias ideales, niega su valor ético y se atiene en este punto a lo ya logrado, cuando no fomenta el regreso a formas superadas de constitución política.

Cree el liberalismo que ningún régimen social es definitivamente justo: siempre la norma o idea de justicia reclama un más allá, un derecho humano aún no reconocido y que, por tanto, trasciende, rebosa de la constitución escrita. La transición entre dos constituciones no cabe dentro de ninguna de ellas: el derecho a transformar las constituciones es sobreconstitucional, no es un derecho escrito, es una de aquellas no escritas leyes, *ágrafoi nómoi*, sublimes a todo código. Como los peripatéticos tenían que buscar fuera del mundo y hallaban en un Dios invisible el primer motor inmóvil, impulsor de cuantas cosas vemos moverse, así el primer impulsor jurídico de las transformaciones constitucionales es ese derecho no escrito, ese derecho ideal, centro de la energía ética en la Historia. A ese derecho sobreconstitucional, que es a su vez un sagrado deber, llamo Revolución.

Es preciso que apartemos del liberalismo todo equívoco y que volvamos a hallar su simiente inmortal. Por haberse olvidado demasiadamente de sí propio se ha dejado llevar durante cuarenta años a combates insignificantes, periféricos, y distraído en una política cutánea no ha solido acordarse de que latía, allá entre sus entrañas, el corazón inquieto de la Historia. Hoy está tan embotada la sensibilidad liberal que es casi una iniciación predicar el liberalismo como un deber moral, como el deber de la Revolución.

La dirección conservadora, que no es una idea —¡supremo nombre!—, sino todo lo contrario, un instinto, ha cuidado muy astutamente de no despertar en él esa dormida entraña moral y ha logrado, acaso, convencerle de que es su esencia el *laissez faire, laissez passer*. De los conservadores ha salido ese apotegma peligroso, según el cual sería el liberalismo no más que el ejercicio de la libertad. Digo peligroso porque en tal decir se toma a sabiendas la libertad con un vago sentido popular que nada tiene que ver con lo que significa, para los sabedores de la ética.

¿Qué libertad es ésa a cuya defensa y sustentación quieren los conservadores circunscribir la idea liberal? ¿Qué quieren decir cuando dicen que «la libertad se ha hecho conservadora»? ¿Indican con ello que en los conflictos entre el individuo y el Estado debe llevar aquél la primacía y la decisión? Estos conflictos no tienen sentido dentro del nuevo liberalismo: son precisamente comprobación de los errores originales en la fundamentación positivista, utilitaria, del liberalismo inglés, que ha venido siendo la norma hasta hace poco. A la postre hemos vuelto hacia la sabia opinión platónica, que no reconoce individuos fuera del Estado.

Las palabras son huecos para los pensamientos, cápsulas sonoras donde se guarda el huevecillo del concepto, el germen racional. Nosotros tomamos de fuera las cápsulas, pero vacías: luego, atropelladamente, las henchimos con lo primero que hallamos a mano. Así ha ocurrido con la palabra Libertad: se la ha reducido a la significación de tolerancia, y en la tolerancia hemos imbuido después un sabor de complicidad. Pues qué, ¿va a ser este vago contenido de Libertad-Tolerancia lo que caracterice al liberalismo? ¿Para nada más hondo y genuino está ahí? La tolerancia no es renuncia o apartamiento de la lucha, sino la sutilización de ésta, la pulimentación y legalización de las armas de combate. Por ella las divergencias entre los hombres se elevan a discusiones científicas; por ella se evita la destrucción de las condiciones materiales necesarias para que cada cual pueda seguir sustentando su opinión. Y no viene a ser otra cosa la tolerancia que una proyección en lo político de aquella cualidad individual que llamamos buena educación.

Para mí, es, en cambio, *Libertad* un divino nombre mitológico que usamos para advertirnos de que las constituciones son siempre injustas, y es un deber reformarlas. No indica solamente que ha de respetarse la ley escrita: este valor negativo no distinguiría lo liberal de lo conservador. Libertad, en su significado positivo, es la perpetua amonestación de la ley no escrita, de la ley ética que condena todo estancamiento de la ley política.

Si no fuera así, el razonamiento de Veuillot parecería incontrovertible: *Je vous demande d'être libéraux parce que tels sont vos principes; mais comme ce ne sont pas les miens vous n'auriez à espérer un traitement réciproque si j'arrivais au pouvoir.* Y sería cierto asimismo que «los liberales —según decía Carlos Marx— van una sola vez en compañía de la Libertad: el día de su entierro».

Esta curiosa antinomia del liberalismo proviene de que también él, debiendo ser puro, incansable, incesante, incontentable Espíritu, ha dejado que se le apose la energía, que se coagule, casi que se le torne cuerpo. En este agua muerta de nuestra vida intelectual hale tomado una fiebre de laxitud, y cuando la lenta caravana de los conservadores llega, estaba dormida la virgen loca Libertad. Creo que los progresistas deben recelar de ella y esforzarse en afinar su sentido desde el momento que los conservadores la han puesto sobre su corazón. Esos magos que quieren conservar tantas cosas le han hecho mal de ojo: a la luz de una luna brujesca se han reunido en Zugarramurdi, y con voz de murmurio y misterio se han dicho: ¿Y si conserváramos también la Libertad? Luego han quemado unos escrúpulos de estoraque, han dibujado con un agujón en la tierra roja el abracadabra, han leído unas palabras en el libro de Nostradamus, y a cantagallos se han dispersado con susurroso rumor de viento en ráfagas. Han hecho un conjuro a la Libertad, la han tornado estéril, conservadora. Porque, entiéndase bien, si libertad conservadora quiere decir algo, vale como libertad para conservar, pero nunca como libertad para inventar, para osar, para hacer revoluciones en la economía de los códigos. Y de ésta, casualmente, tenemos sed.

No cabe, pues, equívoco en el liberalismo. El sentido que su tradición y origen le marcan es indudable y preciso: donde se proclame un derecho nuevo del hombre, allí debe estar, aun cuando los oscurecedores, que son legión, pretendan poner tinieblas sobre lo claro y esplendente. ¿Qué afirmación de un nuevo derecho original destaca sobre la parca historia contemporánea? La idea socialista. Luego no es posible hoy otro liberalismo que el liberalismo socialista. Presumo que nuestra ingénita cobardía política se asustará de esta consecuencia mía. Si es así, sólo me toca deplorarlo y pedir al Dios omnipotente que construya otro mundo donde las cosas anden menos estrictas y donde no sea una burla llamarse liberal siendo conservador.

Hasta aquí sólo he hablado del liberalismo como idea, como sistema de abstracciones, como corolario de una ética científica. He llamado ideal al liberalismo: ¿quiere esto decir que sea un utopismo? En modo alguno: el ideal, cuando lo es, ni es fantasía ni es ensueño: es la anticipación de una realidad futura. El teorizador del liberalismo —mi modesta persona, en este caso—, tiene que estar fuera de la realidad, fuera de la realidad actual, ya que se pone en una futura y en nombre de ésta exige la transformación de la presente; su perspectiva espiritual puede simplificarse en estas palabras de Pestalozzi: «Es preciso desviar nuestros ojos de cuanto ocurre, a fin de conservar en nosotros límpida la sensibilidad para lo que debe ocurrir».

Tampoco la realización del ideal necesita la destrucción de la realidad: cambiarla es suficiente. Aquí concluye la acción del liberalismo y comienza la del partido liberal, que es su instrumento. Consiste el papel de éste en adecuar trozo a trozo el ideal a la realidad y hallar las fórmulas para insertar en ella la mayor porción posible de ideal. De este modo quedan sistematizadas las revoluciones. El liberalismo señala dónde hay que ir; el partido liberal busca y proclama el camino, pero arbolando en todo instante aquella exigencia última, categórica, que da una dirección y un oriente a sus pasos.

Toda política no conservadora, que aspire a algo más que a una personalidad e influjos pasajeros, ha de pedir alguna reforma constitucional; sólo esto le permitirá adquirir fisonomía en la Historia. Sobre el fondo de las variaciones constitucionales se delinean las siluetas de los partidos políticos. *La cabaña del tío Tom* no deja ya nuestros corazones estibados de melancolía; el sentimiento constitucional del 68 es ya para nosotros arqueológico. Y con la arqueología sólo puede hacerse política de artificio e insana. Los jóvenes no se enardecen y no pelean sino por ideas tan nuevas y mozas que puedan tomarlas de novias.

Frente a los equívocos poco elegantes de los partidos vigentes aparece la emergencia magnífica del ideal socialista. Su realización es el mandato nuevo, el imperativo moral puesto sobre el hombre moderno. Y, so pena de esfumarse en una vaga doctrina de tolerancia, tiene que decidirse el liberalismo a arrancar la política de la región meramente utilitaria y regir su proa hacia la Atlántida de los deberes morales, de las virtudes sociales. Ni creo que quepa misión más perfecta y gloriosa en la tierra; porque si algo hay cierto es que este gigantesco alambique del Universo está puesto aquí para que tú, señor lector, y yo, y nuestros hijos, vayamos destilando del temblar de nuestros nervios unas gotas de virtud.

Faro, 23 de febrero de 1908

De re política

Cuando son cerradas las Cortes suelen quedarse nuestros políticos sin saber qué hacer, como las viejas de los pueblos si les cierran la iglesuca y les falta un buen fuego en torno al cual contar consejas, decir decires y roer memorias. Fue instituido el Parlamento a guisa de máquina expansionadora de la política, para impedir que los pueblos fueran gobernados desde unas cuantas reuniones y camarillas, para ofrecer garantías a las públicas pasiones que nacieren fuera de los muros oficiales. Weigel y otros místicos alemanes llaman al alma individual *spiraculum vitae*, respiradero de la vida, breve abertura por donde se manifiesta el borboteo soterráneo de corrientes colectivas, manadero en que hace sentir su pulso la oculta y metafísica voluntad vibrante del universo. Algo así corresponde ser al Parlamento: respiradero de la vida nacional, síntoma de la realidad pública, signo de cosas externas, vivas y orgánicas.

En España va aconteciendo todo lo contrario. El Parlamento apenas si ha hecho otra cosa más que absorber los relieves de espontaneidad política que en nuestra raza quedaran matando su vigor original, ha estrechado la vida pública en los límites escolásticos de la vida parlamentaria y siguiendo los pasos de todo escolasticismo que toma los signos, las palabras, por las cosas significadas y nombradas, pretende alzarse en única realidad política.

La Ley del terrorismo, que fue un aerómetro lanzado al ambiente público para fijar los grados de densidad que pudiera alcanzar el liberalismo español, ha servido para muchas advertencias útiles. En primer lugar, ha incitado, siquiera levemente, a los partidos liberales a la labor de agitación popular; en segundo lugar, ha hecho decir a los conservadores que esa agitación era una agitación, es decir, una confabulación de unas cuantas personas para solivantar a las gentes mansuetas y tranquilas. Tengo por cierto que más de un liberal ha sufrido remordimientos de conciencia por haber hablado en los *meetings*, y ha pensado: tienen razón, estamos agitando sin saberlo, como el señor Jourdain hablaba en prosa, y así no tiene gracia que el pueblo proteste.

¿Se advierte el concepto de la política escondido bajo todo esto?

Existe un error muy grave en el asunto de que hablo y que a mi modo he intentado otras veces rectificar. Proviene de aquel grande hombre Silvela, tan falto de rigor espiritual, que sabía decir de manera tan ingeniosa y divertida una porción de cosas que no merecían la pena de ser dichas de ninguna manera. Silvela comenzó a maldecir del pueblo e hizo derivar las inculpaciones hacia esa responsabilidad anónima. Dicen que Silvela fue un hombre de conversación deleitable y esto hará que parezcan injustas mis apreciaciones a los que cultivaron su amistad. Pero ¿qué le hemos de hacer si hemos nacido muchos españoles demasiado tarde y, aprisionado el espíritu de todos lados por el terrible dolor español, no hemos tenido alegría ni tiempo para gozar de sobremesas regocijadas? Para nosotros, pues, el Silvela armonioso no existe y sólo queda el Silvela que acusaba al pueblo. De él procede esta teoría, según la cual no hay en España opinión pública.

¿Y dónde la hay? ¿Dónde tiene el pueblo opinión? Y si en otros países hay una opinión pública, ¿cuál es en ellos la opinión privada, dónde está, cómo se distingue de la otra? Hay una medida exacta —podrá decir alguien— de la opinión pública: el número de votos en las elecciones. La proporción entre la cifra de electores y la cifra de votantes marca la energía de esa opinión. En España no se vota apenas: luego no hay opinión pública.

Las elecciones son, en efecto, lo que más hondamente nos revela la intimidad de un pueblo; por eso conocemos tan bien el corazón de Pompeya a quien sorprendió el furor del Vesubio en sazón de nombrar magistrados y quedó perpetuada bajo la ceniza en aquella posición electoral. Pero el resultado de los plebiscitos —donde no se falsifican las votaciones— es justamente resultado, supone un carácter popular previamente adquirido que le impulsa a ejercitar su derecho de votos.

¿Por qué votan los pueblos que votan? ¿Por qué tienen una opinión los pueblos que la tienen?

Sepamos antes qué cosa es pueblo. Dificulto que pueda alguien definir esta incierta y oscura realidad del pueblo en otra forma que sirviéndose de lo que llaman los filósofos juicios infinitos o privativos. Pueblo es «lo que no» habla en los Parlamentos, «lo que no» escribe libros, ni pinta cuadros, ni publica periódicos, ni tiene coche propio, ni es mencionado en la Guía Oficial, ni nace en una hora, ni muere en otra, «lo que no es» nadie en particular, lo «inconsciente» en cada nación. Con intención satírica que me parece poco plausible, hace Ibsen que el pueblo trabe los pies de Peer Gynt bajo el nombre del «Gran Tortuoso», un algo extraño, ni muerto del todo ni vivo por completo, mucilaginoso, innombrable, sin forma. Con esto queda dicho que el pueblo no puede tener opinión, es antes bien mar infinito donde ruedan los contrarios torrentes sin confundirse. El pueblo no piensa: aquella porción suya que podría servirle de cerebro es precisamente lo que llamamos *élite*, aristocracia, los pocos y que con tanto cuidado solemos aislar frente a los muchos, al vulgo, al *demos*. La opinión pública es, en consecuencia, una mentirilla del viejo liberalismo, que le será perdonada porque ha amado mucho.

¡Oh pueblo, santa incertidumbre, oscuro fondo sobre el cual destacan las burlescas fisonomías personales, tú nos llevas sobre tus anchos lomos como las rocas del Guadarrama llevan su piel de líquenes, tú nos sueñas de un siglo para otro en tu pecho profundo por donde sólo andan las vaguedades de los sueños, tú nos impones el deber supremo de responder por ti cuando se te cite a juicio y de esculpir tu alma, fijarla, concretarla, cuando se te pida un porvenir, un «sí», un «no», una acción! ¡Pueblo, sustancia adamantina, incorruptible, arco iris espléndido, en cuya vida de luz vivimos un instante y luego desaparecemos dejando su sucesión a otros sin cuento, mientras el arco iris continúa abierto como puente de ornato sobre el cielo!

Perdóneseme ese sincero arrebato lírico. Es el pueblo la divinidad moderna, Pan redivivo; y como los místicos panteístas —Spinoza, por ejemplo, o Boehme el zapatero— percibían dulcísimo deliquio al sentirse hundidos en el regazo inmenso de la naturaleza, para un demócrata tiene suavísimo encanto sentirse pueblo, mirar cómo nuestra silueta personal se pierde y se confunde en la personalidad innumerable del *demos* y unida a ella fluye por el cauce sin edad de la historia. Pero no sólo nosotros: los grandes hombres también vienen del pueblo y pareciendo apartarse de él un punto acaban por volver a sumirse en la gloriosa y perenne corriente maternal. Quiero creer que Juan de Mena pensaba algo parecido cuando escribió aquellos lindos versos de su *Labyrinto*:

> *Arlanza, Pisuerga e aun Carrión*
> *gozan del nombre de ríos, empero*
> *después de juntados llamémosles Duero.*

Como del pueblo tiene que salir todo, es menester que salga también lo que no es pueblo: los escogidos. Del tesoro de su inconsciencia saca unas cuantas conciencias a quienes encarga de tener opiniones determinadas, únicas, particulares, ya que él es el conjunto de las opiniones reales y posibles, la opinión total, o lo que es lo mismo, la no-opinión. Porque opinar es tener «una» opinión; quien tiene todas las opiniones es que no tiene ninguna.

Toda opinión, pues, es siempre de origen privado y la única significación justa que puede tener esto de «opinión pública» será la de opinión privada que se ha expandido, que ha sido inyectada en gran número de individuos. Por eso si los alemanes o los franceses ejercitan el voto, digamos que en Alemania y Francia hay unos cuantos hombres con opiniones políticas que se han esforzado en comunicar a los demás.

El pueblo no sabe lo que quiere; sabe a lo sumo lo que no quiere y por esta razón desdeña a muchos que le solicitan y no responde a cualquier palabra o conjuro. En fórmula más precisa pero más técnica podría definirse al pueblo como lo indeterminado histórico a determinar por la cultura. Esta labor de determinación que debe realizar la parte más culta de una raza sobre la parte menos culta o pueblo es la política. Y como vivir no es ir arrastrado, ir forzado, sino proponerse fines y lograrlos en lo posible, querer, en fin, algo y querer los medios que lo producen, la política significa una acción sobre la voluntad indeterminada del pueblo, no sobre sus músculos, una educación, no una imposición. No es dar leyes, es dar ideales y por ideales no se entienda nada vago y doncellil, sino cualquiera posible mejora espiritual o material de la sociedad, desde la libertad de cultos hasta la revisión del arancel, donde acaso ésta parezca más ideal que aquélla como más remota y difícil.

De todo esto resulta que el lugar donde menos quehaceres políticos puede haber es el Parlamento; allí no debía irse sino a refrendar la organización del espíritu público realizada fuera. Precisamente para esto se inventó el Parlamento: para que pudiera sin peligro hacerse la política fuera de él, fuera del antiguo Consejo despótico. Parlamento es representación, mero reflejo y sombra de la realidad política exterior. El único lugar donde no está un pueblo es aquél en que está su representación.

En estos meses tórridos sólo los políticos liberales no tienen derecho a descansar. Hace poco tiempo fijaron su programa; ahora es preciso que cumplan la segunda parte de la acción política: la agitación. Aquí y dondequiera, el pueblo carece de sensibilidad si se le abandona a sí mismo, o responde tan sólo al último instinto de conservación física como acaece en tiempos de invasión extranjera. La agitación que parece medio poco serio a esta vanidosa inocencia de los conservadores, es la única manera de hacer política inventada por los hombres desde la edad de los profetas, que fueron al cabo grandes oradores de *meetings*.

Es preciso poner bien claro el centro de la política liberal en la cuestión de cultura. Es preciso librar de una vez al liberalismo de ese equívoco incomprensible en que ahora se halla, pues no parece sino que consiste sólo en no querer la Ley del terrorismo o del duelo o de la administración local, y que, logrando que no prosperen estas leyes, debe comerciar pacíficamente con el partido conservador. El otro día, hablando con un amigo mío, ingenuo a fuer de conservador, me decía esto, y preguntaba: ¿qué más quieren ustedes los liberales? Y tuve que responderle: pero ¿es que va a hacer falta algún motivo particular para no ser conservador, para no combatir la política berberisca y ecuatorial del señor Maura? Y entonces él, tomando de la aljaba conservadora un lugar común falso, me asestó: ¿Pero sin jefe, sin disciplina, qué van ustedes a hacer?

Yo, señor lector, que apenas si sé con precisión tres o cuatro cosas, ignoro muy especialmente cuanto atañe a la política. Bien quisiera, por tanto, creerme eximido de hablar sobre lo que tan mal conozco. Pero echando menos en la conciencia política española ciertas perogrulladas, en mi parecer fundamentales, y notando que nadie se humilla hasta recogerlas y repetirlas, me encuentro obligado a hacerlo yo. Lleve cada cual, según la medida del propio esfuerzo, sus mejores intenciones al comunal molino, y acaso tengamos algún día buen pan de cultura que llevar a la boca.

¿Qué mal ha de traer en vista de esto si expongo otro día lo que en mi opinión pueda hacer el liberalismo, la idea liberal sin jefe y sin disciplina? Si quitáis al partido conservador ambas cosas, claro está que se queda sin nada, salvo unos cuantos instintos sociales de inercia y tesaurización flotantes en los bajos fondos del alma colectiva. Pero el liberalismo es una cosa mucho más discreta y complicada: es, por lo pronto una idea —lo más que puede ser una cosa— decía Kant.

El Imparcial, 31 de julio de 1908

Los problemas nacionales
y la juventud

Yo no puedo dirigirme sino a la gente moza: ¿cómo podía atreverme a conducir este torpe tropel de mis palabras hacia las almas ya hechas de los hombres maduros? Para ello me falta en absoluto la autoridad: permitidme añadir que me falta también el humor. Moralmente es deber de todos mientras nos queden unos pocos alientos reformar en mejoría la constitución de nuestra morada interior: pero *realmente* suele ocurrir que esto no es posible. Bajo nuestro paralelo, al menos, los espíritus al tomar la vuelta de los cuarenta años se obliteran definitivamente. Y la reforma española, señores, exige en mi opinión un cambio tan radical en el sistema de preocupaciones y de maneras de querer, de pensar y de conmoverse que es psicológicamente imposible esperar este cambio en las almas ya hechas.

Insisto pues en advertir que me dirijo a los jóvenes so pena de que pareciera inaudito que quien no es político ni entiende de política viniera aquí a dar en tono ejemplar sus

ingenuas opiniones. El otro día el señor Madinaveitia, ayer
el señor Simarro, solicitaban de todas partes la colaboración: nos pedían que contribuyéramos a rectificar el ánimo
público, cada cual con su voz y en su círculo. Esto hago yo
ahora y vengo a ofreceros, amigos de mi tiempo, «el cornadillo de mi pobreza» como decía el Cartujano.

En estos días tristísimos que han pasado pensaba yo en
los deberes de nuestra generación... Era en medio de aquel
silencio pavoroso y como siniestro que gravitaba ominosa-
mente sobre nuestro país, silencio tan lúgubre como ama-
sado con presagios crueles, que nos hacía pegar el oído a la
tierra, sospechando si el corazón que bajo ella debiera latir
se había parado. ¡Pobre corazón viejo y endeble que bate
torpemente sólo escarnios! Como a la mugre y la miseria el
cuerpo del caído, las almas, señores, se acostumbran a todo
lo vergonzoso cuando una sociedad viene de largo atrás ro-
dando por su decadencia. Cuando se nace en un país donde nada está bien, la sensibilidad se embota y acabamos
por olvidar que todo está mal. Y es menester que el De-
miurgo rector de la historia envíe alguna terrible desazón
nacional para que volvamos a percatarnos de la inmensa y
profunda mengua en torno. La psicología del sentimiento
religioso sabe muy bien que la conversión suele iniciarse en
instantes de aguda perversión.

A decir verdad nada de lo ocurrido en estos meses crueles ha debido sorprendernos. ¿Por ventura lo necesitábamos
para averiguar que España no existe como nación? ¿Es que
alguien llama nación a una línea geográfica dentro de la
cual van y vienen los fantasmas de unos hombres sobre los
cadáveres de unos campos bajo la tutela pomposa del espectro de un estado?

Hay gentes, señores, que parecen haber traído a la quinta esencia toda su energía virtuosa cuando dicen que no se debe hablar mal de España. Por desgracia suelen ser los que menos se afanan en mejorar su pueblo. Cierto: hay una virtud que debe acompañar siempre nuestra patriótica maledicencia: la piedad. Tenemos que descubrir los vicios más negros de nuestra casta pero piadosamente, con amor y con respeto, no mirándolos despegadamente como faltas que nos son ajenas y que descubrimos en alguien que no nos interesa. Después de todo, los pecados de España no son sino los pecados de los españoles. Y los españoles no son los de la provincia de al lado ni los de la casa vecina sino que el español más a mano es siempre uno mismo.

Muchas veces he meditado cómo pueden algunos seres humanos moverse sobre la vida con el corazón tan abyecto; comprendo la falta, la caída, el pecado. ¡Pobres de nosotros, somos tan distraídos! Yo me complazco imaginando que casi todas las cosas malas que han cometido los hombres se deben a nuestra enorme capacidad de distracción. El mismo padre Adám, tan noble y de tan bella interioridad, que llevaba una vida tan fácil en el jardín de Edén, allá entre el Tigris y el Éufrates, ¿pudo faltar por motivos tan agrios como se le atribuyen? Prefiero creer que fue un distraído y nada más. Pero la abyección es más difícil de explicar: el hombre abyecto es el que no puede levantarse no el que cae, el incapaz de resurrección y de renacimiento.

Dándole vueltas a esto he llegado a pensar que el síntoma último de la abyección es el haber perdido la facultad de carearse consigo mismo, de meditarse severamente a sí mismo, de reconocer los duros estratos de podredumbre bajo los cuales está sepultado el espíritu vivaz, la sensibilidad para la honradez, los impulsos valientes y dignos.

Oyendo a los que aún creen que no se halla tan enferma España como otros decimos, cabe pensar amargamente si habremos llegado a ese último extremo de la abyección.

No; no creo que haya sorprendido a nadie que un gobierno envíe a un pueblo a una guerra cuyo motivo y cuyo fin ignora todo el mundo. Nadie tenía seriamente derecho a esperar de nuestros políticos ni un alto sentido de moralidad social, ni una gran complejidad intelectual, ni siquiera ese amor y ese respeto hacia los gobernados que es la virtud mínima de los hombres de estado

A nadie habrá sorprendido que so pretexto de restaurar la tranquilidad en la fisiología de Barcelona se encarcelen unos cuantos millares de ciudadanos, docenas de ellos sobre los que no pesan ni aun aquellas sospechas o indicios de culpabilidad que permitan incoar un proceso, sean deportados y confinados en pueblos donde no han podido hallar ni alojamientos ni medios de vivir, se fomente la expatriación de muchos miles, se cierren más de cien escuelas y se hostiguen todos los bajos instintos de las clases elevadas; que se suspendan por larguísimo tiempo aquellos derechos que dan su dignidad a la vida moderna, que se entreguen las decisiones de la justicia al juicio de Dios de los tribunales militares; que se amenace a la prensa y se la trate con gestos y frases de rey de taberna como si la prensa fuera sólo una industria de una sociedad anónima y no fuera además un derecho de los ciudadanos; y, sobre todo, que se aproveche esta violencia jurídica para inyectar en el pueblo español las mentiras oficiales.

No he de insistir sobre estos hechos porque aun cuando haya quien intente explicarlos no temo que nadie ensaye su negación. Además, yo no he venido aquí, principalmente, a hacer crítica de ningún gobierno. ¿Cómo había de hacerlo? Yo no soy más que un pobre español mozo que convoca a examen de conciencia a los que tienen las mismas amarguras que él y algunas de sus esperanzas, a los que llevan desde niños pesando sobre sus corazones la gran pesadumbre étnica y no han hallado todavía una hora clara en la cual ensanchar una sonrisa entera, a los que no se han asimilado en este país luminoso donde nacieron otra cosa que desconfianza y negación, a los que no han tenido maestros, a los que poseen el valor de confesarse que no han aprendido en español apenas nada que les haga más delicados, más inteligentes ni más virtuosos. A éstos no puede sorprenderles nada de lo ocurrido: no han visto desde que nacieron otra cosa. Un poco más o un poco menos, ¿de qué puede servirles?

Yo no sé de qué pueda servirnos esta agudeza del mal nacional si no es para decidirnos al cabo a intervenir en la vida pública. ¿Querrá esto decir que yo espere de la juventud grandes y perfectas hazañas? Estos días, señores, he escuchado muchas conversaciones, muchos juicios sobre los hechos acaecidos y declaro con amargura que he hallado a mi generación muy mal preparada en política y en moral. Yo suponía que del 98 al presente había vivido España once años de examen de conciencia nacional, de crítica aguda de aquel régimen de prejuicios que nos trajera a tantos males. Por lo visto no es así: yo he oído con grave dolor que vuelven a correr victoriosamente los tópicos más viejos y que nunca tuvieron sentido, he presenciado la aceptación de ellos por los jóvenes, y cuando no la aceptación, la perplejidad en que quedaban por no saber qué oponerles.

Cierto, la generación anterior no nos ha dejado en herencia ninguna virtud moderna.

Cada generación llega al mundo con una misión específica, con un deber adscrito nominalmente a su vida. Los deberes no son para escogidos sino para cumplidos. El contenido de la moralidad, de lo humano no es nunca un montón de fórmulas abstractas, sino que en cada momento aparece concretado en tareas precisas y perentorias que es forzoso al punto emprender. Sólo al través del cumplimiento de estos deberes inmediatos, precisos, perentorios, llegamos a merecer íntegramente el soberano título de hombres. A los españoles que hoy gozan los cincuenta años sólo de una manera les fue posible elevarse a esa dignidad: trabajando un día y otro, de la mañana a la noche, en la europeización de España. No se sabe que lo hayan intentado: se sabe muy de cierto que no lo han hecho.

Yo reservo una ilimitada cortesía para los individuos que hoy ejercen las funciones nacionales desde la gobernación a la literatura y la enseñanza: acaso en el privado recinto personal hayan cumplido espléndidamente con sus obligaciones, pero como generación han fracasado.

¿Será esto que voy a maldecir de los viejos como es uso de esos jóvenes que agrupados en torno de una mesa de café se dedican a la triste labor de ponerse al rojo las soberbias? ¡Qué vergüenza me daría, señores, si lo creyerais así! Mirad: si por cualquier momento de la historia hacemos un corte hallaremos una generación de hombres ya hechos que parecen constituir la realidad histórica de aquel momento. Esos hombres tienen una manera peculiar de sentir lo divino, de comportarse en el trato humano, de resolver los problemas públicos, una manera genuina, en fin, de soñar, de anticipar el porvenir en la sutil especie del ideal. Mas para saber en qué consiste, qué valor tiene esta realidad en cada caso, tenemos forzosamente que investigar de dónde viene aquella manera suya de pensar, de querer y de sentir. La realidad histórica, señores, no es el montón de los hechos: la muerte de César aislada, en sí misma, es un hecho biológico, un problema que sólo puede interesar a la medicina legal. Lo histórico en la muerte de César es su sentido, su valor, el porqué fue asesinado y el cambio de la constitución romana que motivó. Del mismo modo, la realidad histórica de una generación consiste en ser el punto de intersección de una generación anterior que la ha preparado y de otra subsecuente que mana y deriva de ella: cada generación es discípula de una más vieja y maestra de otra más joven. Esta doble función de maestro y discípulo es lo importante, lo serio en la historia: por eso Lessing interpretaba ésta como el proceso de educación del humano linaje y en tal sentido nada más cierto que ver en la pedagogía la medula de la historia. Cada cual hace lo que es capaz de hacer, mas su capacidad depende completamente de su preparación: esto nos obliga a mantener despierta la conciencia de nuestra solidaridad con las fuerzas y hasta con los vicios del pasado.

¿Veis cómo mi intención al censurar a nuestros mayores era, más que afán de censurarlos, una introducción a la humildad y una invitación a la modestia? Decía Goethe que para hacer algo grande es preciso valer mucho y además ser heredero de algo grande y fuerte. De antemano sabemos, pues, que sólo pequeñas hazañas podemos realizar. Comencemos por reconocer nuestra terrible limitación: tras una generación inepta no puede venir una generación potente, tras una generación de distraídos, sólo es probable una generación de vanidosos. «Considera, hermano Sancho —decía con unción Don Quijote—, que nadie vale más que otro mientras no haga más que otro».

Yo creo, amigos de mi tiempo, que valemos muy poco: nuestros padres nos han dado ya muertas algunas partes de nuestras almas y no lograremos galvanizarlas: yo no veo, al menos, por ningún lado esas vigorosas idealizaciones que han sido siempre síntoma de una mocedad apta para reformar la historia de su pueblo. Nos falta entusiasmo, energía, pureza, sensibilidad para las sustancias morales, y, como los dioses homéricos iban en medio de una nube, caminamos nosotros por entre las cosas desde que nacimos ceñidos de desesperanza. Hemos perdido las arcaicas virtudes y aún no hemos allegado los gustos modernos. La nueva edad no ha logrado aficionarnos a las ideas, a la suprema virtud laica de la ciencia: sólo hemos aprendido a dudar de la belleza de nuestro ímpetu, aquel ímpetu acerado de España que súbito surgía e iba recto a su objeto. Hoy quisiéramos querer y nuestro esfuerzo se retuerce, se dobla sobre sí mismo como suelen los sarmientos en las vides muy viejas.

Si no hemos tenido maestros, ¿dónde buscar la disciplina que es necesaria para mejorarnos? Abandonados a nosotros mismos nos perdemos en sempiternas vaguedades: es falso que pueda uno educarse a sí mismo. La dualidad de que antes hablaba es forzosa: sin maestro no hay discípulo.

¿Dónde recurrir para orientarnos? A las cosas que nos rodean, señores. No hemos heredado ideales ni virtudes: pero ciertamente que hemos heredado problemas. De los problemas nacionales tenemos que sacar aquella disciplina que una tradición nunca rota y progresiva de cultura debiera habernos dado.

Repito que lo ocurrido últimamente en nuestro país es sólo una manifestación más aguda de lo que venía aconteciendo. ¿Qué ha ocurrido? Tres cosas me parecen las más graves: 1.º, la manera como se ha llevado al pueblo a la guerra de Melilla, que ha hecho patente de un modo cruelísimo la constitución intolerable de nuestra vida política. 2.º*, 3.º, El más grave, a mi modo de ver, el que acaso esperéis menos: el fracaso de la huelga general en Madrid y gran parte de las provincias. Es el más grave para mí, desde ahora lo digo, porque aquellos dos hechos acusan sólo la mengua del presente político y cultural de España, mientras éste hace sospechar que seguimos sin intentar una preparación seria del porvenir. Además hablo a los jóvenes y son menos culpables de aquello que de esto.

Sea cual sea, señores el resultado de la guerra de Melilla, el hecho mismo de la guerra quedará como ejemplo de toda villanía gubernamental. Hoy los gobiernos suben al poder bajo la condición de no violentar la voluntad de los ciudadanos. Éste es el principio sumo de todo el derecho moderno. La voluntad de los ciudadanos es la ley única: jefes de Estado, ministros, representaciones, etcétera, no están ahí para otra cosa que como elementos anatómicos del órgano que ha de expresar y ejecutar esa voluntad. Ahora bien, el gobierno ha llevado a la guerra al pueblo español no sólo con violencia y rompimiento de su contraria voluntad sino que le ha llevado sin consulta, sin aviso, sin explicación. Ha abusado pues de su fuerza, ha roto su contrato constitucional, se

* [Aquí se interrumpe el manuscrito].

167

ha comportado villanamente. Esto, repito, no es lo que puede extrañarnos. Lo extraño es que haya podido realizarlo.

Estamos gobernados por una comunidad gobernante de cuya totalidad ignoramos qué pensamientos tiene, por un gobierno sin ideas políticas, sin conciencia política. En cuanto a los ministros tomados individualmente nos consta que algunos de ellos no piensan ni han pensado nunca nada. El cierre de las tabernas y la persecución de los periódicos no son principios suficientes para la construcción de una Metafísica ni aun de una mísera sociología.

Nos rigen, señores, ahora, y nos regirán probablemente cuando el gobierno cambie, gentes respecto a las cuales no podemos aunque queramos ejercitar esta virtud del respeto, constructora de ciudades, virtud socializadora por excelencia. Platón quería que gobernasen los filósofos: no pidamos tanto, reduzcamos al mínimum nuestro deseo, pidamos que no nos gobiernen analfabetos.

¡Y peor, señores, que los analfabetos intelectuales son los que a la vez practican el analfabetismo moral!

Mas si la comunidad gobernante ha cometido esta falta que la condena definitivamente a la execración pública, ¿cómo los otros partidos no han ejecutado la voluntad de la nación? Esto es muy importante, señores.

Dentro de pocos días caerá probablemente el partido... Señores, ¿cómo llamar a este partido? ¿Puede ser conservador quien destruye la vida de los ciudadanos en Melilla y Barcelona, quien tira al Estrecho los dineros ajenos, quien acaba de quebrar ante Europa la maltraída ampolla del honor nacional? Yo no veo que conserve nada este partido: sólo hallo aumentada hoy, gracias a sus desvelos, la fama de la barbarie pública española.

Esta comunidad gobernante abandonará probablemente el poder; el ánimo público, ya de suyo tan vergonzosamente exiguo, sentirá acaso un alivio y me temo, señores, que se renueve la pertinaz maldición de nuestra historia: que en España son infecundos hasta los crímenes y las desdichas.

El partido que suba al poder será una sombra chinesca de éste que ahora se va. Pues qué: ¿no son igualmente responsables de cuanto ha ocurrido todos los partidos que hoy tienen representación en la Cámara? ¿Han cumplido los jefes liberales y republicanos con los deberes más elementales de guardianes jurados del tesoro liberal? Todos sabéis que hace no muchos días en una reunión de la minoría republicana exigía cierto prohombre que se le indicara una sola acción antiliberal del señor Maura.

Los liberales y los republicanos actuales han regido sus actos con tanta parsimonia que ningún joven habrá de permitirse el alistamiento en sus banderas.

Señores, España necesita una larguísima era de reconstitución liberal. Es preciso apoderarse del poder firmemente para lograr en una labor de muchos años ir recreando de sus ruinas bárbaras la nación, valiéndose de la libertad, como instrumento pedagógico. A mí me parecería muy bien que cada día de la próxima semana hinchiera las calles de Madrid una manifestación: creo además que ha de empezarse por ahí, que a los oídos de Europa tienen que llegar inmediatamente algunos gritos nuestros. Pero no me parece serio esperar de esos movimientos reflejos el cambio sustantivo que necesitamos: yo pido movimientos reflexivos, y para esto hace falta un plan y una dirección. Roguemos que nos los ofrezcan quienes puedan.

El gobierno liberal que suceda a este gobierno de la comunidad inconsciente ha sido su cómplice: pero además ¿no podemos prever con toda exactitud lo que ocurrirá? El partido liberal se compone también de gentes sin unción política, sin ideas políticas: ¿no recordáis el programa del bloque, que era más bien un programa de circo? El partido liberal no hará nada porque no sabe qué hacer. Sin embargo, admitamos que quiera emprender alguna cosa: por ejemplo, una modestísima campaña contra los privilegios de las órdenes religiosas. ¿Qué ocurrirá? Unas cuantas señoras, unas cuantas damas, abrirán con sus firmas un pliego y tras de sus firmas vendrán otras muchísimas firmas todas de damas; el partido liberal caerá antes de los seis meses de resultas de tanta firma. Y ya no podremos indignarnos, señores; ahora mismo nos sentimos reconfortados porque las últimas tristezas son siquiera trágicas: dentro de seis meses viviremos dentro de una comedia incalculable, en la bufonada de una isla de San Balandrán.

Y separada del poder otra vez esta sombra de liberalismo volverá a regirnos el gobierno actual, volverán las casacas bordadas de pupilas a encerrar corazones de jaques.

Porque en cada país, señores, sólo pueden ser duraderos aquellos gobiernos que representan, como una proyección plástica y bajo la especie de personas, el estado íntimo de su alma. En España sólo tenemos tradición de valentía: por un gesto de un valentón vendemos el alma nacional al diablo.

El hecho de la guerra de Melilla y de la inacción de los partidos parlamentarios pone de manifiesto que España está en todas partes menos en el parlamento, que la ciudadanía no tiene intervención en la política, que no vivimos un estado legal moderno.

Si constituye el último deseo del anarquismo la unión libre de los egoístas —como decía Max Stirner—, la unión sin sometimiento a una ley firme de aplicación universal y automática, yo digo que la época que quisiéramos ver cerrada para siempre no es ni más ni menos que la triste experiencia de ese ideal realizado. La masa pueblo no ha vivido vida política e histórica en nuestro país; no ha sido republicana ni monárquica ni demócrata; ha vegetado, simplemente, de una manera infrahumana; sólo de cuando en cuando ha parecido que su epidermis retemblaba como la de una enorme bestia que tiene los sueños inquietos o le turban la modorra. Además la masa pueblo es por definición la que no tiene opiniones políticas originales, la que necesita de los pocos, de los elegidos, de las aristocracias morales para que concreten y orienten su volición hacia un ideal social determinado.

Ahora bien, en España esos pocos, esos elegidos, esos poderosos han vivido el anarquismo y no se han cuidado de educar políticamente al pueblo. No, no ha sido oligarquía la forma del régimen público en España: en la oligarquía los pocos hacen leyes imperialistas que les son beneficiosas pero una vez dadas las cumplen. En España no se han cumplido las leyes: España es la tierra donde el señorito, al ser detenido por escandaloso, toma el número del guardia para que lo dejen cesante al otro día.

Por eso, a mi modo de ver, no basta que movidos por los últimos sucesos pidamos libertad de conciencia. La libertad de conciencia es una ley: ahí está en nuestra constitución desde el año 12, como nos recordaba ayer don Luis Simarro con palabras a que prestaban doble emoción enérgica la indignación y la ironía. Es una ley y sin embargo no hay libertad de conciencia.

Falsa suposición de que en España no hay mucha libertad: *meeting* de Marburg.

Cuando veo que una libertad ya estatuida en los Códigos no se cumple, sólo me ocurre pensar que son necesarias nuevas libertades, nuevas conquistas políticas para que las antiguas no sean burladas.

Yo protesto de ese concepto de las libertades públicas que da a éstas un significado meramente pasivo; para los demócratas atenienses libertad y democracia querían decir sólo esto: que cada cual viva como quiera, ὡς ἂν τις βούληται. Mas nosotros tenemos obligación de mayor experiencia; para nosotros libertad debe significar dos cosas: con respecto al individuo, licitud extrema de sus acciones —libertad negativa; con respecto al Estado, obligación de poner al individuo en condiciones cada vez más perfectas para usar de esa libertad. En el caso presente es la cuestión bien clara: ¿por qué la libertad de conciencia conquistada hace un siglo no existe realmente? Porque no ha existido ni existe una organización política fuerte que eduque en el pueblo español la conciencia de la libertad.

Esto no es sólo un juego de palabras, señores, conciencia equivale a sensibilidad, capacidad para darse cuenta, conocimiento. Y ved aquí el deber de la europeización de España concretado en esta cuestión política del momento. Hay que educar la conciencia pública española; ésta es la labor que desde hoy mismo tiene que iniciar la juventud.

Estos días se ha respondido a nuestras palabras contra la guerra que Inglaterra, Alemania y Francia han realizado análogas fechorías. Lo mismo se ha repetido a propósito de la represión en Cataluña. ¿Dónde está la barbarie?, se nos ha dicho. Señores, un pueblo es bárbaro y es abyecto no tanto por lo que hace como por lo que no sea capaz de hacer. Inglaterra, mejor dicho, el capitalismo inglés, movió la guerra brutal de avaricia contra los *boers*, cierto: pero Inglaterra, la otra, la que piensa y trabaja, protestó indignada. En Francia ha ocurrido lo propio con la última campaña de África.

En Europa el pueblo tiene una conciencia política y no tolera que le arrebaten la libertad de conciencia porque como usa de su conciencia necesita de la libertad.

Es preciso educar la conciencia política del pueblo español: desde hace dos años mi pluma, que salva su torpeza con el entusiasmo, apenas si se ha movido para clamar otra cosa. ¿Cómo hemos de educar al pueblo?

Antes de responder a esto hay que hablar del ensayo de revolución de Barcelona.

Imperialismo y democracia

Para Ramiro de Maeztu

Va para dos años, amigo Maeztu, que discutía yo con usted, desde la revista *Faro*, sobre si hombres o ideas. Un escritor, diputado de la mayoría conservadora, quiso pensar que en política las ideas no son nada y los hombres todo. En realidad, no se trataba de una opinión seria: se trataba más bien de un pío deseo alimentado en el corazón de un diputado de una mayoría. El fraile Goudman del diálogo volteriano afirmaba que, si un pavo real pudiera hablar, diría que tenía alma y que ese alma estaba en su cola. Ahora bien; el partido conservador español no tenía ideas: poseía, empero, un hombre. En la política española se llama hoy hombre a unos gestos de unas manos y un tono de una voz. Había, pues, un hombre, había una disciplina, un jefe, una energía: nada de cuanto compone lo formal y adjetivo de la política faltaba. ¿Cómo pudo extrañarnos que al diputado de la mayoría le pareciera que el partido conservador tenía un alma y que ese alma era el gesto de su jefe?

Mas he aquí que frente al Hombre conservador la idea liberal se movía sobre las aguas: torpemente, oscuramente, como conviene al primer capítulo de toda génesis, de toda iniciación o comienzo, así cósmicos como españoles. Era sólo la gran idea difusa y confusa yendo y viniendo de la manera que un vaho sobre la informe masa caótica del pueblo, de los muchos. Aún no había Hombres liberales; aún estamos, no se olvide, circunscritos al segundo versículo: los hombres se crearán después, los creará la Idea, el *Logos*, lo mismo que en aquella primera sazón genesiaca.

Ello es que en las últimas elecciones, amigo Maeztu, se nos ha ofrecido una comprobación empírica ejemplar de nuestra opinión, un experimento maravilloso, tan claro y preciso que no tiene nada que envidiar a una observación de laboratorio.

El pueblo español se ha agrupado espontáneamente en torno a una idea pura, sin mezcla de hombre alguno. ¿No es esto admirable? La democracia se ha impuesto precisamente en ocasión que no espera nada de sus hombres, que no cree en ellos. Menores garantías que las que ofrecen los actuales conductores del liberalismo, a los liberales españoles, no son fáciles de imaginar. Y, sin embargo, se han agrupado en derredor con unanimidad inesperada. A nadie puede honestamente caber duda de que en las últimas elecciones sólo se ha votado una idea.

Nuestro pueblo se ha elevado súbitamente, hasta hacerse consciente de una idea: en los oscurecidos ámbitos de su instinto se ha abierto un relámpago y ha gozado un punto de clarividencia. Pero ¿qué graves dolores no ha exigido ese fugaz estado de espiritual actividad?

No olvidemos que el pueblo es carne, es materia: su comercio normal con las ideas exige un mediador plástico, como aquél que imaginó Cudworth para explicar la unión del alma con el cuerpo. El pueblo, los muchos sin los pocos, sin la minoría cultural, no puede cumplir ninguna labor histórica que merezca la pena. Una sociedad necesita que la sensibilidad para las ideas sea en ella un hecho normal y constante: no otra cosa que esa continuidad ideológica es la cultura, y, en mi opinión, hombre culto es aquél para quien en todo momento el mundo interior existe. El inculto, el abyecto, sólo alcanza la visión de las sustancias ideales en dos o tres instantes de su vida: cuando el placer sumo o el extremo dolor sutilizan tanto sus nervios, que las vibraciones de éstos valen momentáneamente como una ficción de espiritualidad. La bestia doliente es casi humana, y la masa popular, acosada por la amargura, o furiosa de indignación, toma, a las veces, resoluciones académicas. Pero esto no basta.

Serían para benditos los dolores de estos últimos meses si habiendo excitado en el pueblo la sensibilidad liberal, su atención y su entusiasmo fueran aprovechados para revisar el sistema de las afirmaciones democráticas. Un partido conservador aún puede vivir sin ideas, porque representa intereses reales, porque es realismo. La democracia no, porque es idealismo, es destrucción de lo mal construido y construcción de lo bien ideado. La democracia es sólo una idea, un ideal, y, por consiguiente, hay que tomarse el trabajo de pensarla.

La conservación es un instinto, el instinto más radical: por eso hay siempre conservadores, porque es natural. Liberalismo es, por el contrario, superación de todos los instintos sociales, domesticación de la naturaleza: por eso, en el pleno sentido de la palabra, hay tan pocos liberales en España, porque es cultural.

A decir verdad, si analizamos la idea en torno a la cual se ha coagulado la voluntad difusa de España, no hallaremos en ella de liberalismo más que la forma y el oriente. Desde 1898 fermenta políticamente nuestro país bajo el efecto reactivo de una palabra: regeneración. Sordamente, como todo cambio histórico profundo y radical, la fermentación ha ido infeccionando de fértil desasosiego los miembros nacionales. La expansión de la sagrada enfermedad, de la divina inquietud —el descontento es la emoción idealista—, tenía que ser despaciosa en una raza como la nuestra,

> *Che suoi guai no par che senta,*
> *Vecchia, oziosa e lenta,*
> (Petrarca)

en un pueblo como el nuestro que gasta en los toros y otros excesos su nerviosidad y carece de sistema nervioso para la política. Mas a la par que el ansia nueva se extendía por las partes más muertas, las partes más vivas e intelectuales iban ensayando, una tras otra, fórmulas regenerativas, arbitrios bien intencionados que, unos tras otros, iban fracasando.

Sería instructivo hacer la historia de estos ensayos, que comenzaron con el industrialismo de 1900 y, pasando por el regionalismo de 1906 y el administrativismo de 1908, han fincado en el energismo —¡Disciplina, Jefe, Energía!— de 1909. Esta sucesión, en efecto, no es fortuita: nótese que, como siempre ocurre, se comenzó por la corteza y, poco a poco, se ha llegado a la medula. Primero la cuestión española fue meramente externa y momentánea: nuestro desnivel industrial y comercial; luego pareció que el problema era más sustancial, que era una cuestión de organización nacional y local; más tarde se da un paso hacia dentro y se habla de la reforma administrativa que había de llegar hasta los últimos rincones del país; en fin, el problema administrativo queda en segundo término y aparece claro y patente que lo importante es la manera de gobernar, que hasta ahora se había gobernado sin energía, y que desde ahora podríamos contar con la máxima fortaleza gubernativa.

Si se mira bien, ninguna de estas formas por que ha pasado el ansia de regeneración suprime y niega las anteriores; por el contrario, lleva dócilmente la una a la otra, en virtud de interna necesidad y espontánea dialéctica. El regionalismo fue pensado para lograr el crecimiento industrial de algunas ciudades. Los daños que para otras pudiera acarrear aquello que, en fin de cuentas, significaba una protección nominativa y una predilección del estado central, pareció posible subsanarlos con una reforma general administrativa. Pero la ley administrativa, ¿cómo puede ser impuesta si no es imponiéndola a fuerza de fuerzas? La cuestión española queda así reducida a una cuestión política, que es una cuestión de fuerza.

Ya sabe usted, amigo Maeztu, que los hombres primeros, cuando observaban un fenómeno natural en que se manifestara una energía, habían de imaginar siempre un ser personal invisible como portador de aquella fuerza: los ríos y las enfermedades, el rayo y el calor solar fueron de este modo considerados como divinidades, númenes o demonios. En la mitología escandinava el fuego es un dios personal que come yerbas secas y muerde si le tocan. Cuando el diputado conservador pensaba que la política es fuerza y que la fuerza era un Hombre, no hacía, pues, sino restaurar los hábitos mentales de los indigetes e ilercavones. La historia de los tres últimos años en España habrá de agregarse a la historia general de la formación de los mitos.

Mas para la dinámica moderna, en física como en política, la fuerza es siempre una de dos fuerzas: fuerza de acción o fuerza de reacción. No hay fuerza absoluta mítica: podríamos decir que para Newton lo que da a una fuerza la fuerza es su dirección, es ir hacia la izquierda o ir hacia la derecha.

Sacudida por los recientes magnos dolores la masa popular —no los pocos, no los sabios— ha acabado de ver claro en el problema nacional: la mengua española no es mengua industrial y agrícola, como sostuvo la Unión Nacional de Productores; ni es violenta organización de los tipos étnicos peninsulares, como quiere el catalanismo; ni es caciquismo y relapsa administración como pretendía el partido conservador, sino meramente la ausencia de las izquierdas en nuestra vida secular. Pues donde no hay izquierdas, claro está que no hay derechas; y donde ni izquierdas ni derechas hay, falta la fuerza política. Y sin fuerza política es imposible aquel sumo poder plasmante sólo capaz de suscitar una legislación positiva y sistemática que pedagogice y cree a un pueblo.

Nuestra ansia de regeneración, amigo Maeztu, ha necesitado doce años para llegar a esta viejísima verdad de que sin política no hay pueblo, y que la sustancia de la política es la «guerra ilustre» entre gentes de la izquierda y gentes de la derecha, entre imperialismo y democracia. Así, hace veinticuatro siglos, Platón en la *República*: «¿A qué hablamos de "la" ciudad? ¿No es, por ventura, cada ciudad muchas ciudades? ¿No es, por lo menos, cada ciudad dos ciudades que viven juntas en perpetua lucha, la ciudad de los pobres y la ciudad de los ricos?»

El Imparcial, 12 de enero de 1910

Imperialismo y democracia

II

Decíamos que la ciudad, según la profética intuición del más sabio de los hombres, es la lucha incesante entre la ciudad de los ricos y la ciudad de los pobres. Condorcet reproduce esta idea y la adapta a los términos nuevos en que se había constituido la economía: Condorcet habla de «las *dos naciones* que existirán perennemente, distintas en educación, costumbres, carácter y convicción política». Saint-Simon avanza un poco más, precisa un poco más: «Lo escribo —dice en el *Système industriel* de 1821— para los industriales, contra los cortesanos y los nobles, es decir, yo escribo para las abejas, contra los zánganos». Carlos Marx, en fin, lleva a su máxima precisión este antiguo concepto de la historia como una lucha metafísica entre dos principios contradictorios: el pobre es el trabajador, el rico es el capitalista. Ormuz y Arimán simbolizan la proyección sobre la pantalla religiosa del trabajo y el capital: la lucha de clases es la substancia de las variaciones históricas.

No creo que puedan hoy hallarse otras fuentes de energía política distintas del trabajo y el capital. Sólo ha podido creerse en la energía personal del señor Maura en un país donde la ausencia de preocupaciones y estudios ideológicos ha impedido el análisis crítico de los mitos. En toda otra comarca europea nadie hubiera visto en la fuerza del señor Maura sino el foco dinámico del capitalismo español. El partido conservador es, ante todo, imperialista: esto debió verse claro desde un principio.

Y no se vio claro porque los conservadores tratan de justificar la existencia de su partido de una manera peregrina: dicen de sí mismos con escasa modestia que representan la política nueva frente a la vieja. Yo no entiendo bien esto: todo es nuevo y todo es viejo; el puente más antiguo de París es el *Pont Neuf*. Solamente de tres en tres siglos aparece algo cuyos antecedentes históricos son tan sutiles que casi merece que se lo tome como novedad: tales son las invenciones geniales. ¿Pretenderá el partido conservador ser un hecho genial en la historia de España?

En otras ocasiones se muestran los conservadores más explícitos: su política —dicen— es la política de los hombres buenos al paso que toda otra política es peculiar a los hombres malos. La novedad del pensamiento conservador se reduce por tanto a dividir a los hombres en buenos y malos. ¿Es esto realmente nuevo? ¿Será la virtud una invención del señor Maura? ¿La política de los buenos y los malos no es más bien que política terráquea la antigua política de Dios y gobierno de Cristo? A mi modo de ver esto es muy conocido y muy viejo y solíamos llamarlo política del juicio final. La única diferencia que hallo consiste en que en el credo cristiano sólo a Dios se concede la suprema clarividencia necesaria para discernir el trigo humano de la cizaña, sólo al Padre Eterno se considera apto para poner a su derecha las gentes buenas y a su siniestra las perversas, mientras que, según la política conservadora, puede un diputado cualquiera o inconscio escritor adjudicarse el derecho de juzgar moralmente a sus conciudadanos.

Todo esto revela alguna incultura radical y proviene directamente de la educación dogmática impuesta al ambiente nacional por la religión imperialista que la constitución protege. Desde hace mucho tiempo la ciencia de la responsabilidad humana —el derecho penal, por ejemplo— se mueve en el sentido de reducir hasta el extremo el derecho al juicio de un hombre sobre otro.

Lo moral no es un punto de vista para juzgar las voluntades sino un punto de vista para juzgar las acciones; no fue inventada para dividir a los hombres en buenos y malos sino para orientarnos en la elección de nuestros propios actos, no para valorar al prójimo sino para estimarnos a nosotros mismos en más o en menos. La moral no fue invento de un juez sino del primer criminal que al cometer el primer crimen sintió el primer remordimiento.

Mentira parece que no se hayan encontrado en España más ingeniosas combinaciones de palabras para teorizar el instinto conservador. Yo no comprendo cómo escritores decididos a no preocuparse de la verdad de las cosas no han conseguido dotar a las derechas de una literatura más amena, paradójica y aguda. No se olvide que la poética del día es ante todo arcaizante: de aquí que los trozos más bellos del francés actual —algunas páginas de Mauricio

Barrés– hablen precisamente de política conservadora: la tierra, los muertos, la tradición, la fidelidad a lo castizo son elementos admirables para hacer de una política deshonesta una buena literatura. En nuestro país el espectáculo del pensamiento conservador es tristísimo: nos ofrece, en verdad, la imagen de la parálisis general progresiva, de vértebras desmeduladas y cerebros tuberculosos, inhábiles para pensar tres ideas consecuentes. Si el partido conservador poseyera un programa sincero, seguramente propondría a sus individuos antes que otra cosa la frecuencia de los hipofosfitos.

Es preciso que conste para facilitar la tarea de futuros historiadores cómo durante algún tiempo la mentalidad conservadora declaró en serio político admirable a un hombre cuya sapienza de estadista se reducía a cerrar las tabernas los domingos y los cafés de madrugada, a maldecir de los periódicos enemigos y a levantarse muy temprano. No hay en esto censura para esa persona pero es preciso hacer constar que tales cosas se han repetido seriamente en España hacia 1909.

La suma genialidad del partido conservador estriba en carecer de un programa de gobernación. En mi opinión no compete rigorosamente al Estado otro menester que el de organizar la economía nacional y la educación: éstas son sus dos funciones positivas, las que disculpan y justifican la existencia sobre la tierra de tan dura y gravitante cosa como es el estado. Tomando por centro sustancial de la gobernación esas dos funciones, las leyes serán tanto menos políticas, tanto menos valiosas y fecundas cuanto menos directamente se ocupen de hacienda y educación.

Ambas constituyen la materia del estado: todo lo demás es forma. Las leyes y los programas legislativos serán tanto más formalistas, escolásticos, metafísicos y adjetivos cuanto más se aparten de la materia social.

¿Qué diremos, en consecuencia, de un partido que declara no tener opinión sobre la hacienda ni sobre la pedagogía? Declararemos francamente que un programa donde no resplandece una interpretación vigorosa del problema económico y del problema educativo no puede en discreción ser aceptado como programa de política: a lo sumo lo aceptaríamos como programa de retórica.

Lo que el partido conservador llama su programa es verdaderamente cosa mística y cuaresmal.

Mejor o peor todos saben lo que significa la *katharsis*. Se trata de un concepto sobre que ha gravitado la mística de todos los tiempos: en ocasiones, en Aristóteles, por ejemplo, la *katharsis* sirve de fundamento a la retórica. *Katharsis* es purificación. Pues bien, el programa conservador que nos parecía un programa del juicio final es, en realidad, el programa de la *katharsis*. Según él en España no hay por qué dar nuevas leyes sustantivas, en España no hay nada que reformar. Lo que hay por hacer es purificar: purificar las elecciones, purificar la administración, purificar el profesorado, purificar el sentimiento de autoridad. El problema español se resuelve totalmente en esta faena de purificar: política es ablución y es purga.

Si hubiera llegado a hacerse costumbre que los especialistas colaboraran activamente en la formación de la conciencia política nacional sabríamos, por ejemplo, qué efecto produce al señor Flores de Lemus oír que la tarea de un ministro de hacienda español debe, por lo pronto, reducirse a purificar la administración. Probablemente el señor Flores de Lemus sentirá no poca indignación. ¿Cómo?

¿Qué es eso de purificar la administración? —se dirá— ¿No convendría antes constituirla, hacerla? ¿Por ventura es la impureza el mal característico de la hacienda española? ¿No saben todavía las gentes que España es el país más pobre no porque sus administradores roben sino porque la gaceta expolia constitucionalmente sólo al pobre?

La economía política de Diego Corrientes bastaría para hacer fuerte al erario nacional. Mas ¿cómo puede ser rica una hacienda que emboscada junto al camino real asalta sólo a los mendigos?

¿Y qué dirá el señor Cossío cuando escuche las opiniones pedagógicas del programa conservador? ¿Dónde volverá los ojos inquiriendo un rincón de la instrucción pública que, aun lleno de impurezas, merezca subsistir?

De las elecciones y del respeto a la autoridad hablaré otro día: son lo más claro del programa precisamente porque lo menos serio deja entrever mejor las intenciones imperialistas e imperiosas.

La apariencia del sistema político conservador no puede ser más ingenua. ¿Se ha olvidado? Ese partido exento de ideas propias en economía nacional ha extraído cuatrocientos millones por encima del presupuesto normal. No digo que hayan sido estos millones mejor o peor empleados: me basta con advertir que eso no es simple purificación y que sin una interpretación de nuestra hacienda previamente divulgada no tiene constitucionalmente derecho una mayoría para votar cuatrocientos millones de nuevos gravámenes.

Como se ve todo era una grave broma retórica: la doctrina de la purificación era un amago sin seriedad e insignificante; el partido conservador tiene su idea propia respecto a la hacienda española, la idea de apropiarse la hacienda.

A mi manera de ver todas esas virtudes conservadoras que se llaman disciplina, jefe y energía manan saludablemente y con la admirable espontaneidad que el agua de una fuente copiosa, de la hacienda imperialista. Si la opinión pública logra cerrar el grifo y hace imposible, con decisión implacable, toda otra interpretación económica de España que no sea la hacienda democrática, veremos menguar hora a hora la disciplina conservadora, su energía y su imperioso jefe, foco dinámico del capitalismo español.

Acaso se me diga que he olvidado la acción principal de las cortes conservadoras; la ley de administración local. Nada de eso; pero me ha parecido siempre este proyecto algo así como una ley orgánica de los Campos Elíseos, que fueron primero una fantasía religiosa y ahora son unos circos ecuestres. En aquella ley se constituía sabiamente un sistema de alvéolos políticos y se dejaba a la voluntad de Dios henchirlos de sustancia; se creaban los órganos antes que las funciones; se pretendía, al modo que la magia negra, su *homunculus*, crear un *statulus* dentro de una retorta. Era un caso más de la perpetua inclinación ibérica a construir puentes, como el de Coria, bajo los cuales no pasa río alguno. Pocas cosas tan doctrinarias se han intentado jamás.

Mas sobre todo esto cabe afirmar que el partido conservador no tomó nunca en serio la ley famosa. Las agrupaciones políticas son tanto más dadas al entremés cuanto mayor gravedad fingen. Mientras la ley constructora de las formas de la vida local se discutía, allá, en la Oceanía del banco azul, en la cartera de Hacienda llevaba el señor González Besada, extrema izquierda del partido, unos proyectos de reforma tributaria. Estos proyectos venían a centralizar la contribución pública hasta el punto que sólo quedaba a los municipios como materia de imposición el pan y el vino: tal acaso en los tiempos de Atila o Tschingis Khan.

De esta manera la vida local postulada era sometida a una alimentación gaseosa: el aire del buen Dios, el aire, única sustancia irremediablemente democrática si no diera en cargarse de infecciones con mayor solicitud dentro de las viviendas plebeyas que en los amplios habitáculos.

Las revoluciones

No es lícito, señores, a la hora en que hablamos, juzgar las revoluciones de una manera tan simplista como se ha hecho estos días. Notad que los Códigos modernos han abierto cuenta aparte para los crímenes políticos y que la sensibilidad pública, que siempre va delante llevando los Códigos al estricote, no considera jamás como criminal al criminal político. Yo diría que, sin percatarse de ello, las gentes incluyen los actos revolucionarios en la sección de los crímenes pasionales y les otorgan la misma indulgencia plenaria. Un hombre que mata a otro porque solicitó los garridos secretos de su novia no parece a las gentes ciudadano repulsivo y la libertad política, señores, es desde lo eterno la novia arisca de todos los grandes entusiastas.

No quiero que os asusten mis palabras. Yo soy, o quisiera ser al menos, un pacífico: la labranza de esta miel espiritual de la paz es para mí el destino del hombre. Paz y cultura tienen un valor recíproco en mi vocabulario: paz es la postura del alma culta, cultura es cultivo, es labranza de la paz. *Homines ex natura hostes*. Por naturaleza son los hombres hostiles; sólo la cultura los hace amigos. Nuestros cuerpos manan enemistad, nuestros instintos segregan desvío y repulsión. ¡Qué importa! Alojada en el órgano material es cada alma una hilandera de ideal productora de hilos sutilísimos que traspasan otras almas hermanas, como rayos de sol y luego otras y otras. Lentamente los hilos se multiplican, el tejido de la cultura se va haciendo más prieto, más firme, más extenso hasta que un día la Humanidad entera se halle tramada y como con un manto místico cubra con ella sus lomos desnudos el Gran Artífice, el Promotor del Bien.

Pax hominibus! La unidad de los hombres está en formación, no existe aún; no existirá mañana todavía, cierto, pero la vamos haciendo; la distancia entre los hombres disminuye progresivamente. *Pax hominibus!* La barbarie nos rodea; ¿qué importa? Sabemos aprovecharla como el ingeniero aprovecha la brutalidad de un salto de agua; para eso están sobre la tierra los hombres de buena voluntad a modo de fermento pacífico que va descomponiendo los enormes yacimientos de mala voluntad.

Mas es preciso irla construyendo, ir levantando los muros de esta gran ciudad interior de la paz donde quepan todos los hombres. Y para esto es preciso que vayamos a construirla, no sobre los inertes —la inercia, la paz de las piedras, la paz pasiva e idiota es la blasfemia de la paz humana—, no sobre los inertes, digo, sobre los conformes, sino precisamente, hay que ir a buscar a los inquietos, a los descontentos, a los que sacan de sus entrañas las quejas más graves y las sacuden fieramente contra aquéllos, en forma de revoluciones.

No opongáis, pues, a los revolucionarios las torpes vaguedades que se han escuchado estos días: asesinos, violadores, incendiarios, ladrones. No hay nada, si habéis observado, que excite tanto a la rencilla como repetir cosas evidentes: las cosas evidentes por sí mismas las llaman los filósofos tautológicas, y añaden que no hacen adelantar un mal paso los razonamientos. Cuenta Kierkegaard que un loco decidido a escaparse de un manicomio pensó así: «Yo necesito que cuantos me encuentren conozcan que estoy en mi juicio; y para esto es menester que yo les diga algo que sea indubable». Habiendo pensado así, se echó al bolsillo una naranja y salióse tranquilamente por la puerta del establecimiento. Apenas se topaba con algún transeúnte, sacaba del bolsillo la naranja y le decía: «la tierra es redonda». Señores, este pobre loco de evidencia fue al punto reintegrado al manicomio: los transeúntes hallaron incongruente su evidencia.

El que asesina es evidentemente un asesino, el que incendia lo ajeno, un incendiario. Las revoluciones, para rubor de los hombres de orden, son un amasijo de los crímenes más horrendos, más bajos. Y, sin embargo, quiérase o no, la sociedad moderna ha ido formando una noble religión cívica en torno a las efémerides revolucionarias de los dos últimos siglos. Estas sociedades burguesas que tan fácil tienen el espanto cuando la incongruencia toma brutales formas plásticas —el asesinato, el incendio—, no se espantan, en cambio, de lo que a todas horas acaece en su seno: el pecado de estas sociedades burguesas es la inconsciencia, ese pecado que subido a una potencia infinita caracteriza a los españoles, y muy especialmente a mi generación.

Desde hace casi un siglo, en todas las escuelas de Europa se enseña a los niños que los dos hechos culminantes de la

Historia, los dos hechos que sirven como divinas espadas para tajar en edades la evolución humana, son el nacimiento del Cristo, allá en una aldehuela de Siria, y la Revolución francesa. ¿No es atroz que pesen igualmente para la gloria del hombre la mansedumbre infinita del que predicaba por las alquerías galileas y las matanzas del 93, de aquel año abierto en la Historia como un lago de sangre?

Yo no sé si será esto un error; pero creo firmemente que ideas tan arraigadas y tan extendidas no pueden ser plenamente errores. Otra cosa sería pesimismo. Un individuo puede equivocarse de medio a medio, esto no tiene importancia. Pero, señores, pensar que la humanidad tomó una manía durante siglos y que esa manía es completamente absurda me parece muy grave. Ello sería declarar que la humanidad es imbécil. Tal cree el pesimismo y por eso nos induce a separarnos lo antes posible de la vida, a fin de no colaborar en tan terrible inercia.

Aunque no sea más que como *working hypothesis*, según ahora se dice, como hipótesis fecunda para la investigación, me parece preferible suponer que las grandes masas de hombres no se equivocan nunca enteramente, que los errores de la humanidad contienen siempre un profundo sentido, el sentido y la anticipación de algo no llegado todavía a punto de madurez y perfecta sazón.

Si glorificamos, pues, las revoluciones, es porque tenemos la oscura sospecha de que representan altos valores de cultura.

No es lícito desgranarlas en la serie de actos bestiales que las componen. Las revoluciones tienen dos caras: una de ellas es esa torva exposición de crímenes que cometen unos hombres en protesta del régimen existente: los revolucionarios son por esta cara criminales.

Por la otra cara, una revolución pone de manifiesto que el régimen existente es tan injusto, tan perverso, tan criminal que incita a cometer los desmanes revolucionarios: por esta cara, señores, los hombres de orden, las gentes felices y acomodadas aparecen reos de un crimen sordo y continuo, que no tiene ni siquiera, como los otros, la disculpa de la exaltación.

No es lícito, señores, contentarse con dibujar la faz sangrienta de las revoluciones: tienen además un semblante ideal y sagrado, que es el que mueve a masas de hombres a sustituir la organización política dada por otra menos injusta y más noble. Los crímenes aquellos son los hechos de las revoluciones; pero éste es su sentido, su valor histórico profundamente moral. Y fijaos bien; este sentido de las revoluciones, como constatación de las injusticias tácitas de la sociedad, nos obliga a reconocer que cuanto más hórridas sean ellas, más culpables somos nosotros los ordenados, los gubernamentales, los inertes.

Por eso Hermann Cohen, tal vez el más grande filósofo actual, escribe en su libro de Ética estas palabras aladas: «Las revoluciones son los períodos de la Ética experimental». En ellas se intentan nuevas soluciones al grave problema de la justicia, a aquel problema, el más humano de todos, que elevó hasta la incandescencia el corazón reseco de Alonso Quijano el Bueno. Yo no pido a los jóvenes sino que al modo del santo orate manchego vengan a hablar entre los cabreros de este problema cruel del tuyo y el mío.

Sería muy triste, señores, que antes de que se secase sobre la tierra de los fosos de Montjuich ese licor rojizo con que ahora se los riega para que den germinaciones de odios inextinguibles, no resonara en España una voz tranquila que repitiera este principio de la ética moderna: las revoluciones son justas.

Lo son, señores, pero lo son en su sentido: las muertes, los incendios son siempre criminales, cométanse en las calles de Barcelona o en los barrancos y aduares del Rif.

Por esto es moralmente obligatorio evitar los hechos revolucionarios, de un lado, de otro justificar su sentido. Tal es, a mi modo de ver, la misión histórica del radicalismo democrático, del Socialismo: las revoluciones sólo se evitan organizando partidos revolucionarios. El dilema es de hierro: ¿qué se prefiere, la revolución o la amenaza de la revolución? Pues bien: todo poder constituido que no se siente amenazado equivale a la seguridad de una revolución.

Ved por qué ha sido, en mi opinión, lo más grave de todo el fracaso de la huelga general. Púsose aquel día de manifiesto que el pueblo no está organizado, que el pueblo carece de ideales políticos, que el pueblo es sólo una pasión, ayer en Madrid de miedo, en Barcelona de venganza. ¿Quién sabe si mañana ocurrirá lo contrario? ¿Quién puede garantizar los cambios de lo que es sólo pasión?

La juventud ha comenzado ya a pecar: un español mozo no es culpable de no haber tenido tiempo para llegar a ser presidente del Consejo, pero nadie le impedía sentir amor y curiosidad por el pueblo, llevarle sus ideales y sus estudios, dedicarle los ocios de una vida menos opresa.

Europa, señores, es ciencia antes que nada: ¡amigos de mi tiempo, estudiad! Europa es también sensibilidad moral, pero no de la vieja moral subjetiva, de la moral cristiana, acaso más bien jesuítica, de las intenciones, sino de esta otra moral de la acción, menos mística, más precisa, más clara, que antepone las virtudes políticas a las personales porque ha aprendido —¡Europa es ciencia!— que es más fecundo mejorar la ciudad que el individuo.

Mejor hubiera sido, claro está, haber hallado en nuestra patria, cuando despertamos a la curiosidad, hombres sabios y solícitos en quienes encontráramos ya aposados los problemas de la existencia, espíritus serios y ágiles. ¿Cómo empezar a vivir si no hallamos desde luego preparados esos altares del respeto? ¿Qué energía puede pedirse a nuestros ánimos si no hemos tenido dónde aprender la seriedad y la veneración?

Pero no nos exculpemos. Sin respeto y sin seriedad no es posible la cultura. Puesto que no podemos aprender esas virtudes en español, estamos obligados a buscarlas dondequiera que se hallen. Tomando el bastón de hacer camino echémonos por el mundo y peregrinemos, como Ibn Batuta, en busca de los santos de la tierra.

Y luego, a nuestra vuelta, encendamos la pura alma del pueblo con las palabras de idealismo que aquellos hombres de Europa nos hayan enseñado.

El epitafio de Fernando Lassalle, de aquel gigante socializador que comenzó la organización del pueblo alemán, debe servirnos de divisa:

Aquí yacen los restos mortales
de Fernando Lassalle,
pensador y luchador.

Vida Socialista, 6 de febrero de 1910

[El problema español]

El problema español es un problema de liberalismo: he ahí un ancho campo que se abre a la colaboración. En los pueblos constituidos puede el individuo distraerse temporalmente de los asuntos políticos: el Estado una vez instituido le proporciona aquella atmósfera compuesta de todos los elementos que son necesarios a su subsistencia. En España no es esto posible: no tenemos de qué respirar y no nos es dado vacar tranquilamente a menesteres personales. Queramos o no todos hemos de hacer política, quieran o no los *políticos*. Se trata, pues, únicamente de facilitar esta forzada colaboración. Hallamos el Estado por hacer ¿quién se atreverá a mermarnos el derecho de poner a la obra mano donde le coja a cada cual?

Es, por consiguiente, necesario que dentro del recinto liberal, tan amplio por sí mismo, no acaezca lo que en el conservador y no se suscite la pretensión de que todos los hombres liberales conduzcan sus pensamientos por las angostas sendas que el gabinete marca a su mayoría.

No me cuesta trabajo reconocer que, en ocasiones, representa un hombre una idea más adecuadamente que toda la muchedumbre en su derredor congregada. La historia se hará siempre saltando de nombre propio a nombre propio. Mas ello quiere decir simplemente que el hombre aquel es un héroe y que la idea, habiendo llegado a madurez plena, se concreta por sí misma en estructura palpable. Cuando esto ocurre suelen formarse esas enormes corporaciones políticas que obedecen ciegamente la voz de un hombre solo: tales son los partidos.

Claro está que ninguna de ambas condiciones se ha realizado hasta ahora en nuestra política liberal: ni ese grande hombre ha dibujado su fuerte fisonomía sobre las esperanzas españolas ni la idea liberal está aún clara, fija, madura. Por consiguiente, en interés del liberalismo debiéramos acostumbrarnos desde luego a no hablar del partido liberal como de una realidad. No existe porque no puede existir. Falta la idea, falta el hombre. En lugar de aquélla sólo una vaga emoción se levanta en el alma oscura de las multitudes: en vez de éste vemos gentes que vienen y van movidas por intereses excesivamente personales para que puedan parecernos convicciones.

Pero sobre todo la idea. ¿Qué va a hacer el liberalismo sin una ideología enérgica y aguda? El conservadorismo, cuando lo es verdaderamente, va conducido al través de la maraña política por su instinto radical. El instinto es el régimen de movimientos reflejos, es decir, de movimientos aprendidos por repetición secular. Pensar ahora lo que ayer pensamos es una operación conservadora. Si lo que ayer pensamos fue discreto, justificado está nuestro conservadorismo actual. Ahora, bien, España es una tierra donde ayer y anteayer se pensó mal: la tradición, lo instintivo, lo hasta aquí sido no nos sirve. Y esto no lo hemos de decir alegremente, impulsados por un revolucionarismo estúpido: al contrario, carecer de tradición nacional fecunda y vivaz es la mayor desventura que puede sobrevenir a un individuo: no poder ser en nada conservador es la más grave faena que ha sido impuesta a pueblo alguno. Si la España de ayer y de anteayer es un error nos vemos precisados a inventar una España nueva.

A esa *vis inventiva*, a ese poder racional y enemigo del instinto, de la repetición, del movimiento reflejo, a ese instrumento de invención, si se quiere una fórmula paradójica, a ese método para crear nuevos instintos llamo liberalismo. En este sentido bien claro es que España se presenta ante nosotros como un problema liberal.

Y si la palabra institución se entiende exactamente, yo diría que España no se salvará con menos que con nuevas instituciones. Tan evidente es esto, que los conservadores han pretendido hacerlo y han realizado magnífico experimento de tres años para venir a corroborar la ley viejísima según la cual los conservadores no han sido puestos sobre el planeta para inventar sino para repetir.

Este carácter inventivo anejo al liberalismo le obliga, si ha de ser leal, a no dar un paso antes de haberse construido un mapa moral del porvenir, una anticipación ilimitada del rumbo que parecen llevar los destinos humanos: en suma, ideología. Quien no puede orientarse de manera decisiva en el pasado sólo le queda como punto de mira el porvenir, el cual es sólo proyecto, anticipación, idea.

Instituciones nuevas —pedimos— mas no podrá dárnoslas sino quien tenga una nueva idea de los fines del estado. Ins-

titución nueva es la universidad y la escuela que postula-
mos aun cuando en nombres históricos se viertan nuestros
deseos nuevos: ¿cómo podrá organizarlos quien no parti-
cipa en una*

* [Aquí se interrumpe el manuscrito].

Una respuesta a una pregunta

I

Marburgo, 4 septiembre

Amigo Baroja: Recibo *El Imparcial* y leo lo que escribe usted bajo el título «¿Con el latino o con el germano?» Por una curiosa coincidencia, al mismo tiempo que usted escribía sobre esa cuestión enviaba yo a Madrid unas cuartillas, que espero se hayan publicado a estas horas, tratando del mismo asunto. Pocas semanas hace Ramiro de Maeztu tocaba el mismo problema desde las columnas del *Heraldo*. No parece, pues, que se trate de un capricho o humorada personal, de un súbito enojo contra el imperialismo larvado de Francia; hace tiempo que con la imprecisión y lentitud características de nuestros movimientos nacionales prepara nuestra raza un cambio de orientación torpemente, como un ciego que orienta su faz hacia donde se derrama un poco de luminosidad.

Yo no sé si sería deseable una aproximación de España a Alemania en los temas de política internacional. La política es una ciencia experimental cuyas soluciones no puede anticipar nadie: es el reino de los problemas particulares y concretos y es la suma de las técnicas administrativas, cuyo conocimiento supone la vida de un hombre. Por tanto, me es cada vez menos soportable la política del *à peu près* que amenaza convertir la democracia en triunfo de la incompetencia. Quédese, pues, el aspecto político de la cuestión para el que entienda de ello.

De todos modos, conviene separar completamente la realidad política de la Alemania actual y la cultura germánica. Hay muchos alemanes cuya es la opinión de que el poderío imperial se ha logrado a costa del abandono de los grandes ideales de la cultura germánica. Bismarck, dando a su raza aquella decisiva lección de agresividad, desvió hacia los músculos las energías que antes iban íntegras al corazón y a la cabeza. De suerte, que aunque en la política alemana resplandezcan algunas de las genuinas cualidades tudescas, aunque nos garantice mayor seriedad, menos ambición, no hay que hacerse ilusiones: el imperialismo alemán para sostenerse será duro, perentorio, exigente, como lo han sido todos los imperialismos habidos y por haber.

Mas lo importante para usted como para mí, es la aproximación cultural de España a Alemania. Con ello da usted muestras de una sensibilidad histórica que suele faltar a los universitarios españoles; no hablemos de los políticos.

Ya una vez se intentó cosa parecida. Por los años del 70 quisieron los krausistas, único refuerzo medular que ha gozado España en el último siglo, someter el intelecto y el corazón de sus compatriotas a la disciplina germánica. Mas el empeño no fructificó porque nuestro catolicismo, que asume la representación y la responsabilidad de la historia de España ante la historia universal, acertó a ver en él la declaración del fracaso de la cultura hispánica y, por tanto, del catolicismo como poder constructor de pueblos. Ambos fanatismos, el religioso y el casticista, reunidos pusieron en campaña aquella hueste de almogávares eruditos que tenía plantados sus castros ante los desvanes de la memoria étnica. Entonces se publicaron volúmenes famosos donde se decía que España había poseído y aún poseía todas las ciencias en grado análogo a las demás naciones; se contaba el cuento, harto repetido, de supuestos inventos nuestros aprovechados y poco menos que robados por otros pueblos. En fin, se confirmaba la continuidad de nuestra producción cultural de modo que no había para qué ir a buscar fuera orientación y disciplina.

Yo espero que hoy hayan cambiado los ánimos de esas gentes ciegas que juzgaban de colores y sin tener conocimiento suficiente de las ciencias fundamentales osaban hacer el balance de la cultura universal. A este propósito quiero citarle una extraña página que hallé el otro día en un libro de propaganda en favor de los estudios clásicos, compuesto por un ilustre filólogo, profesor en San Petersburgo. Encomiando la veracidad de la historiografía grecolatina —*ne quid falsi audeat, ne quid veri non audeat historia*— contrapone a ella lo que él llama el hotentotismo, y mire usted por dónde se sirve de los españoles como ejemplo: «Cuando un español defiende con calor a los españoles oprimidos en Portugal, pero se enfurece ante una defensa análoga en pro de los portugueses perjudicados en España; cuando un mismo español, como republicano, se muestra agradecido al Gobierno por la prohibición de la propaganda carlista, pero al día siguiente insulta al Gobierno por la prohibición de demostraciones republicanas, parécele haber juzgado en todos estos casos sana y consecuentemente. Mas yo creo que ha obedecido en el primer caso al hotentotismo nacional; en el segundo, al de partido. Y, no obstante, tengo que añadir: mientras este hotentotismo dominara a las personas sólo en sus contiendas nacionales y de partido, sería mediano el perjuicio; se afirma que tiene que ocurrir así —no he de discutirlo. Pero nuestros españoles no se contentan con esto: exigen que la historia íntegra, en cuanto es escrita por españoles y para españoles, manifieste un tal carácter que pueda verse, desde luego, que ha sido escrita por un español y no por un portugués. Yo recuerdo ante esto, con nostalgia, aquellas palabras con que inicia Tucídides su trabajo: "Tucídides de Atenas ha escrito esta historia de los peloponesios con los atenienses"; y está bien que haga esto, porque sin esas palabras nadie podría adivinar en el carácter y tendencia de su obra quién la había escrito: si un ateniense, un espartano o un hombre de Corinto». No hay motivo para que nos enojemos con el sabio investigador de la prosa ciceroniana; porque luego añade: «Por lo demás, señores, habrán ustedes comprendido, desde luego, que si hablo aquí de los españoles, es porque viven muy lejos, y como no sabrán nunca lo que sobre ellos he dicho, no se sentirán ofendidos» (Th. Zielinski: *Los antiguos y nosotros*, pp. 75-77).

Yo creo que las cosas han cambiado bastante; que si se volvieran a publicar aquellos libros en que se vindicaba magníficamente para nuestra raza el invento del palo de campeche, no entusiasmarían al público. Pero fue fatal que entonces se les diera acogida; porque no hemos de olvidar que precisamente entonces fue cuando Francia e Italia, Francia la recién vencida, Italia la irredenta, se pusieron a la escuela de Alemania decididas a remozar el fondo de sus almas. Y lo que hay hoy en Francia de robusto y en Italia de medrado se debe a aquella injerencia de «nieblas germánicas».

Es oportuno que esto conste, a fin de que no parezca que tratamos de hacer usos nuevos: el confrontamiento con la ciencia y la literatura alemanas, eso que yo llamaba el otro día reabsorción del germanismo, lo vienen realizando nuestras dos hermanas mayores sin alharacas, sin espantos, como cosa que se cae de su peso. Si alguien las incitó a germanizarse fueron los más grandes representantes de su tradición castiza: Renan implícitamente, cazurramente; Carducci con sonoro entusiasmo.

Un poco tarde es, pues, si es tarde alguna vez, para ponerse bien con Dios. Sobre las virtudes alemanas ha revestido su coraza el imperio; la riqueza industrial, los negocios coloniales, los hierros de Essen y Düsseldorf han americanizado una raza que vivía recogida en cien pequeños centros provinciales, simples, sobrios, cultivando su visión del infinito. Cierto que las nuevas necesidades les han traído a ejercitar sus maravillosas construcciones teóricas en la organización de la práctica social, sacando de sí la más perfecta, ingente y completa administración que ha existido nunca. Pero cada día van encareciéndose más sus virtudes esenciales.

Aunque no es bueno y es harto donjuanesco echar el todo a una carta, vengo repitiendo con meritoria insistencia que la decadencia española consiste pura y simplemente en falta de ciencia, en privación de teoría. Ya sé que con esto, no sólo contradigo excesivamente la opinión de aquellos eruditos almogávares del año 70, sino que tampoco encuentro eco simpático en el ánimo de casi ningún español mayor de cuarenta años. Es verdad moza que llega con nosotros y nos hace posible la esperanza; una verdad propia de quien siente un pesimismo creador, un pesimismo que acumula los males sobre el pasado, a fin de dejar francas las vías del porvenir. La generación de usted y la mía y la que se anuncia, participan de este temperamento, y cabe esperar que, aceptando aquella interpretación de la historia de España, comiencen la reforma. Después de todo, la política, los cambios de la emoción nacional, lo que se impone sobre los egoísmos individuales y familiares, ha salido siempre de los jóvenes. No sé si ha leído usted que, según los estudios más modernos y cuidadosos, ha de buscarse el origen de la política y de la ciudad, no tanto en la agrupación de familias, cuanto en la asociación de los muchachos solteros que, rompiendo el circuito doméstico, se reunían en un como club juvenil, germen de la plaza, del ágora, de la Universidad y del Parlamento.

Todavía el señor Sánchez Toca, en su reciente libro *Reconstitución de España en vida de economía política actual* —libro tan anacrónico, tan maniático y tan sin ventanas a parte alguna, que parece cavilado por un bonzo solícito en un convento tibetano—, sustenta la tesis de que nuestros atrasos en el siglo XIX proceden de la manía ideológica de nuestros políticos. ¿Qué le parece a usted este tópico, amigo Baroja? ¿Cree usted que Mendizábal y Narváez, el duque de la Torre y O'Donnell y Prim, Ruiz Zorrilla y Sagasta, Castelar y Cánovas fueron ideológicos? El único que pudiera justificar este título, Castelar, ¿no fue el inventor de la «política positiva»?;

¿no se pasó los veinte años últimos de su vida predicando la «política positiva»? Por el contrario, Gioberti y Mazzini dieron el primer impulso a la realización política de Italia, y Cobden defendía la Liga *Anti-Corn Law*, demostrando que era un corolario de los principios del Evangelio, y en el Parlamento inglés se escucharon frases como ésta, pronunciada por Canning: «Se ha iniciado un período en que los ministros tienen en su poder aplicar a la administración de esta tierra las rectas máximas de una profunda filosofía». Y, no obstante, la generación actual de Inglaterra, heredera de Meredith, prosigue, con Wells y Shaw a la cabeza, la crítica del empirismo, del costumbrismo inglés, y piden que la razón, que la idea gobierne al antiguo pueblo de los Robinsones.

Sería útil que de una vez abandonáramos este lugar común: las ideas no han estorbado todavía a nadie para hacer con discreción las cosas, y aunque ocurriera lo contrario, no podía servir España de ejemplo. Sólo de tiempo en tiempo han caído, como lluvia benéfica, sobre nosotros algunas rociadas de pensamientos, y siempre el efecto sobre el país ha resultado fecundo. Así aconteció con los hombres de las Cortes de Cádiz, de quienes dice muy graciosamente Oliveira Martins: *As ideias rodopiavam doidamente nesses cérebros combalidos por séculos de atrofia.*

En realidad, no hay práctica sin teoría ni pueblos sin ideólogos, a no ser que se entienda por ideólogo un hombre que dice bernardinas, en cuyo caso es más bien un majadero. Teoría no es más que teoría de la práctica, como la práctica no es otra cosa que praxis de la teoría, o como Leonardo supo decir mejor: *La teorica è il capitano e la pratica sono i soldati.*

El Imparcial, 13 de septiembre de 1911

II

Marburgo, 10 septiembre

Un poco se separa, amigo Baroja, su punto de vista del mío. Desear que en nuestra raza influya una cultura extraña sólo puede tener sentido cuando el defecto que se nota en el propio ser y la ventaja que se espera del roce con la personalidad ajena son cosas perfectamente circunscritas, concretas. Además, es menester que el influjo deseado pueda verificarse según un mecanismo capaz de ser previsto, sin miserias ni vaguedades. Porque otra cosa me parecería misticismo histórico y algo así como jugar al mus con los destinos de nuestro pueblo. Con un individuo humano sería ya poco discreto lanzarlo a un experimento azaroso, como se hace con una cobaya en un laboratorio. Con un pueblo sería irritante tal ensayo. Y yo me temo que los artículos de usted irriten a algunas gentes con razón, porque se manifiesta en ellos un espíritu aventurero y acerbo. «Con Francia nos ha ido mal —dice usted—; vamos a tentar la suerte con Alemania»; y luego añade: «porque Alemania vale más que Francia».

Diríase que le interesa a usted más nuestro apartamiento de so el influjo francés que nuestra positiva aproximación a Alemania, y hay en sus párrafos una enemistad contra Francia que no puedo compartir. Tratándose de dos civilizaciones rectoras del progreso humano durante largas épocas, no veo la utilidad de comparar su gravamen como si fueran dos requesones, ni sopesar la una con la otra para quedarnos con la que arrastre más libras. No le acompaño, pues, en ese paralelo que hace de ambas culturas, donde llega usted a suponer que Francia debe más a Alemania que Alemania a Francia.

En mi opinión, es necesario hacer un distingo que ya he apuntado en un artículo anterior. No se trata de ventajas absolutas que goce Alemania sobre Francia, sino de una cosa mucho más sencilla y mucho más concreta. Se trata de que la cultura francesa del siglo XIX en Francia es decadente, y que lo es, sobre todo, en los dos órdenes que más nos importan: ciencia y moral. Los inconvenientes de una cultura decadente son, en mi entender, éstos: que no contiene principios vivos y capaces de porvenir, que sus principios son de segunda mano, tomados, bien de épocas más originales del propio país, bien de culturas ajenas contemporáneas; que sus productos, en lo que tienen de algún valor son personalísimos e intransferibles.

En cambio, la cultura alemana del mismo siglo reúne a una absoluta modernidad y actualidad, plena originalidad; no hay en ella nada muerto ni arcaico; todo vive con la enérgica vitalidad que le llega de principios profundos y jóvenes. Repitiendo una fórmula que ya he usado, diría que la cultura germánica es la única cultura esencial que hoy existe, la única sustantiva frente al culto del adjetivo, especie de idolatría, de divinización de la áurea ternera, en que han venido a caer las civilizaciones más occidentales y del meridión.

Pero aun esto me parecía demasiado aleatorio y difuso para pedir a mis compatriotas que organizaran una terapéutica germánica con que tratar los males de España. Y a concretarlo más venían las consideraciones con que terminaba mi carta anterior.

Todo depende, en efecto, de la interpretación que demos a nuestro pasado.

Cuando digo, amigo Baroja, que la decadencia española consiste pura y simplemente en falta de ciencia, en privación de teoría, no pretendo suplantar con una frase toda la historia de España. Se trata simplemente de una expresión elíptica en que se condensan estas dos ideas:

Primero: la historia de España está por construir, y consecuentemente las causas o —ya que en historia no existen causas— los motivos particulares de nuestra decadencia nos son desconocidos. Es, pues, pernicioso y afán de moverse en lo turbio aceptar cualquiera de esas explicaciones de nuestra decadencia que corren de boca en boca o de pluma en pluma. ¿Cómo voy a creer que el motivo de nuestra decadencia fue la conquista de América, si todavía no hay nadie en el mundo que sepa qué cosa fue la conquista española de América? Lo mismo digo de la interpretación anticlerical de la historia de España, como si la religión hubiera gozado mayor poderío en España que en cualquier otra parte de Europa. Quede, pues, en suspenso todo esto mientras no conseguimos hacer nuestra historia, y entretanto sólo es posible una interpretación meramente descriptiva e indirecta que no pretende revelar los motivos de lo que ha pasado, sino que se limita a señalar lo que ha dejado de ocurrir.

El hecho más exacto, mejor garantizado y a la vez más importante de entre cuantos se ofrecen a quien quiere emprender esa futura historia de España, es que se ha podido reconstruir la historia moderna de las ciencias fundamentales sin que sea necesario hacer intervenir en ella nombres españoles.

Segundo: si la historia universal es antes que nada historia de la evolución de la cultura, ese hecho significa que España no ha intervenido todavía en el mundo de los afanes humanos a modo de protagonista; es decir, que España no ha sido realmente nunca un poder espiritual, no ha sido nunca una energía superior dentro del anficcionado europeo y, por lo tanto, no puede hablarse de que haya decaído, o a lo menos se hablará sólo de una decadencia política y corporal. Lo que ha desorientado a los hombres que han pensado sobre nuestra historia es que somos probablemente el pueblo cuyos destinos exteriores y mecánicos han seguido marcha más divergente de sus destinos íntimos, de su interna evolución cultural. Se da, por ejemplo, el caso de que nuestra hegemonía política coincidiera con el Renacimiento, y más acá de él, con la época en que Europa echa los cimientos de su vida moderna; y sin embargo, somos el único pueblo que no colaboró en el Renacimiento ni en la subsecuente instauración del racionalismo occidental.

Conforme la sociedad europea se iba organizando de una manera científica, carácter distintivo de la edad moderna, éramos desplazados del mundo, hasta que en 1898 se oyó una voz que supongo no habrá olvidado ningún español, porque yo, con ser un niño cuando la oí, ni la olvido ni la olvidaré. Me refiero a aquellas palabras famosas del marino *yankee* Maham: «Hay que proclamar la expropiación de las razas incompetentes».

Hablaba yo en la carta anterior con alguna acritud de los eruditos que hace treinta años sostuvieron que habíamos poseído todos los principios fundamentales de aquella nueva vida que se inicia en Europa con la serie de movimientos renacentistas. Pero es que me enojaba la inconsciencia con que un miope patriotismo les conducía a hacernos imposible toda esperanza. Pues si habiendo gozado de todas las facultades modernas no hemos podido en cuatro siglos arreglar nuestra vida ni hacernos oír con respeto, antes bien hemos perdido el poderío externo y corporal, será menester atribuir nuestro malestar y nuestra mengua a algún poder oculto, a algún defecto metafísico —sea étnico o geográfico— de nuestro ser radical sobre el que no podamos operar, que no podamos corregir. Al paso que, si no hemos tenido ciencia, ese mismo desmedramiento secular nos aparecerá como un milagro, como una incomparable demostración de energía. Y cabe pensar: cuando hemos realizado el milagro de sobrevivir en el clima de la Europa moderna sin las técnicas científicas que a otros pueblos han hecho posible la existencia, ¿qué no podremos esperar de los españoles el día que aprendan ética, física, química, economía, etcétera?

Prefiero tirar por la ventana todo ese presunto pasado fastuoso a sentirme heredero de una decadencia incalculable.

Y ahora añado: por lo que mira al porvenir, el defecto menos grave que podía haber revelado nuestra raza es la falta de ejercicio científico, por la sencilla razón de que la ciencia es lo único que se puede aprender, lo único que puede transferirse de una individualidad a otra, de un pueblo a otro. Es lo indiferente espiritual.

No creo ciertamente que la cultura humana se reduzca a la cultura científica, ni diría yo, como ha dicho ayer Ostwald en el «Congreso Monista» de Hamburgo, que la ciencia sea el verdadero Dios. Pero sí creo que es el único elemento de la cultura que está en nuestra mano, que puede buscarse y comprarse y ejercitarse. Todo lo demás es irreductible a mecanismo y previsión. La sensibilidad moral misma aparece o desaparece de un pueblo sin que haya medio cierto para retenerla y afianzarla o para suscitarla en los corazones relapsos. Sólo una faceta de la moralidad puede ser impuesta a una nación: aquella virtud que trae consigo la ciencia, la veracidad.

Concretado de este modo lo que necesitamos mejorar en nuestro ser colectivo, la elección de maestro no ofrece duda ninguna.

La cultura germánica es, en primer lugar, predominantemente científica; y en segundo lugar, la ciencia alemana es predominantemente metódica. ¿Qué quiere decir esto? Quiere decir que, frente a Inglaterra y Francia, la cultura alemana se caracteriza por su impersonalidad, que sus progresos no son debidos a una genialidad del instinto étnico, sino que se ha agenciado un sistema de energías artificiales, reflexivas, técnicas, con que ha corregido sus defectos individuales y potenciado sus ímpetus nativos. La famosa pedantería germánica no consiste en otra cosa: cuando el individuo no reacciona conforme a su espontaneidad, sino que para tomar una resolución teórica o práctica sale de sí mismo y suplanta su yo por un yo artificial, normal, por un *yo* académico, un *yo* científico, nos parece una pedantería.

Mas esto, que podrá ser un defecto en el cuadro general del carácter germánico, constituye la ventaja decisiva que su cultura sobre las demás nos ofrece. Porque es imposible aprender de Inglaterra o de Francia sin anglosarse o afrancesarse, sin extranjerizarse; pero es posible reabsorber la ciencia alemana sin que pierda nuestro individuo lo más mínimo de su espiritual autoctonía.

Indicaba usted, muy acertadamente, que sólo la influencia alemana nos libraría del afrancesamiento. Diga usted más, en general, del extranjerismo.

Porque no hay grave peligro de que se nos peguen las peculiaridades alemanas. El estilo del germano no es atractivo ni poderoso: aprenderemos sus ciencias, que no conservan apenas nada de quien las produjo, que son pura razón, método, realidad universal e incondicionada, y dejaremos a un lado el *pathos* tudesco.

Ahora que, claro está, pensar que vamos de un salto a poner la tienda enfrente a los alemanes, a producir pensamiento nuevo, eso que llaman pensamiento original, es pensar en lo excusado. Una profunda modestia, un hondo sentido de humildad histórica salvará a España, o España no se salvará. Por lo pronto hay que aprender, y luego enseñar lo aprendido, y entonces aspirar a nuevas creaciones. No hay desdoro en traducir un libro de matemáticas o de física o de filosofía. Menos decente es darse un aire de decir genialidades propias que son, en realidad, traducciones de lo menos valioso y serio que anda por Europa.

El señor Unamuno, que aspira a ser tenido por un escritor recién llegado del centro de la tierra, censuraba el otro día a los que traducen el pensamiento científico de Europa. Se trata de un caso de ingratitud. Porque el señor Unamuno no ha solido hacer cosa distinta de lo que todos hacemos: traducir. Se ha pasado la vida traduciendo gestos y posturas ajenas: primero fue Spencer y luego fue Schopenhauer; más tarde Kierkegaard; luego Myers y William James; en fin, ese mismo artículo a que me refiero con su defensa del oportunismo, su crítica del pensamiento dogmático o parcial, su elogio de la dialéctica o pensamiento total parece anunciar una nueva etapa traductora en su autor, la traducción de la crítica que Benedetto Croce ejerce hoy sobre los italianos. Sólo que ya sabemos todos que al señor Unamuno se le da un ardite de la dialéctica, a la cual no ha dedicado una velada muchos años hace, y esto es lo que separa las traducciones del señor Unamuno y las de otros compatriotas; así como sólo toma de Croce la agresividad y la petulancia, dejando lo que en aquél realmente vale, que es su amor ardiente a la verdad, su severo pensar, su enorme estudio; así se dejó en Spencer la solícita recolección de datos experimentales, y en Kierkegaard el conocimiento de la filosofía romántica alemana y el sincero cristianismo, y en James la ciencia psicológica, etcétera, etcétera. Cabría decir que el señor Unamuno no traduce más que lo que le sirve para escribir un artículo. Y, naturalmente, tiene que recurrir a las obras de moda de las bibliotecas circulantes inglesas o alemanas o italianas.

Éste es el sino de quienes no tienen la modestia de aprender de los «elegantes», que decía Kant: se convierten en importadores del *snobismo* europeo, y como hoy está de moda en la frivolidad del viejo continente hablar mal de la lógica, hablan mal de la lógica; y cuando mañana vuelva la moda a acariciar la dialéctica contra las más severas matemáticas, hablarán bien de aquélla y mal de éstas.

Pues bien, amigo Baroja; contra este fatal extranjerismo, contra esta imitación sin espíritu, inerte mimetismo de lo que se agita en la superficie de las grandes culturas, puede el influjo de Alemania servirnos. Decía Villari del pueblo italiano: «El verdadero cuadrilátero que nos ha detenido son nuestros diez y siete millones de analfabetos y nuestros cinco millones de *dilettanti*». Amengüe usted los números, y vea si no podemos apropiárnoslo.

El Imparcial, 21 de septiembre de 1911

De Puerta de Tierra

LA OPINIÓN PÚBLICA

I

Rubín de Cendoya, místico español, descubrió un día no lejano que se había entregado excesivamente a la política. Su espíritu, siguiendo la exigencia de la época, había llegado a contraer el hábito de no pensar sino políticamente. Esto era muy grave. La política es el mundo de la eficacia. Todo lo que no es eficaz es impolítico. Pensar políticamente no es, pues, pensar la verdad, sino, más bien, producir ideas que muevan los ánimos de las gentes en un sentido o en otro, ideas oportunas y estratégicas cuyo valor no yace en sí mismas, sino en sus efectos externos y mecánicos. ¿Cómo no reconocer que este uso del intelecto es pasajeramente benéfico? Pero a la larga contrae la mente el vicio más grave que puede imaginarse: la propensión a mentir.

¿Pues qué otra cosa es mentir que pensar utilitariamente, en vista de una ventaja, de un efecto que se quiere obtener?

La definición del catecismo no es satisfactoria: «decir lo contrario de lo que se piensa». Ésta es sólo la forma más grosera de la mentira: la exterior. Es sólo el decir la mentira, y claro está que, antes de decirla, hubo que pensarla. He aquí la mentira íntima, la gravísima. ¿Cómo describir su esencia en muy pocas palabras? El pensamiento, contra lo que afirmaba el óptimo Donoso Cortés, sólo piensa la verdad, unas veces mayor, otras menor. Cuando pretendemos conseguir algo nos ocurren algunas ideas que son verdaderamente útiles para lograr aquella intención nuestra. Pues tal vez consista la mentira en que al ocurrírsenos una cosa verdaderamente útil, pensemos que, aun aparte de su utilidad, es verdadera.

Al que sólo piensa políticamente, sólo le ocurren ideas útiles, y al darlas a los demás o tomarlas él mismo, de buena fe, como verdades, vive en perpetua falsificación. Si desde el Parlamento hasta el jirón doméstico no existe en un país más ejercicio normal que la política, se corre el peligro de que, a poco, se respire una atmósfera intelectual compuesta únicamente de falsificaciones ideológicas.

Convencido de esto, se propuso Rubín de Cendoya huir, por lo menos a ratos, de esa nociva aspiración a la eficacia y sostuvo con sus amigos conversaciones inútiles, de levantada superfluidad, en que se hablaba de las cosas sin más intención que contemplarlas bajo su aspecto más verdadero. Eran, como suele decirse, conversaciones de Puerta de Tierra.

—Para los que no cuentan más de cincuenta años —comenzó el otro día—, ofrece ahora la Europa continental un fenómeno curioso y que hasta ahora no habían tenido ocasión de observar. Me refiero al espíritu restaurador que comienza a levantarse por dondequiera en esta «llanura ancha», que es, según algunos, el sentido original de la palabra Europa.

—¿Cómo? ¿Cree usted que la política inglesa vigente sea restauradora?

—Yo no conozco bien la intimidad, los fermentos soterráneos de la vida inglesa, y la restauración a que me refiero anda todavía por dentro de los corazones; me hallo, pues, dispuesto a abrir una excepción en su favor. Tal vez Inglaterra sienta hoy, con mayor poder que nunca, los apetitos progresistas, mientras Francia, Alemania e Italia se entregan al sentimentalismo de la restauración. La condición isleña de Inglaterra ha solido dirigir sus destinos por sendas siempre contradictorias de las que seguía el resto de Europa y su historia ha sido, desde el punto de vista continental, un perpetuo anacronismo.

—¿Y dónde descubre usted ese afán restaurador de las demás potencias?

—Aunque secreto en lo esencial, comienza ya a enviar al exterior algunas manifestaciones, que son ciertamente las menos importantes y decisivas. Pero tiene usted, por lo pronto, el hecho de que en Inglaterra, donde apenas existía organización socialista, es donde más cantidad de socialismo se va instaurando, al paso que en Francia, Alemania e Italia, donde el socialismo posee enormes cuerpos disciplinados, triunfa una política digna de los reyes por la gracia de Dios. Éste es un hecho que pone de manifiesto hasta qué punto son limitadas las fuerzas de la llamada fuerza política.

—¿De manera que le parece a usted desdeñable la fuerza de tres millones de socialistas como hay en Alemania?

—Yo no la desdeño, amigo mío; la respeto, afecciono y admiro; pero ¡ahí tiene usted lo que son las cosas!, la realidad, la terrible realidad se muestra con ella bastante desdeñosa.

—¡Pues es incomprensible!

—Veo que le cuesta a usted mucho trabajo creer en la inocuidad de los tres millones de socialistas dentro de la política efectiva del Imperio, y, sin embargo, es así. Aquí tengo en el bolsillo el número de hoy de *Le Temps*, donde se copian unos párrafos de un artículo oficioso publicado en una revista oficiosa, verdaderamente representativa del espíritu medio alemán. El artículo comienza así: «En la persecución de nuestra política exterior hemos llegado a temer hoy menos la ausencia de patriotismo que las exageraciones de este sentimiento. Tememos menos a los que quieren, como en otro tiempo Bamberger y Windthorst, contrariar los pasos vigorosos del gobierno, que los que se obstinan en fijar a nuestra política remotos fines inaccesibles o comprometedores». Como ve usted, el gobierno imperialista del Imperio, no sólo no teme a los socialistas, sino que éstos no le sirven siquiera para retener a los más papistas que el Papa.

—No conocía ese dato.

—Cuantos quiera hallará usted. Alemania mueve sus músculos en el ámbito histórico exactamente lo mismo que los movería si no existieran socialistas. Lo que en favor del obrero haga y lo que en favor del aristócrata de alma angosta y terca deje de hacer, se debe a cierta presión ambiente de las convicciones básicas, generales a la época, independiente de la presión específica que pretendan ejercer las organizaciones políticas.

—¿Entonces, es que en Alemania no se hace caso de la opinión pública?

—Pues en eso justamente veo yo lo curioso de tal fenómeno social. Las cosas que va haciendo un pueblo ¿quién las quiere? ¿Cómo es posible que un gobierno haga algo contra la opinión pública? ¿No es él mismo creado y sostenido, en una u otra forma, por esa misma opinión? Me parece que esta aparente contradicción nace de que no sabemos bien qué es opinión pública.

—Para mí, es la que se manifiesta en las elecciones legales.

—Lo siento mucho, amigo; para mí es todo lo contrario. La vida parlamentaria significa casi siempre una gesticulación de primer plano, al amparo de la cual sigue su curso la vida profunda y ejecutiva de la nación, muy rara vez coincidente con aquélla. De un lado, va la opinión parlamentaria; de otro, con una reprimida sorna, camina la opinión pública. No me refiero con esta antítesis a los casos anómalos en que un régimen legal torpe da ocasión a las falsificaciones del sufragio. Admito que las oposiciones expresadas en el Parlamento sean las mismas que las formuladas en los *meetings*, en los Comités electorales, en la Prensa, en las discusiones de café. Pero la opinión pública no es nada de esto. Yo, ciudadano particular, pienso blanco; usted piensa negro: ¿cuál de nuestras opiniones divergentes es la pública?

—La que sea admitida por una mayoría, respondemos los liberales, los socialistas, los socializadores.

—Sin embargo, yo soy también liberal, socialista y socializador; mas no creo que la opinión pública sea la opinión de la mayoría. Se trata, es cierto, al confundir ambas cosas, de una piadosa y necesaria mixtificación. La mayoría es un régimen, es decir, una ficción jurídica por medio de la cual se pone algún cauce a la lucha de las opiniones particulares que aspiran a realizarse. Al través de ella no llegamos nunca a la opinión pública, no salimos de una opinión particular mayor frente a una opinión particular menor. ¿Qué sentido puede tener el que excluyamos de la participación en la opinión pública a la opinión particular menos numerosa?

—¡Pues no entiendo el liberalismo de usted! ¿Cómo se puede ser liberal sin creer en la justicia de la mayoración?

—Realmente es muy difícil, y por eso yo no he dudado nunca de que sea justa, y por eso la considero como un benéfico artificio del derecho. Pero ahora no tratamos de qué opinión deba o no deba en justicia triunfar, sino de qué opinión merece llamarse la opinión pública. Es ésta tan escurridiza y equívoca sustancia, que, a la vez, mayorías y minorías suelen atribuirse su posesión. Ahora bien; el público es precisamente la mayoría y la minoría juntas.

—Pues ¡ahora sí que estamos frescos! De lo que usted dice se desprendería que la opinión pública es la opinión de la mayoría y de la minoría juntas. Pero como la mayoría piensa blanco y la minoría negro, la opinión pública está condenada a ser una opinión berrenda, contradictoria, absurda, inopinable.

—Yo creo que lleva usted un poco de razón, salvo en lo de que sea contradictoria y absurda. En mi entender, comete usted un error considerando las opiniones particulares de la mayoría y la minoría como las iniciales y suponiendo que luego la opinión pública se forma de la manera que una resultante. Lejos de ser así, pienso que las opiniones particulares son posteriores a la pública: ésta es la originaria; aquéllas, diversificaciones de ésta. Verá usted...

El Imparcial, 19 de septiembre de 1912

II

Opinión de la mayoría es una noción numérica que no dice nada de la energía o capacidad de imponerse ínsita en la opinión. Así ocurre que hoy forman mayoría en el continente los que piensan a ciertas horas que la propiedad individual de los capitales es injusta, y sin embargo, esta opinión, numéricamente extensísima, no triunfa, no llega a realizarse; no es ella, por tanto, la que posee hoy, de hecho, una mayor realidad. La opinión pública, en cambio, no depende de que la declaren muchos o pocos; a lo mejor, nadie entre los vivos la ha formulado de una manera clara, y sin embargo, es la que desde Adán y Eva decide en las variaciones de la historia. La opinión pública es una opinión única latente bajo las opiniones particulares, aun las que más discrepen. Vea usted otro ejemplo: la actual política marroquí que verifica nuestra nación. ¿Quién duda que es enormemente superior el número de españoles que opinan como particulares contra esa expansión colonial, especialmente contra las concomitancias bélicas que de una manera fatal lleva anejas? No se ha oído ni una voz suficientemente amplia y representativa que envíe a la obra un aliento de entusiasmo. En cambio se han oído innumerables vociferaciones en sentido hostil. Sin embargo, la colonización se prepara. El señor Canalejas va a colonizar el Rif, y, no obstante, el señor Canalejas, que no carece de principios, opina indudablemente que los pueblos tienen derecho a vivir regidos por sí mismos. ¿No es esto curioso? La opinión favorable a la política colonista apenas si tiene defensores; la opinión contraria los tiene, al parecer, y fortísimos. Acontece que aquélla triunfa. Su fuerza, pues, no proviene del número de sus defensores, sino que es una peculiar energía y como fatal poder residente en el cuerpo mismo invisible de esa opinión.

—Según esto, la opinión pública sería la no opinada por nadie... Convendrá usted en que esto es una paradoja y, por consiguiente, una invitación a que le deje a usted solo. ¡Parece mentira que un hombre tan cortés como usted acepte esa forma máxima de la descortesía, la paradoja! La paradoja es el cachete teórico inventado, sin duda, por alguien demasiado tímido para darlos con la mano y demasiado bilioso para dejar de darlos.

—Efectivamente; pero cálmese usted, y advierta que lo paradójico de un pensamiento es sólo su expresión, y la expresión ha salido de usted, no de mí. Para que se tranquilice, corro a deshacer lo que pueda hallarse de paradoxal en mi idea. Después de todo, no pretendo sino rehabilitar lo que vulgarmente se dice, a saber: que la opinión pública es la opinión de todo el mundo. Pero recuerde usted una frase sapiente, que también el vulgo repite: «Otra le queda dentro». Pues bien; la opinión pública es la opinión que le queda a todo el mundo dentro. Ahora aparece excluida la paradoja. Ante cada cuestión la mayoría opina blanco, la minoría negro; pero ésta es la opinión expresada. Inexpresada, confusa, si usted quiere; inconfesada, otra les queda dentro al blanco y al negro. Sobrevendrá la contienda: en la discusión, ambas opiniones se exagerarán más; lo blanco será níveo; lo negro, como el ébano; pero algo decisivo faltará siempre, cuya ausencia permite que, al fin, se haga una cosa azul o colorada.

—Ahora me parece más tolerable su pensamiento.

—¡Como que es una perogrullada! Y, no obstante, usted mismo se resiste a ella, o, cuando menos, a sus inmediatas consecuencias.

—¿Cómo?

—Muy sencillo: creyendo que el lugar donde se manifiesta más amplia y claramente la opinión pública es en la política, cuando ocurre lo contrario. La opinión pública vemos que consiste en una profunda coincidencia que habita el vértice de nuestros corazones, hombres de una raza y de una época, una radical comunidad que gobierna y da su matiz decisivo aun a nuestras mayores discrepancias. Hablo de los hombres que no representan una anormalidad. En cambio, la política, desde su base a su cima, es toda ella lucha, divergencia, disensión, y no es más que lucha, divergencia y disensión. Si no existieran éstas no habría política: sólo habría administración, régimen automático de las funciones sociales, según aforismos técnicos y como algebraicos. Ahora bien; si la divergencia fuera, no superficial y cutánea, como yo creo que es, sino honda y extrema, la vida en común, supuesto de esas mismas divergencias, advendría imposible. La historia va mostrando, por el contrario, un aumento de bienestar en la convivencia; cada vez nos sentimos menos mal unos con otros, no nos degollamos tan fácilmente unos a otros, no nos dispersamos a cada pretexto como los pueblos salvajes. Mirado al trasluz este progreso exterior, no es sino el progreso interior de la opinión pública, de la concordancia. La apariencia de querellas constantes, de polémicas, de disputaciones, proviene de que muy sabiamente se han fabricado unos aparatos resonadores, como Parlamentos, cafés, periódicos, donde los gérmenes de discordia hallan tan favorable transcripción sonora que no aspiran a más de ordinario.

—De manera, ¿que la política no sirve para nada?

—¿No ha de servir? ¿Es nada que lo ruidoso encuentre su escape satisfactorio y no se corrompa reprimido? Pero, además, la organización de la política vale como una extensísima enseñanza cuyos elementos puramente sonoros dispersa el aire, mientras lo que en las ideas políticas hay de enérgico y fecundo va por lenta decantación, como paso de oso, a aumentar los sedimentos de la opinión pública. Mas, ¡ay!, cuando esto ha ocurrido ya, cuando ha pasado algo de la política a la opinión, ya no se discute sobre ello, ya no es tema político. Vea usted la razón de por qué el plano de la política y el de la opinión pública, tomados ambos estrictamente, no coinciden nunca, aunque unas veces se aproximen más que otras.

—Si esto es así, en todos los pueblos ocurriría lo mismo, y entonces, ¿a qué esa lamentación perpetua de muchos españoles, según los cuales nuestra política no representa la opinión pública?

—Lealmente, diré a usted que, aparte algunas reservas, ahora innecesarias, considero injustificado ese lamento. Solemos creer que la política vigente suplanta nuestra opinión nacional porque aquélla nos parece absurda, y no tenemos el valor de reconocer que ésta lo es también y exactamente por las mismas razones. Si tomáramos uno cualquiera de los defectos imputados a nuestros políticos, hallaríamos que era un defecto común a los españoles.

—Mire usted, la verdad, no acabo de ver clara la relación que, según usted, existe entre las diversas opiniones políticas y la opinión pública. Por otra parte, aunque español, me gusta, ya que estoy oyendo a alguien, enterarme realmente de lo que dice, esto es, oírle a él y no meramente oír lo que yo me voy diciendo mientras él habla.

—Pues, verá usted, Don Mirlo Blanco, aurícula ideal, hispano increíble, verá usted lo que yo pienso, siempre que no me atribuya una peculiar vanidad, en vista de que ensayo el ejercicio de este humilde verbo pensar.

La dificultad que halla en lo que he dicho proviene de que insiste usted sin darse cuenta, y llevado tal vez de los ejemplos por mí usados, en suponer que la opinión pública es exclusiva o casi exclusivamente una opinión política. No ocurre tal cosa. Los asuntos políticos son una mínima porción entre los que más interesan. Frente a ellos están, por lo pronto, los privados. ¡Imagine usted la selva de las preocupaciones privadas, de cuestiones y temas que hacen presa en nuestra atención antes que los públicos! Solemos llegar a los veinte años sin habernos percatado absolutamente de los problemas que encierra el régimen de nuestro pueblo. Sin embargo, a los veinte años nos han interesado ya hartas cosas, tantas, que en cierto modo somos ya lo que vamos a ser después; las nuevas cuestiones que nos salgan al camino tienen que someterse a la tintura o prejuicio que fatalmente llevábamos dentro al tropezarlas. Además, si yo, pensando sobre un rompecabezas administrativo, llego a una conclusión y digo, por ejemplo: lo mejor es la República, ¿soy por esto, sin más ni más, republicano? Es muy posible que el resto de mis opiniones sobre las demás cosas del mundo concuerde mal con el advenimiento de la República. ¿Qué hacer entonces?

—Para mí no hay duda: su deber es hacerse republicano.

—¡Admirable! Ya soy republicano; voto por los republicanos, me abono a los periódicos republicanos, peroro en las conglomeraciones republicanas. Pero, ser republicano por deber ¿no indica precisamente que no lo soy por plenitud? Sólo un átomo del cosmos interior que componen mis opiniones personales va a la República, arrastrando como una enorme inercia el resto de mí mismo. ¿Qué va hacer la República, que hay que traer, con republicanos que no pueden ni llevarse a sí mismos? Excuso decirle que se trata de un ejemplo nada más; lo mismo podía haberme supuesto monárquico.

Así se explica lo que a todas horas vemos, lo que en tantas páginas reseña la historia: pueblos con mayorías republicanas que viven monárquicamente, y viceversa; pueblos irreligiosos donde la religión omnipuede. Los tres millones de votos socialistas en el Imperio imperialista alemán. En fin, la restauración levantándose como una neblina sobre el paisaje europeo, donde todas las cosas parecen progresistas. Este símil expresa a gusto lo que en definitiva quería decirle: la opinión pública es la neblina, la tonalidad que envuelve y modula las opiniones todas de una época, y dentro del individuo, los juicios particulares que vamos formando. El prejuicio, el plano general sobre que se alzan las diversas opiniones.

—Ahora ya comprendo: imagina usted que los pueblos y los individuos poseen una cantidad inmensa de opiniones periféricas, sinceramente sostenidas, pero con una sinceridad de primer plano: bajo ellas, empero, late otra opinión decisiva, prepotente.

—Así es. La verdadera opinión late: no se la ve, hay que descubrirla al través de sus efectos. Ahí tiene usted la genialidad del Político con mayúscula; la política minúscula es el juego de la superficie. El político opina sobre las cosas: el Político no opina por sí mismo, descubre en cambio con mirada de zahorí la opinión pública, la real, la eficaz y decisiva. Descubierta, la expresa, la saca a la luz y triunfa.

—No; él no triunfa: triunfa la opinión pública.

—Ciertamente: eso distingue al grande del pequeño. Éste, el coleóptero político quiere triunfar él, es decir, quiere hacer triunfar sus opiniones. Claro está que no lo consigue: es un fracasado de nacimiento. El gran político, por el contrario, abre las compuertas a la opinión pública y se cruza de brazos.

—Oiga usted, y ¿se le ha ocurrido a usted solo esto?

—Hombre, yo no soy Robinsón ni Adán: he tenido algunos precursores. Por ejemplo, un tal Fichte que decía: el secreto de la política de Napoleón fue el «expresar en cada momento lo que es en verdad». Y luego, por ejemplo, un tal Fernando Lassalle que dice: «Tiene razón Fichte». Se trata, pues, de tres triunfadores: el uno hizo un Imperio, el otro una Alemania, el tercero el partido socialista. Busque usted en el siglo XIX tres casos de mayor calibre.

—Bueno, acepto momentáneamente esa opinión particular que tiene usted de la opinión pública. Veamos ahora en qué consiste ese espíritu restaurador que usted cree adivinar en el fondo de la actualidad continental.

El Imparcial, 20 de septiembre de 1912

RESTAURACIÓN

I

Todo aquello sobre la opinión pública que algún lector habrá leído lo dijo Rubín de Cendoya, paseando con un amigo por los altos del Hipódromo. El místico español es madrileño y ama aquellos campos del alto Madrid que se encorvan como una espalda hacia Canillejas, sin árboles ni otra amenidad, grísidos, pedregosos, con fisonomía de aceldamas, campas compradas por treinta dineros. Y como su amigo le dijera: «¡Veamos qué es eso de la Restauración!» Rubín de Cendoya se detuvo y luego de mirar quietamente al sol, que flotaba en el ocaso, habló de esta manera:

—No se haga usted ilusiones; goza usted de un corazón progresista y el tiempo pide otra cosa. Es usted un atrasado, un hombre de otro clima espiritual. Ahora es sazón restauradora. Europa expulsa de su mente todos los hábitos progresistas. Porque restauración es, precisamente, antiprogresismo.

—¿Cómo atrasado? ¡Yo que voy a haberme quedado a la zaga! El progresista, como su nombre indica, va siempre delante. Yo soy partidario de la libertad sin reservas, soy anticlerical, soy en filosofía materialista...

—Hágase usted ilusiones, amigo; después de todo, progresismo es hacerse ilusiones. ¡Bueno fuera que envejeciendo todo el universo sólo los progresistas conservaran una perpetua juventud! Si un hombre del día le escuchara, no lo dude, le parecería oír unas palabras muy viejas, muy viejas, una voz cascada y el paso de su abuelo... Quiera usted o no quiera, inicia su reinado una nueva manera de sentir.

—¿Nueva? Siempre hubo reaccionarios. Pero ¿en qué se funda usted para creer que Europa se vuelve reaccionaria?

—No, en modo alguno; se vuelve restauradora.

—Bueno, lo mismo da.

—Lo mismo, no. Restauración y reacción son cosas muy distintas.

—¡Pero, hombre, para usted todas las cosas son distintas!

—¿Para mí? No; yo no tengo grande empeño en que sean las cosas distintas; ellas, por sí mismas, lo son, y si se las funde o confunde, se enojan primero, y luego se vengan. El rudimento de la buena educación y fino tacto en el comercio social está en no confundir a las personas. Del mismo modo, la aptitud especulativa no consiste, tal vez, en más que en un hábito de no confundir las cosas. Por eso, Leibniz comenzaba sus enseñanzas en la Corte Electoral invitando a las damas a que buscaran en el jardín dos hojas que fueran idénticas. Pero dejemos este asunto para mayor holgura.

Ahora decimos que la reacción es una tendencia deletérea de algunos espíritus, al paso que la restauración es compatible con un delicado amor a la cultura. Ambas coinciden en que reaccionarios y restauradores anhelan una vuelta y un tornar de lo nuevo a lo viejo. Pero esta vuelta puede ser como la duda: o metódica, o definitiva. La duda metódica se la impuso Descartes, precisamente por una aspiración inmensa que sentía hacia nueva fe poderosa: era como un abono y fomento de radicales certidumbres; era, es y será, la condición de toda fe viva, pues la fe, para vivir, necesita comer, y come duda. Así, es la restauración la vuelta metódica a lo que no parece nuevo; si usted quiere, a lo viejo, mas no por amor a esta vejez, sino para tomar de ella nuevamente arranque hacia más fértiles derroteros. El reaccionario, en cambio, nos propone que aceptemos una antigua forma social, intelectual, literaria, etcétera, por ella misma, para quedarnos en ella definitivamente sin aspiración a cambiar, con aspiración más bien a no cambiar. Por eso la reacción me parece la enemiga nata de la cultura, del espíritu. El espíritu no es una cosa quieta y cristalizada, sino una fluencia y un cambio, un superarse incesantemente a sí mismo, un morir para renacer. El espíritu reaccionario es suicida, puesto que aspira a dejar de ser espíritu, y en los semblantes de los reaccionarios que yo conozco, se nota, en efecto, cierta nostalgia de no ser piedra, cierta pesadumbre y opacidad minerales...

II

—¿De manera que usted no es reaccionario, pero se declara restaurador?

—¡Yo no me declaro restaurador, amigo! ¡Yo no me declaro restaurador! Soy ahora nada más que un místico, un vidente, una mirada franca abierta sobre el mundo. La política no les deja a ustedes vivir; por lo menos no les deja a ustedes vivir más que lo político, y el mundo es mil cosas más que política.

—Pues usted mismo ha dicho con frecuencia que el español tiene que ser a la fuerza político.

—Cierto; el individuo humano, a diferencia del animal, necesita de la sociedad: lo que tiene de humano es lo que tiene de social. Por esta razón, el individuo sumido en una sociedad inorganizada, en una sociedad que propiamente

aún no lo es, está forzado a ocuparse de la organización de
ésta, para poder gozar de su propia individualidad. El español se halla en este caso, y ha de enviar un tanto de su energía a las urnas electorales; ha de ser político, pero además
ha de ser inteligente; ha de ser discreto; en fin, ha de ser
justo y benéfico, como proponían ya las venerables Cortes
de Cádiz. Pero yo ahora hablo de la restauración y no creo
necesario tomar posiciones ante ella. Si no cuidamos mucho, nuestra forzosa actuación política puede imbuirnos la
manía de tomar posiciones ante todo, de creer que el hombre ha venido al mundo para votar sí o no con respecto a
todas las cosas.

—Vamos, una argucia de usted para no colocarse en postura clara. Recuerde que las leyes de Solón muy sabiamente
desterraban al que no se decidía por algún partido, permaneciendo indiferente.

—Pero no olvide usted que esa ley se refería sólo a los casos de revolución; es decir, a los casos en que lo íntegro de
la sociedad constituida padece y se rompe. No; no es argucia lo que digo; es, por el contrario, una cuestión en que
deseo ser muy claro y huir de todo equívoco. En fórmula
dogmática diría yo así: el que no se ocupa de política es un
hombre inmoral; pero el que sólo se ocupa de política y
todo lo ve políticamente, es un majadero.

—No perdamos el hilo: usted piensa así, yo pienso otra
cosa; pero no me creo obligado por esto a ordenar su deca-
pitación. Por lo menos, yo no le decapitaría a usted sino
después que me hubiera descrito esa restauración europea,
fiera espantable con que nos viene usted atemorizando. Me
encuentro en el mismo estado de sobrecogimiento que
cuando yo iba a la escuela y leía en uno de los carteles

dispuestos para el aprendizaje del silabeo aquella terrible noticia: «Mañana bajará la capata garrasallaza».

—Ríase usted cuanto guste; pero es un caso grave para nosotros los españoles, según luego verá. El hecho es el siguiente: la superficie de la conciencia europea se halla ocupada casi por entero con partidos políticos, con personalidades, con afirmaciones, con principios que podemos llamar liberales, avanzados o progresistas. Los Estados gastan grandes cantidades en el fomento de las ciencias naturales, símbolo de la progresividad. Por otro lado, son bien recientes sucesos como la separación de la Iglesia y del Estado en Francia, donde pareció alcanzar una colosal victoria la idea progresiva del Estado sobre el valor tradicional de la Iglesia. En una palabra: dondequiera mira usted, encuentra el progresismo asentado, en una u otra forma, sobre el Poder, gobernando el mundo occidental, siendo la forma vigente, normal, manifiesta de la vida contemporánea. Y, sin embargo, cuando tras esa rápida ojeada va usted fijándose en cada una de esas manifestaciones y las compara con lo que eran veinte años hace, advierte usted una inquietud, un descontento, un íntimo desacuerdo, una ineficacia radical en casi todas ellas en lugar de la elástica energía, de la exuberante potencialidad que antes gozaban. Muy claro se ve esto en aquellas generaciones que se encuentran ahora en la sazón de resolverse ante las grandes cuestiones sociales e ideológicas. Conforme hace veinte años ingresaban rápidamente en un partido, en un ideal, en una filosofía, en una fórmula artística, ahora prolongan la situación vacilante, indecisa y andan perplejos como el asnillo de Buridán. Esto, los más; los menos, dotados de mayor ímpetu o menor escrupulosidad, ensayan a la vera de las organizaciones y principios progresistas nuevos movimientos de equívoco carácter. En éstos creo yo descubrir los preámbulos de un apetito restaurador que Europa, un poco avergonzada, siente fermentar en lo secreto de sí misma.

—¿Se refiere usted, por ejemplo, a la algarada filosófico-política de los realistas franceses?

—No es el mejor ejemplo, pero es un dato. El realismo gana terreno en Francia; el señor Carlos Maurras escribe y tonitrúa conduciendo una hueste, cada vez más numerosa, de jóvenes que arden en monárquicos furores. No obstante los razonamientos del señor Maurras no ofrecen flanco a la serena aquiescencia. Son tópicas ornamentales, críticas caprichosas y vagos proyectos. Pero no es lo importante esta restauración monárquica. La restauración hacia que vamos es más grave y honda. Es la restauración del irracionalismo, y como toda la edad moderna es un régimen racionalista, pudiera decirse que a donde vamos de cabeza es a una restauración de la Edad Media.

III

—Si abstrayendo de todas las formas sociales, ideológicas y artísticas que, maduradas ayer son hoy naturalmente poder constituido, nos fijamos sólo en aquello que ante nuestros ojos va naciendo, en los genuinos frutos de estos años hallaremos que se caracteriza por el desamor a la razón. Y esto en todos los órdenes de la cultura.

—Claro, si considera usted fruto de nuestra época el monarquismo francés, hallará usted apetito restaurador en política, pero es erróneo dar tanta importancia a un mo-

vimiento mínimo y absurdo que además ha existido durante todo el siglo pasado.

—Bien, dejémoslo a un lado en gracia de que sería un
poco complejo su examen. Pero, ¿y el sindicalismo?

—¿Cómo? ¿El sindicalismo es restauración?

—Yo creo que sí; yo veo en él un caso típico de esta nueva
sensibilidad restauradora que constituye la opinión pública
europea en estos días fugaces. Hallar restauración en el
obispado no tendría chiste ni gravedad, no argüiría que la
opinión pública —en el sentido que a esta palabra hemos
dado— sea restauradora. Lo decisivo es vislumbrarla, yaciendo como fermento y simiente en el fondo de actos y
palabras que aparentan contradecirla.

—Yo tenía al sindicalismo por un movimiento archirrevo-
lucionario.

—¡Y tanto! ¡No cabe más! Pero lo que me importa en una
revolución es a dónde se revuelve, y ésta se revuelve hacia
atrás si ustedes los progresistas se revuelven hacia adelante.

—No veo claro esto.

—Compare usted el sindicalismo con el socialismo. Éste parte de un proyecto de sociedad claro, demostrable, estrictamente racional. Tan racional es el Estado a que va el socialismo, que lo ha sacado de las estadísticas económicas, de
los números, colmo de la razón. Bien sabe usted que la
palabra razón significa originariamente calcular, echar cuentas. La aspiración socialista es la organización de la vida humana, según la estricta razón; quieren someter lo real a lo
racional. En cambio, los sindicalistas odian al Estado, precisamente porque éste es un producto racional, y opinan
que con la razón no vamos sino a la construcción de esquemas, los cuales son estorbos terribles para la plena y salu-

dable expansión de la vida, de la vida real, corriente sutilísima, imposible de conducir por regatos que el mísero intelecto pretende abrir. Es menester —dice el sindicalismo— que la vida con su superior sabiduría —una sabiduría trans-racional o irracional— se organice a sí misma. Suprímase el Estado, déjese que las agrupaciones industriales declaradas independientes, sometidas sólo a su instinto, pacten y convivan a su modo, regidas no por principios, sino «por la misma lógica que guía al árbol en su ascensión buscando la luz». ¿Ve usted ahora cómo el sindicalismo es restaurador? Quiere restaurar el imperio del instinto, quiere volver a la vida gremial de los tiempos medios.

—Ahora veo por qué distinguía usted entre restauración y reacción. El sindicalismo no puede lealmente y bajo ningún punto de vista tacharse de reaccionario.

—Ya ve usted cómo en política, en la política más actual, aparece el nuevo espíritu y cómo acierta a informar tendencias que parecían incompatibles con él. ¡Mala hora, amigo mío, mala hora para un hombre como usted! Lo que los progresistas llaman progreso es un esquema de lo que debe pasar mañana; pero como se les ha ocurrido hoy, y a la postre lo que hoy pensamos depende de lo que ayer aprendimos, el mañana de ustedes es en definitiva una perpetuación más o menos completa del pasado. Son ustedes unos reaccionarios porque no quieren progresar ustedes, sino que progrese el progreso; es decir, una pequeña, nimia, paralítica, angosta idea que han pensado ustedes sobre su mesa de trabajo o haciendo la digestión. Los sindicalistas según dicen ellos, quieren el verdadero progreso, un mañana nuevo, tan distinto del ayer y del hoy, que es imposible de prever ni anticipar. Por sabio que crea ser el hombre, es más sabio el planeta; rompamos lo de hoy y dejemos a la genial inventiva de la Naturaleza inventar la fiesta radiante de mañana.

—¿Pero puede usted pensar eso en serio?

—¿Qué le importa a usted lo que yo pienso? Mil veces más importante es lo que piensen los sindicalistas, y ahí los tiene usted, no uno ni dos, miles y miles, un enorme hecho contemporáneo, sobre el cual conviene que abramos los ojos.

Y luego añadió Rubín de Cendoya, místico español: otro día seguiremos. Ahora vamos a casa. El sol se ha caído en el Manzanares, río paterno, y está transfigurando en un incendio, con oro, rubíes y granates, esta parte del mundo que solemos llamar Aravaca. Como Calderón levanta a Segismundo en un sueño hasta la realeza, esta hora generosa da a nuestra humilde Aravaca un momento de esplendor. ¡Bendito sea este fuego sublime; bendita sea esta atmosférica liberalidad que no tenemos que pagar los contribuyentes!

El Imparcial, 20 de octubre de 1912

Competencia

1

Los que llegan ahora a la mitad en el camino de la vida sólo habían vivido una fecha histórica: 1898. Coincidió con su iniciación en la mocedad. Vino justo a la hora en que una generación se enfrentaba por vez primera con la realidad y le hacía sus primeras demandas. 1898 fue la contestación recibida. 1898 era el aniquilamiento subitáneo de la historia de España.

Lo que el individuo sobre su capacidad vegetativa y animal posee, lo que hace de él un individuo humano, es sólo un haz de acciones y reacciones sociales. Nuestros abuelos se encendían en un liberalismo que hablaba del individuo y la sociedad como cosas distintas: esto les conducía a descubrir terribles conflictos entre ambas entidades, conflictos que resolvían poniéndose de la parte de los individuos. Tal fue la teoría que enseñaron a nuestros padres. En aquellos países donde la sociedad se hallaba apenas construida y seculares menguas habían dejado fenecer los dos grandes poderes de la socialización —ciencia, moral—, ocurrió lo que no podría menos de ocurrir: lo social sucumbió.

Pero nuestros abuelos se habían honradamente equivocado: el individuo es una misma cosa con la sociedad, es un nudo de realidades sociales, un punto de intersección, un desfiladero de energías colectivas. Nuestros padres, que dejaron morir el débil ensayo de nación española, lo experimentaron en sí mismos: paralelamente a la consunción nacional perdieron su individualidad.

La generación de 1898 se encontró sin una nación en que realizarse ni individualidades a quienes seguir. Se encontró sin casa y sin padres en el orden espiritual. Es una generación históricamente espuria. No se le puede pedir mucho. Es una generación fantasma.

No ha hecho nada, se dice, y con razón; pero, ¿qué iba a hacer? ¿Crear el mundo de la nada? No es culpa suya si no ha vivido con plenitud. Sin vida nacional no hay vida individual. Sobre el mar sin viento no se hinchan las velas.

Ha tenido que reducirse a la forma más irreal de la vida: ha vivido teóricamente; menos aún, críticamente.

Pues bien: yo creo que con esto ha cumplido la primera parte de su misión. Cuando no es posible hacer nada, lo más que se puede hacer es criticar, analizar lo que otros hicieron. De esta manera se prepara la posibilidad de una nueva vida.

En la palabra europeización se cifra la vida de los hombres de treinta años. No existiendo España, tuvieron que fingirse una nacionalidad ideal donde conducir una existencia imaginaria. Tuvieron que elucubrar una patria ideológica, ya que pecados ajenos les habían arrebatado la real. Esta patria de aspiración ha sido el pensamiento de la europeización de España, y el patriotismo tuvo que tomar la forma de crítica del pasado nacional.

* * *

1913. Han sido menester catorce años para que vuelvan a sentir pasar una ráfaga de historia, de vida colectiva real, aquellos españoles de 1898. Coincide también la nueva fecha con una hora crítica en el desarrollo de aquella generación. Son los treinta años, la mitad del camino de la vida.

Por vez primera ha llegado a ciertas capas profundas de nuestra conciencia una trepidación de optimismo. Y nótese cuál ha sido el motivo. Por vez primera nos hallamos sorprendidos con que una institución, es decir, un órgano de la vida nacional entra en actividad eficazmente y manifiesta clara voluntad de hacer historia, o lo que es lo mismo, de hacer nación.

La política ha querido absorber para sí toda la significación de las visitas que recientemente solicitara la Corona. La política, es decir, los viejos partidos, los caducos conglomerados supervivientes de la vieja España consunta, los que pretenden seguir infeccionando el porvenir con los vicios tradicionales: favoritismo, arbitrariedad, incompetencia y frivolidad. Para éstos, lo más importante —si fueran sinceros, lo único importante de estos días— ha sido la conversación del Rey con el jefe del partido republicano. El señor Azcárate, presidente del Instituto de Reformas Sociales, queda en segundo término.

No voy a menoscabar la importancia de esta aproximación entre la Corona y el republicanismo. La tiene inmensa; pero nada en este asunto tenemos que agradecer a los republicanos ni al partido liberal. Íntegramente compete nuestro agradecimiento a la Corona. Todo ha sido operación suya. Los demás no han tenido más virtud que la pasividad. El presidente del Consejo repetirá en sus adentros algo semejante a aquella frase de un personaje de Menandro: «Más vale una gota de suerte que un tonel de razón».

El acto de la Corona no se ha limitado a esta primera apariencia política. El rey ha llamado al presidente del Instituto de Reformas Sociales, al presidente de la Junta para Ampliación de Estudios, al director del Museo Pedagógico. Esto es, en definitiva, lo importante. La Corona inicia su verdadera misión, la cual no es política, sino histórica; no Poder moderador, sino Poder organizador de lo nacional. Más que de política, el Rey ha hablado en esas conferencias de la europeización de España.

Es casi seguro que el señor Ramón y Cajal habrá elevado a Palacio un ejemplar de su obra *Reglas y consejos sobre investigación biológica*, que poco hace se ha publicado en tercera edición. En esta edición ha añadido el famoso maestro un capítulo sobre el problema nacional. Para la generación de 1898 significa lo que ahora escribe Cajal un gran triunfo. Después de una clasificación de las teorías que han motivado la mengua española, se acoge Ramón y Cajal a una que él llama, acaso impropiamente, «Teoría de la segregación intelectual». Bajo este título se encubre la siguiente proposición: la enfermedad de España no es otra cosa que su alejamiento de Europa; es decir, de la ciencia. Nuestro fracaso no es oriundo del mucho calor ni de la poca agua, de la miseria o la mala gobernación o de nuestro orgullo y arrogancia: nuestro fracaso es una y misma cosa con nuestra incompetencia.

Ahora bien: esta afirmación que favorece Cajal con su alta autoridad, ha sido lo que nuestra generación trajo de un modo claro, preciso y sistemático a la ciencia étnica. Nuestra vida crítica no ha sido, pues, infecunda.

El Imparcial, 8 de febrero de 1913

II

Pero con todo esto, ¿qué hemos ganado? Y aquí *nosotros* no quiere decir nosotros, como en la frase excesiva del señor Maura. Aquí el *nosotros* incluye a vosotros, a ellos, a todos. *Nosotros* somos una España que «de lo oscuro aspira hacia lo claro», según Goethe cantaba —una España nacida en el dolor, macerada en la penuria de pan, de ideas, de amor, que no pretende sino fines humildes, que sólo pretende vivir; —pero entendiendo por vivir estas dos cosas: severidad y competencia.

¿Qué hemos ganado, pues? Bueno fuera que catorce años de tristeza y de crítica se rindieran de pronto ante un optimismo injustificado. Concretamente, ¿qué hemos ganado?

Algo, en verdad: saber que la institución mayor no será un obstáculo a la organización nacional; saber que el señor Maura no tendría más fuerza que la propia. Pero todo esto es negativo. A estas horas sabemos sólo que una nueva España no es imposible; *que* ningún poder mecánico y extraño estorbará su génesis espontánea.

Pero, ¿sabemos si es posible?

España es el nombre de una cosa que hay que hacer, no sólo de algo que hay que conversar ante la Corona, noblemente ávida de disciplinas; no sólo algo que hay que perorar ante muchedumbres apasionadas en las asambleas verbisonantes; no sólo algo que hay que musitar ante los jefes políticos, en el secreto de los gabinetes, ornándolo con guiños que aspiran a ser maliciosos.

España es una cosa que hay que hacer. Y es una cosa muy difícil de hacer. Ya es difícil querer hacerla; pero, aun logrado esto, queda íntegra la suprema dificultad: saber hacerla.

¿Es asunto resuelto, por ventura, que haya en España hombres capaces de saber hacer España? Porque España es, por lo pronto, una hacienda derruida sobre una economía nacional, no sólo pobre, sino irregular y apenas estudiada. ¿Quién va a arreglar esa hacienda? ¿Cualquiera? ¿El señor Suárez Inclán?

Yo comprendo que estas palabras han de ser impopulares y enojosas; pero todo lo que no sea insistir sobre este tema y clavarlo en la preocupación de los españoles, equivale al defecto esencial de patriotismo.

No basta, no basta con querer lealmente que se organice una hacienda democrática para que, en efecto, una hacienda democrática se organice. Nueve décimas partes de ciudadanos lo deseamos así. Dios premiará, a no dudarlo, nuestra buena voluntad tomándonos asumptos en las praderas azules del cielo donde tiemblan las amapolas de oro que desde abajo parecen estrellas. Pero la buena voluntad, que sirve para ir al cielo, no sirve para organizar una hacienda; para este menester sólo es útil y es imprescindible la ciencia económica. *Et si non, non.* Números, estadísticas, sistemas complicadísimos, un Cuerpo burocrático de gran saber y solicitud, una cantidad enorme de prosaicas competencias. Sin esto no hay ascensión al cielo de la hacienda. ¡Qué le vamos a hacer! En *La Paz*, de Aristófanes, Trigeo tiene que subir al cielo cabalgando un escarabajo.

Pues bien: ¿dónde está esa burocracia competente sin la cual todo plan de hacienda contribuye sólo a empedrar el infierno? ¿Y dónde están los capaces de construir este plan y disciplinar aquella burocracia? Sabemos que esas capacidades no se hallan en los partidos vigentes. Parece ser que en España hay contadísimos hombres que sean formalmente economistas y que esos hombres no integran ninguna agrupación política; son, dícese, gentes oscuras y de grande juventud.

Ahora conviene que la nueva nación germinal decida sin equívocos: ¿hay o no hay en las energías españolas que aspiran a hacer historia originalidad suficiente para arrancar la hacienda de manos políticas incompetentes y ponerla en las pocas o muchas dotadas de capacidad?

Como con la hacienda acontece con las demás funciones del Cuerpo nacional. La política ha enfeudado la dirección de las actividades más importantes, como si no fueran principalmente técnicas. En otros países el daño no es tan grave justamente porque están europeizados; es decir, porque gozan de una mínima cultura ambiente y anónima que basta para asegurar de una manera automática cierta seriedad y eficacia elementales en la constitución de la fisiología nacional. Mas entre nosotros, por definición, se carece de ese regulador básico. Ministros incompetentes han buscado soporte a su figura política concediendo a empleados no menos incompetentes un absurdo estatuto de inamovilidad. De modo que la dirección de las actividades técnicas se halla irremisiblemente vinculada a la incompetencia de la política y la ejecución de ellas a la incompetencia del escalafón, Bastilla formidable de nuestras esperanzas.

No está, por consiguiente, muy claro que esa España no imposible sea, en verdad, posible. Como unas pocas agujas perdidas en montes de paja se hallan en España los hombres competentes y constructores entre abogados, profesores de retórica y discípulos de retórica. ¿Quién puede esperar de la buena fortuna que se los descubra y que, descubiertos, se los exalte?

Por otra parte, ¿quién es tan tonto para esperar que las cosas difíciles se hagan solas o por la taumaturgia de la peroración y de la charla con los jefes políticos?

Los pueblos no se hacen por casualidad. Los renacimientos no pueden esperarse de la buena voluntad ni de las buenas promesas. La Historia no contiene más que fuerzas históricas, y en ella todo se cumple por la fuerza. Frente a una, otra. Frente a una política caduca, pacifista e inerudita sólo cabe otra política novísima, áspera y técnica.

Una nueva España sólo es posible si se unen estos dos términos: democracia y competencia. La instauración de la democracia sólo es posible en España mediante la revolución de la competencia.

¿No ve en esto la generación del 1898 una segunda parte de su misión? Porque aun siendo nosotros, en leal dictado, tan incompetentes como nuestros padres y abuelos, poseemos una conciencia más clara de nuestra limitación y aspiramos con mayor fuerza a que se ponga la suerte de España, no en nuestras manos, sino en las manos más hábiles y sólo en ellas. Pero... ¿dónde anda esa generación fantasma?

El Imparcial, 9 de febrero de 1913

España saluda al lector y dice:

Nacido del enojo y la esperanza, pareja española, sale al mundo este semanario: *España.*

Los que hemos de escribir en sus columnas —gente ni del todo moza, ni del todo vieja— asistimos desde 1898 al desenvolvimiento de la vida española. Durante esos diecisiete años de experiencia nacional, raro fue el día en que la realidad pública nos trajo otra cosa que impresiones ingratas. Cuanto más patriotas éramos, mayor enojo sentíamos.

Conforme el tiempo corría nos íbamos convenciendo de que no era ese estado de ánimo una viciosidad de nuestro temperamento, algo así como una acedía de *intelectuales*, sino que, por el contrario, teníamos el honor de coincidir en él con el más humilde de nuestros labriegos y el más sencillo de nuestros artesanos.

Y esta experiencia de que existe una vasta comunidad de gentes gravemente enojadas —toda una España nueva que siente encono contra otra España fermentada, podrida— ha hecho surgir en nosotros la esperanza.

Creemos, en efecto, que ha empezado para nuestro país una buena época. ¿No es esto demasiado optimismo? —se nos dirá. No; porque hay en la historia dos clases de buenas épocas. Es una la de aquellos tiempos brillantes y magníficos en que las virtudes de una raza dan sus mejores frutos; son las épocas de plenitud y gloria. Pero hay otras épocas sin plenitud y sin gloria, menos aún, llenas de agonías y miserias que, no obstante, pueden ser fecundas y saludables. Son aquéllas en que el pueblo no padece ilusiones ni vive alucinado creyendo que posee buenos políticos y buenos generales, buenos hacendistas y buenos oradores, buenos poetas y buenas tierras ubérrimas, buenos maestros y buena industria, cuando nada de esto tiene. Pues bien, media España, por lo menos, ha entrado ya en una de estas edades, exentas de gloria pero transidas de sinceridad.

¿Es ello una frase, nada más? Tú, lector, que tal vez vives en el fondo de una provincia, ocupado en la modestia de tus afanes aldeanos, recapacita con la mano puesta sobre el corazón y pregúntate qué institución vigente de la vida pública española te merece confianza y te impone respeto. ¿No es cierto que del Parlamento a la Universidad, pasando por las Academias, del Ministerio de la Guerra a los Cuerpos judiciales, pasando por las oficinas de Hacienda, nada despierta en ti fe?

El desprestigio radical de todos los aparatos de la vida pública es el hecho soberano, el hecho máximo que envuelve nuestra existencia cotidiana. Todos sentimos que esa España oficial dentro de la cual o bajo la cual vivimos, no es la España nuestra, sino una España de alucinación y de inepcia.

Pero no se ha fundado *España* con el fin de decir sólo esto, que es una negación. La negación sólo es útil y noble y piadosa cuando sirve de tránsito a una nueva afirmación. Si nuestro pueblo ha perdido la fe en todos los institutos oficiales, hace falta que la cobre en sí mismo. Es preciso reorganizar la esperanza española. Mientras no entren en erupción pasional e intelectual los últimos rincones peninsulares, mientras cada español no posea la voluntad y la orgullosa dignidad de sí mismo, mientras no logre hacer que se respeten sus deseos y empeños particulares, mientras la palabra «ministro» signifique otra cosa que servidor y la palabra «diputado» otra cosa que mandadero —que es su estricto sentido—, no podrá comenzar la restauración de nuestra raza.

Es un crimen de lesa patria dejar que la nación prosiga en su actitud servil ante un Estado, cuyas instituciones han perdido sus prestigios. De aquí nace esa horrible desgana, esa mortal sospecha, en que vivimos los españoles, de ser inútil intentar cosa alguna. Un pueblo convencido de la ineficacia de todo esfuerzo va recto hacia la muerte. El imperialismo desmoralizador es el imperialismo de los diputados sin prestigio, de los ministros sin autoridad, de los funcionarios burlescos o rapaces.

Aprovechemos con religiosa solicitud esta época de sinceridad para organizar de nuevo la confianza. Una nación es, ante todo, una solidaridad en ciertos principios. Cuando éstos son falsos se pierden, y cuando están perdidos la nación se desarticula, se pulveriza, y el primer vendaval que llega la hace desaparecer. Por ello es urgente faena de patriotismo dar un empujón definitivo a todos esos valores desprestigiados que corrompen nuestra vida colectiva.

Nuestra política será, pues, la más sencilla del mundo: en toda ocasión, en todo momento estaremos al lado de la España humilde de las villas, los campos y las costas, frente a las instituciones carcomidas; nos haremos solidarios de toda intención noble, de toda persona benemérita, de toda queja justa, cualquiera que sea su origen y su nombre.

¿Partido? No somos de ningún partido actual porque las diferencias que separan unos de otros responden, cuando más, a palabras y no a diferencias reales de opinión. Hay que confundir los partidos de hoy para que sean posibles mañana nuevos partidos vigorosos.

El momento es de una inminencia aterradora. La línea toda del horizonte europeo arde en un incendio fabuloso. De la guerra saldrá otra Europa. Y es forzoso intentar que salga también otra España.

Entre los españoles que piensan así, no creemos ser nosotros ni los mejores ni los primeros. Somos unos de tantos que ofrecemos a los demás en estas columnas un cauce limpio donde puedan fluir los raudales de su nuevo patriotismo. Se publica en Madrid nuestro semanario, pero será escrito en toda la nación. No es para nosotros Madrid el centro moral del país. Por cada pueblo, por cada campiña pasa, a cierta hora del año, el eje nacional. Solicitamos, pues —sin ella nada haríamos—, la colaboración de cuantos aspiran a una España mejor y creen que a ella se llega mediante una rebeldía constructora.

¡Lector, te pedimos para *España* diez céntimos y todo lo demás para España!

España saluda al lector y dice:

* * *

A todos los diarios y revistas españoles, nuestros compañeros de Madrid y provincias, enviamos en esta primera página de *España* un saludo cordial.

Publicado sin firma, *España*, 29 de enero de 1915

La nación frente al Estado

La política que *España* va a propagar y defender, cuando
menos, parte de una idea clara, que es, a la vez, una idea
prácticamente nueva. Vamos a ensayar su realización por
cuantos medios se hallen a nuestra mano. Si fracasamos en
el intento no desmayaremos: volveremos a empezar de nuevo. Una vida noble no es una vida con buen éxito, sino
una vida poblada de honrados intentos. Cervantes, nuestro
divino y dolorido Cervantes, nos lo dice como en un supremo consejo: «Vale más el camino que la posada». Echemos,
pues, a andar pensando que lo que diferencia al nuestro de
los demás pueblos europeos no es el número de cosas que
en él fracasan, sino el número de cosas que en él no se intentan.

Cerremos los oídos a las conversaciones frívolas y disol-
ventes de cuatro tertulias madrileñas y barcelonesas, que
lejos de ser España, la ancha España del sufrir y del esperar, son, a lo sumo, la Oceanía del alma nacional. Se nos

acusará —¿cómo no, siendo tan fácil dar al aire vocablos ineptos?— de inaudita petulancia, de hinchada ambición, etcétera, etcétera. Mas nosotros diríamos que una raza entristecida, pero capaz de revivir un día, está ahí esperando palabras y actos de amor, de fuerte amor colectivo. Aguarda demasiado tiempo hace para que nos entretengamos ahora en resolver esas minucias personales. Luego discutiremos. Piensen ustedes de nosotros lo que gusten. Si tuviéramos que resolver algún problema hondo de teoría, de arte, de política, algún delicado conflicto de conciencia, no se nos ocurriría pedir a ustedes la solución. ¿Cómo vamos a preocuparnos ahora de esos juicios sobre nosotros? Buscamos la gran cordialidad española más allá de las tertulias del bien y del mal.

Y la idea, por lo menos clara, de que parte la política de *España*, consiste sencillamente en sacar la consecuencia de este hecho: el desprestigio irremediable de las instituciones del Estado, especialmente de las instituciones en estricto sentido políticas. Es tal el desprestigio, que cuando un hombre lleno de autoridad ética se acerca no más a una de ellas, al Parlamento por ejemplo, pierde automáticamente a los ojos del pueblo una parte de su peso moral. No digo yo ahora que esto deba ser ni que no deba ser: digo que es así, que así acontece.

Ante ese hecho, el más profundo y el más amplio en la conciencia pública, toda política que, con estas o aquellas tildes lo siga siendo en el viejo sentido de la palabra, no hará sino engrosar el volumen de lo desprestigiado. Nada más absurdo que pensar en arreglarlo todo sustituyendo a la política de unos políticos con la política de otros. Esto es desconocer la densidad de la desconfianza nacional: el político, por lo menos transitoriamente, no podrá llevar, quienquiera que sea, la plenaria esperanza al corazón popular.

No menos absurda sería una política de no políticos. ¿Qué quiere decir esto? Que el Parlamento se llene de otros hombres que balbuceen los mismos lugares comunes dentro del cauce de los mismos reglamentos, obligados a apoyarse en análogos andamiajes de caciquismo: juzgados, policía, gobiernos civiles... No es lo bastante y lo urgente que otros hombres hagan la política, sino que no se haga la política, que no se haga la política. Porque la política, es decir, el ejercicio de las instituciones actuales, es de sobra vicioso para viciar a los hombres mejores. No los abusos son lo peor en España, sino los usos.

Risible fuera proponer como triaca una política de «intelectuales». ¿Qué títulos tienen, mejor dicho, tenemos —puesto que yo, escritor y catedrático, debo incluirme en este nombre que indica un oficio determinado—, qué títulos tenemos para optar a la esperanza del pueblo? ¿Qué tradición gloriosa de nutridos y largos esfuerzos, de triunfos logrados, de ejemplaridad gremial pueden garantizarnos ante la raza? Algunos, contadísimos individuos —como Giner, como Cajal—, son excepciones venerables que en este caso sólo sirven para refrendar la falta de autoridad de los demás, de todos nosotros como corporación. No somos, en efecto, mejores que los políticos.

Recordemos la amonestación de Don Quijote —siempre el divino y dolorido Cervantes—: «Considera, hermano Sancho, que nadie es más que otro mientras no haga más que otro». En cuanto *intelectuales*, pues, sólo nos toca trabajar y ser humildes.

Todas estas soluciones son compromisos con la vieja política al gusto del siglo XIX: política jurídica y gubernamental, política de Estado, de Parlamento y de Ministerio. Por acción política se entendía exclusivamente ganar votos para sentarse en el Congreso, entrar en un Gabinete o salir de él, gravitar sobre la *Gaceta*, acosar a los ministros; en el mejor caso, esperarlo todo del Estado y de su ejecutor el Gobierno. Y este ir y venir para tales menesteres, esta... política, ha ocupado y ocupa el centro de la atención pública. Y como ese edificio de fantasmas es lo que más se ve, hemos llegado a creernos fantasmas todos los españoles. ¡Concluya, al fin, la fantasmagoría! La más pobre realidad es preferible: peor aún que ser tullido es ser la sombra de un tullido.

Cambiemos íntegramente la perspectiva: hagamos la otra política, y no la misma con otros hombres. Intentemos que la nación española vuelva las espaldas al Estado español, como a un doméstico infiel. Que dejen de ser las funciones de Estado lo sustantivo. En lugar de ir a los pueblos a pedir votos, id a irritar su pasión colectiva, a incitar su honor urbano, a despertarles la voluntad de vivir su propia vida: hostigad los intereses del obrero y del productor, trabadlos en sindicaciones independientes, prontas a la defensa de sus afanes: despertad en el individuo y en los grupos la ambición de ser fuertes, de ser ricos, de ser suspicaces frente a la autoridad que abusa y el Estado que usa de ellos. Proclamad la supremacía del poder vital —trabajar, saber y gozar— sobre todo otro poder. Aprendamos a esperarlo todo de nosotros mismos y a temerlo todo del Estado. En suma, política de nación frente a política de Estado. ¿Se quiere un maestro y una orientación? Inglaterra, donde el Estado y sus instituciones son un adjetivo y nada más de la nación.

Pero el primer paso había de consistir en hacer de hecho intangible aquel margen legal ya conquistado de derecho por la nación para conducir su vida independientemente del Estado. El Gobierno está en estos días hollando ese derecho, que es el que más nos importa: la libertad de reunión. ¿Por qué? Porque sí, porque le es más cómodo. El Parlamento dedica una de sus sesiones alucinadas a fingir una protesta. Con más o menos energías salvan los jefes parlamentarios su responsabilidad. Pero el derecho de libre reunión no se salva. He aquí el primer paso: encrespar el honor civil de los españoles en una ola de coraje. ¿Cuándo se conseguirá?

La política que *España* va a propagar y defender, cuando menos, parte de esta idea clara, encinta de minuciosos corolarios: la organización de los españoles frente al Estado español.

Dentro de los estrechos límites que deja la fatal convivencia parlamentaria, algunas nuevas agrupaciones procuran moverse en el sentido de esta política. Pero su obra tiene que ser muy reducida. La labor grande está fuera del Parlamento y del Gobierno. Está en las ciudades, los campos, las costas.

Para ello caminemos de pueblo en pueblo. Sembrándola de las virtudes teologales, recorramos España —si fuese preciso, a pie, y si no fuera por la prisa de rodillas.

España, 12 de febrero de 1915

Una manera de pensar

Recibo una carta de Alemania, donde me dicen que algunos periódicos y entre ellos la *Kölnische Volkszeitung*, me presentan a sus lectores como jefe del movimiento germanófobo en España. Esto suena a mis oídos de la manera más sorprendente del mundo, pues, no habiendo sido yo jamás jefe de nada, resulta peregrino que coincida el serlo por vez primera con serlo de la germanofobia española.

Eso dicen los periódicos alemanes. En cambio, fue en tiempos del abril pasado cuando *La Petite Gironde* publicó un artículo, firmado nada menos que por un profesor de la Sorbona, donde era yo expuesto a las miradas de los franceses como un germanófilo *sans nuance*.

Uno de los fenómenos más curiosos y significativos de esta guerra actual ha sido éste de que personalidades modestísimas, no habituadas siquiera a la sospecha de que

sobre sus gestos o palabras pudiese recaer nunca la atención internacional, se encuentran de súbito proyectadas
sobre los grandes públicos europeos. Vivía uno en este
pueblo nuestro, que es un rincón del planeta; dentro de
este rincón ocupaba uno rango tan secundario, que nadie
conocería nuestro nombre si no fuera porque la acritud y
capacidad de agresión de algunos periodistas en sus periódicos y de algunos fracasados en sus perdurables tertulias
son tan grandes que no hallan pasto suficiente en las figuras de primera línea y practican voraces incursiones hasta
las filas menos brillantes de nuestra sociedad, con el fin de
traer nuevas presas a su universal envidia, a su frívolo odio,
a su pueril maledicencia. Usaba uno, pues, de ropas y ademanes propios a tan modesta condición, cuando impen-
sadamente nos encontramos sobre las tablas de un escenario excesivo. ¿Qué hacer?

Un año largo dura la guerra, y creo poder contarme entre los escritores que durante ese tiempo menos han escrito
sobre la guerra. La razón de ello es haberme parecido desde el principio que cuando las armas resuenan deben callar
las plumas. Excluyo, naturalmente, aquéllas que por su oficio tienen obligación de comentar día tras día los sucesos
de la vida pública. Las demás debieron callar: el silencio
era la actitud ideal. Hicieron imposible la exacta realización de este ideal: primero, los profesores alemanes con
aquel lamentable documento que en el día de la paz, que es
el día de la razón, releerán muchos de ellos con vergüenza
y dolor: aquellos párrafos duplicaron la guerra, superpo-
niendo a la batalla de las armas la contienda general de las
letras. Siguió, en efecto, la movilización de todas las mu-
sas europeas y americanas. Por vez primera ha faltado en

Europa esa exigua minoría de hombres en quienes, a la hora de la pasión, la ceguera y el torbellino, parece localizarse la conciencia serena de los intereses continuos humanos frente a los intereses transitorios de un pueblo o un grupo de pueblos, hombres cuyo silencio, por decirlo así, activo ponía algún freno a los frenesíes que en él veían como anticipados sus remordimientos. Luego corrió por España la discordia, encendiéndola de punta a punta en esa triste pendencia sobre el vacío entre partidarios de los unos y partidarios de los otros.

Como acontece siempre con lo ideal, fue forzoso renunciar a aquella ideal actitud y contentarse con aproximaciones.

Atento a este propósito, he procurado escribir sobre la guerra estrictamente para uno de estos fines: primero: protestar de la disensión entre «germanófilos» y «francófilos», que me ha parecido y sigue pareciendo repugnante. Nada desmoraliza tanto los espíritus como darse a hablar de lo que no entienden. Pues desde hace un año varios millones de españoles dedican varias horas de cada día a vociferar en las tertulias, en las calles, en los periódicos, sobre asuntos de que nada saben. Sopesan las culturas, calibran las civilizaciones, compensando la falta de conocimiento con la sobra de laringe. Segundo: insistir en que se concentrase la atención pública sobre los hechos y situaciones de esta guerra, sin meterse frívolamente a componer esquemas históricos. Tercero: hacer constar que España venía desde 1898 moviéndose, sin formal oposición de nadie, en una trayectoria de aproximación política a Inglaterra y Francia. Había, pues, una política internacional concreta que sólo puede ser atacada proponiendo otra igualmente concreta. Esto es lo que no han hecho los llamados «germanófilos», cometiendo de tal modo un grave crimen contra la patria. Cuarto, pedir que se aprovechasen aquellos primeros meses de guerra en que los instintos nacionales parecieron vigorizarse dondequiera, intentando una reorganización de la vida española por encima de esa fatal discordia que ha llenado nuestra historia en el siglo pasado. No hubiera sido la menor ganancia de esa hora unánime algo que hoy vuelve, acaso, a ser imposible: la nacionalización del ejército que vive al margen de la vida española, en gran parte merced a los tópicos «radicales».

A esto se ha reducido mi literatura sobre la guerra. Cuando se compuso por algunos catedráticos, escritores y artistas un manifiesto de adhesión a ingleses y franceses, yo escribí en él mi firma. Es el último de los documentos de esta índole publicados en Europa: es, según convenía, el más modesto, el más sencillo. No hay en él juicio ni sentencia contra la historia y la cultura de ningún pueblo. Marca una actitud que se refiere estrictamente a los hechos y situaciones de esta guerra.

No obstante haberme limitado a esto, los periódicos de la derecha se complacen desde hace meses en censurar mi «germanofobia». Yo no tengo tiempo de leer esos periódicos, y conozco sus censuras sólo por referencias. Nunca me ha pasado por las mientes hacerme cargo de ellas. Pueden continuar hasta el fin de los tiempos. ¡Cómo lograrían de mí otra cosa que desdén esas censuras a mi «germanofobia» de los mismos periódicos y las mismas plumas que durante años han empleado su incorrección y su ingeniosidad de refectorio en censurar mi «germanofilia»!

Porque es el caso que durante ocho años he movido, en privado y en público, en España y en América, una campaña de entusiasmo por el espíritu germánico. Esa campaña no ha sido inútil retórica. Cuando llegue la paz y cualquier accidente político borre de las derechas españolas ese germanismo hipócrita y oral, muchas, muchas docenas de nuevos españoles laboriosos e inteligentes seguirán estudiando con devoción, con intimidad, con gratitud, con fervor entusiasta la vida germánica, el pensamiento germánico, la técnica germánica, el arte germánico. Quiérase o no, ha prendido en los senos espirituales de nuestra raza esta simiente de germanismo. Pase lo que pase, allí está para siempre hincada la fecunda semilla. Pues bien, en parte no exigua me corresponde de ello la responsabilidad y el honor.

Frente a este hecho tan nutrido de realidad poco habían de importarme las vanas palabras, las tergiversaciones grotescas de este o aquel periódico. ¿A qué, pues, hacer constar formalmente mis opiniones sobre la guerra? No he creído que pudieran interesar a nadie ni ser útiles para nada. Todos habríamos ganado si hubieran callado las suyas la mayor parte de los que se han apresurado a comunicarlas.

Pero ahora me encuentro, sin voluntad mía, requerido por las gentes a quienes más estimo, respeto y admiro: son los maestros de Alemania a quienes debo casi todos mis pensamientos; son los amigos de la hora pura, intensa y romántica en que apasionadamente se conquistan las primeras certidumbres... allá, caminando sobre la nieve, bajo los abetos obscuros y espectrales.

Me veo, pues, obligado a responder a este leal requerimiento. La respuesta tiene que ser larga y difícil: yo no siento admiración ninguna por los que logran ajustar en cuatro palabras su opinión sobre este tema infinito de la guerra. En una revista —*La Lectura*— procuraré desarrollar la mía. Pero en tanto quisiera de una manera escueta formular ciertos juicios. La brevedad con que van expresados facilitará su mala interpretación. No me importa; basta con que un día de entre los días pueda yo referirme a ellos.

España, 7 de octubre de 1915

II

Las épocas de revuelta política han sido siempre aprovechadas para venganzas personales. Así ha acontecido ahora. Si pudiésemos mirar al trasluz, como se ve en un microscopio, la secreta textura de esos dos grandes bandos en que la guerra ha escindido a España, probablemente sentiríamos una gran vergüenza. Pues las heroicas actitudes de estos o los otros partidarios se nos aparecerían muchas veces como germinadas en menudas pasiones inconfesables; en odios perversos, patológicos, en rencores privados. Sería sumamente curiosa una colección de detalladas anatomías que pusieran al descubierto los verdaderos motivos íntimos que han ido colocando a los individuos en uno u otro bando. Pero yo me abstengo de ello, porque a la postre sólo serviría para aumentar la enfermedad mayor que padece España desde hace muchos años: la discordia, la terrible secesión de los corazones, el odio omnímodo, el rencor.

Me limito, pues, a lo que me proponía.

Coincido con los que desean vivamente el triunfo de los aliados. Nada tendría que añadir si los que desean el triunfo de los aliados no se extendiesen a desear y pensar otras cosas que yo ni deseo ni pienso. Contra esta tendencia excesiva a fundir unas cuestiones con otras, he movido protesta desde el principio.

En abril tuve el honor de recibir la visita de *monsieur* Wilmotte, profesor belga adscrito hoy a la Sorbona. No vacilé un momento en manifestarle este deseo mío de que la victoria favoreciese a los franco-anglo-belgas. El señor Wilmotte, con urgencia injustificada, quiso llevarme a declarar «bárbaros» a los alemanes, y a reconocer la superioridad de la cultura francesa. Yo le rogué entonces que no decidiésemos ahora esos puntos; antes de la guerra había yo hablado mucho de unas y otras culturas, volvería a hacerlo después de la paz, pero ahora me parecía justamente el momento indicado para callar sobre esa materia. No obstante, el señor Wilmotte se obstinó en demostrarme *sur le champ* aquella superioridad. Comprendo y respeto la situación pasional de un hombre como *monsieur* Wilmotte cuya patria ha sido violentada. Pero no tuve más remedio que contestar a su insistente requerimiento, mostrándole mi opinión totalmente opuesta a la suya. Merced a esto el señor Wilmotte escribió un artículo en *La Petite Gironde* quejándose de mi germanismo y, lo que siento más, diciendo que le había hecho pasar un mal rato. Y todo ello porque al señor Wilmotte le parece Sainte-Beuve el mejor historiador literario que ha habido, y a mí, en cambio, me ocurre la desgracia de pensar que la historia literaria debe ser próximamente lo contrario de lo que hacía Sainte-Beuve.

Cito este caso como ejemplo de las caprichosas solidaridades que cada partido pretende establecer. A ellas se debe que algunas personas muestren suspicacia, en ocasiones pueril, hacia cuanto sea dejarse incluir en un partido de la opinión pública. Puede esta suspicacia convertirse resueltamente en un vicio, y así hay quien ha reducido toda su personalidad al talento negativo de no ser blanco, ni negro, ni azul.

No demos, pues, una importancia desmesurada a nuestra propia opinión; pero tampoco dejemos que sea anegada completamente por otras opiniones menos reflexivas y más ruidosas o simples.

En el caso presente yo hubiera llegado hasta tolerar de buen grado que la mía se anegase, si no me encontrara con que otros como la *Kölnische Volkszeitung* y los periódicos españoles llamados «católicos» han pretendido suplantarla.

Vayan, pues, formulados, con extrema concisión, los puntos de vista que más me interesa hacer constar:

1.º No creo que la guerra signifique, ni mucho menos, el fracaso de la civilización, ni de la ciencia, ni de la moral. No ha sido un fenómeno insospechado, súbitamente nacido al margen de la conciencia europea. Estaba en ésta preparado y exigido.

2.º Existen en la conciencia europea, desde siempre, enérgicos deseos de que las guerras concluyan; pero no existe entre los principios vivos de la mente europea ninguno que clara e inequívocamente condene en absoluto la guerra. Esto será lamentable, pero es así.

3.º La guerra actual no es una guerra entre dos culturas como lo fueron las nuestras de la reconquista, o la de las monarquías aliadas contra la Revolución. Luchan dos grupos de pueblos y luchan, naturalmente, cada cual con sus puños y con su cultura, pero no es una divergencia cultural el motivo ni el tema del conflicto.

4.º Nace esta guerra de idénticos intereses económicos que se presentan con el carácter defensivo en Inglaterra y

Francia, y con el carácter ofensivo en Alemania. Aparte de esto es una guerra étnica entre germanos y eslavos.

5.º Significa el fracaso de los partidos socialistas e internacionalistas, un fracaso verdaderamente ejemplar. Pero en modo alguno significa el fracaso del socialismo e internacionalismo que, por el contrario, sólo al través de esta guerra podrán llegar al triunfo eficaz.

6.º Después del Renacimiento, la cultura consiste en la comunicación y colaboración espiritual de estos tres pueblos: Francia, Inglaterra y Alemania. No cabe, pues, hablando rigorosamente, aislar de las otras la cultura de uno de estos pueblos que sólo se diferencian en matices, cuya integración es la verdadera cultura. Sólo cabe hablar de la mayor o menor densidad en la producción cultural que en cada época manifiesten esos pueblos. En este sentido creo que nunca ha superado tanto uno de esos pueblos a los demás, como en los últimos cien años ha superado en ciencia Alemania a los otros dos pueblos. Hay evidentemente disciplinas en que esto no ocurre, pero no son sino excepciones que confirman la regla.

7.º No considero a Alemania como un país antidemocrático. Se da en ella una de las muchas interpretaciones posibles de la democracia, a la que faltan caracteres democráticos que se encuentran en otros países, como faltan en estos algunos que hay en Alemania. Si cupiera hablar de un más o menos de democracia comparando la vida de los tres grandes pueblos, nunca sería lícito simbolizar en Alemania el reaccionarismo.

8.º Dentro de la democracia representa Alemania la democracia estatista, e Inglaterra la individualista. Como a mí me parece el estatismo una perversión de la idea política, claro es que me parece la democracia alemana la peor de las democracias imaginables.

9.º Como en toda guerra, aun en aquéllas en que menos se pelea por triunfo de principios, es el resultado inmediato cierto predominio transitorio del tipo político bajo que vivía el vencedor, tengo que desear muy vivamente el triunfo de Inglaterra.

10.º No hay un principio, decía yo, que anatematice la guerra, pero sí un horror profundo y secular contra ella. En esta guerra había un pueblo que estaba presto a ella, Alemania y dos pueblos apenas preparados, Inglaterra y Francia. Es muy posible que esta falta de preparación provenga de debilidad moral y política en ambas naciones; pero, de todas suertes, revela que no deseaban guerrear. Tenemos que estar, pues, del lado de los que no deseaban guerrear.

11.º Dentro de la guerra, Alemania ha cometido dos crímenes jurídicos: el allanamiento del hogar belga y la destrucción de barcos pacíficos. Todos los demás pueblos han cometido alguna vez crímenes análogos, pero ahora le ha tocado a Alemania cometerlos y a nosotros protestar de ellos.

12.º El origen de la beligerancia alemana no es soberbia ni es ambición necia. Es una trágica necesidad de expansión. Su prepotencia es tardía para los efectos de ampliación colonial. En cambio, a esa tardanza debe su prepotencia. Alemania ha crecido sobre siglos de espléndida cultura. Los españoles fuimos en lanchas a tierras cuya existencia estaba científicamente refutada. La situación de Alemania es trágica. Pero esto no quiere decir que tenga derecho a la expansión, porque ello equivaldría a recomenzar la historia, declarando cada cien años al planeta *terra nullius*. Como en toda verdadera tragedia, no hay en ésta solución.

13.º Desde la derrota de Napoleón, España no puede tener —quiera o no quiera— otra política internacional que la regida por Inglaterra. La renuncia del noroeste africano por parte de Alemania, nos deja menos margen de actuación internacional que el que gozan los pueblos balcánicos: pueden éstos variar su política según cuatro puntos cardinales: Rusia, Austria-Alemania, Italia e Inglaterra. Nosotros sólo tenemos enfrente y a los lados a Inglaterra, mientras Francia no se enfronte con ella. Esto es sumamente triste, pero es así. Y siendo así, no hay más política que la lealtad.

14.º España, desventuradamente, no es un pueblo que goce de real independencia. La independencia es un atributo del fuerte, del fuerte en todos sentidos. No sé si seremos fuertes algún día; pero mientras no lo seamos, es más noble aceptar noblemente la fatal hegemonía de otro pueblo. Sin olvidar un instante el supremo deber de hacernos un día libres.

15.º «Del mal tomar el menos —dícelo el sabidor». Entre las hegemonías, es hoy la inglesa la menos premiosa.

16.º No creo que ningún español consciente pueda odiar a ninguno de los tres grandes pueblos beligerantes. El colocarse de un lado o de otro ha de entenderse como una dolorosa fatalidad que transitoriamente nos obliga a ello.

17.º El síntoma más grave de la situación española es que no haya podido ni querido intervenir en esta guerra.

* * *

Decía Averroes que el que quisiera comprar un buen libro debía ir a Córdoba; pero el que quisiera comprar un buen laúd debía ir a Sevilla. Es lástima —añadía— que en Córdoba no haya, a la vez que buenos libros, buenos laúdes.

Una cosa así podría yo decir en resumen: toma el saber de Alemania y el mandar de Inglaterra. Esta manera de pensar es la misma que he usado siempre. Los que sí han variado son muchos de estos maestros y amigos de Alemania, a quienes yo he oído maldecir de la *Weltpolitik* y del partido militarista y de quienes hoy leo que consideran una y otro como los salvadores de su pueblo. Pero ésta es una cuestión delicada, sobre que no es piadoso insistir desde un país que goza la paz mientras en los otros la guerra dura. Los que envían sus hijos y hermanos a las trincheras tienen derecho a la pasión. Nosotros, no. Antes bien: nos trae la hora una exquisita obligación de piedad, de respeto y de amor.

Y, para terminar, dos sencillos hechos que me conviene reproducir ahora, ya que gentes ligeras, a quienes lo mismo da decir una cosa que otra, han querido aludir a una mutación súbita de mis opiniones.

Alguien hablaba con inocente malignidad hace meses en un diario de los que «tomaban ahora la cómoda postura de distinguir entre dos Alemanias: la espiritual y la política». La postura acaso sea cómoda, pero ciertamente que no es un invento de las personas por ese alguien aludidas. La más fina tradición de pensadores alemanes la ha sustentado hasta Nietzsche, hasta Cohen. Pero, aun suponiendo que no fuera así y aun admitiendo que sea un error, resulta falso de toda falsedad suponer que la opinión es de ahora. El año 1909, en el primer artículo que sobre Alemania he escrito, comentaba yo las leyes de expropiación forzosa contra los polacos dictadas bajo la cancillería de Bülow. Ese artículo, publicado en *El Imparcial*, se titulaba: «Las dos Alemanias».

En 1911 pedía don Pío Baroja desde el mismo periódico, que se discutiese en la Prensa la posibilidad de una alianza española con Alemania. Ninguno de estos germanófilos repentinos que a la sazón pululan, creyó oportuno emitir su opinión. Creo que fui el único en acudir a la demanda hecha por Baroja con un artículo enviado desde Alemania. En él pedía que no se confundiese la cuestión de una influencia intelectual de Alemania sobre España con la de una alianza política. Aquélla me parecía y me sigue pareciendo la única esperanza de restauración étnica de España, ésta me parecía una cosa sin sentido.

La guerra con su poder convulsionario transformará toda la mecánica internacional. Qué debe hacer entonces España, no lo sabe nadie, nadie que no sea un embaucador.

España, 14 de octubre de 1915

Hacia una mejor política

EL HOMBRE DE LA CALLE ESCRIBE...

Por vez primera aparece mi nombre semioscuro en este periódico, cuyas columnas espero frecuentar. Ya que no pueda otra cosa, quisiera verter en sus moldes mis esperanzas españolas. Lector, he de hablarte a menudo desde *El Sol* sobre cosas de la tierra, especialmente sobre cosas políticas de la tierra, y más especialmente todavía sobre cosas políticas de la tierra de España.

El título de este periódico significa, ante todo, un deseo de ver las cosas claras. Frente a cualquier hecho o problema equivale, pues, a un imperativo de mayor claridad y a una apelación que del crepúsculo hacemos al mediodía.

Recuerda, lector, el *do* de pecho que un día daba nuestro viejo maestro Goethe:

Yo me declaro del linaje de ésos
que de lo oscuro hacia lo claro aspiran.

Aspiremos, pues, hacia lo claro en las cosas de España, que son nuestras cosas. Exijámonos y exijamos de los demás una magnífica voluntad de mediodía. Queremos y creemos posible una España mejor —más fuerte, más rica, más noble, más bella. Esta España mejor no nos puede caer de la luna, ni siquiera de *El Sol*. Para lograrla es menester que nos hagamos todos un poco mejores en todo: que un afán de vida poderosa, limpia y clara despierte en la raza entera: que cada español se resuelva a elevar unas cuantas atmósferas la presión de sus potencias espirituales.

Y antes que ninguna otra, la inteligencia. Todo español está muy especialmente obligado a ser mañana más inteligente que hoy, a avergonzarse de sus prejuicios, de sus tópicos, de sus cegueras, de sus angosturas mentales. Si no nos determinamos a dar mayor finura, mayor evidencia y concreción, mayor elegancia a nuestros pensamientos, todo será en vano. Seguirá siendo España lo que ha solido ser durante tres siglos: un aldeón torpe y oscuro que Europa arrastraba en uno de sus bordes. Tenemos que ensancharnos las cabezas para dar a nuestras ideas dimensiones de mundialidad. La España-villorrio no nos interesa: queremos y creemos posible una España mundial. El que se contente con menos no cuente con nosotros. Cuando España fue, fue una España mundial —fue la inventora de lo mundial. No aceptó que hubiese nada en la tierra que le fuera extraño. Con mayor o menor acierto puso en todo mano y se dejaba conmover por cuanto en el Universo acaecía. Inclusive por lo que aún no acaecía; así nuestro pueblo presintió a América. Cinco siglos antes que Guillermo II inventamos la *Weltpolitik*. Renovando una frase famosa del abate Galliani, podríamos decir que fue España una espada cuyo puño estaba en Castilla y la punta en todas partes.

La existencia histórica ha tomado luego otras formas y hoy vida mundial no quiere decir, como entonces, dominio del mundo, sino sensibilidad para cuanto acontece en el mundo, cabeza múltiple, sutil y clara.

Yo hubiera querido que este primer artículo corriese todo él en ese tono de nacional ditirambo, sin tocar tema alguno de carácter personal. Propenso al entusiasmo, había deseado, antes que nada, contaminar a mis lectores del fervor inveterado que desde mi mocedad siento hacia una España mejor. Pero se me ha adelantado el señor ministro de la Guerra, publicando anteayer una nota oficiosa donde se exige de los periódicos que no hablen de ciertas cosas. Ahora bien, yo tengo que hablar, como arriba anuncio, de las cosas de España y de las restantes al través de las españolas. Yo no voy a hablar en *El Sol* del sol, de Sirio ni de la estrella *Alpha Centauri*. He de comentar con preferencia los hechos más hondos, serios y reales de nuestra vida actual. Pues bien, precisamente de esos hechos me invita el señor ministro a callar. He aquí por qué, antes de hablar sobre ellos, necesito hablar del señor La Cierva, que se interpone entre las cosas de España y mi española pluma.

Gente de cráneo estrecho y corazón sin aseo acaso piense: ya comienza la campaña contra el señor La Cierva. A esto yo respondería que se trata de todo lo contrario. ¿Será menester que declare mi perfecta insolidaridad con el grito «¡Cierva, no!»? Basta que sea un grito para que me sienta incompatible con él. Pero ahora se trata justamente de evitar que comience la campaña contra el señor La Cierva. Aprovecho, con tal fin, esta ocasión primeriza, cuando aún no está el aire turbado por el apasionamiento y dos hombres honestos pueden llegar a poner bien en claro un asunto en que discrepan. No me parece superfluo que ejercitando la mayor cantidad posible de buena fe y de mutua comprensión vengamos a un acuerdo el señor ministro de la Guerra y yo.

El lector, irritado, prorrumpe: ¿Cómo se entiende? ¿Quién es usted para que el señor La Cierva venga a acuerdo con usted? En efecto, lector irritado: yo soy poco más que nadie, como decía Ulises. Yo soy un español cualquiera. Pero ahí está el toque: si se quiere que no empiece la eterna y lamentable campaña contra el señor La Cierva, es menester que el señor La Cierva venga a acuerdo con un español cualquiera. Si el señor La Cierva se preocupa sólo de concordar con los ministros, presidentes de Audiencia, coroneles, jefes superiores de Administración, próceres, obispos, senadores, etcétera, cuantos no somos nada de eso, corremos riesgo evidente de caer en desacuerdo con él. Y en este caso, no doy un higo por la prosperidad política del señor La Cierva. Es de su interés una discreta modestia y bajar todo lo que pueda la tasa de las personas con quienes procura llegar a un acuerdo. Si quiere ser verdaderamente fuerte, tendrá que descender a la tasa mínima, la de un español cualquiera. Aquí tienes, lector irritado, por qué me permito invitar al señor ministro de la Guerra a una conversación conmigo *the man in the street*.

He dado, por mi parte, a esta conversación la forma de una nota oficiosa en que yo, el ciudadano X, me permito contestar a la que, como a redactor de un periódico, me dirige tan elevada autoridad. En ella se tocan algunos puntos que considero esenciales para la nueva política.

No es el menos importante la urgencia de que los ministros de la Guerra y de los otros ramos se esfuercen seriamente en hacerse hoy más inteligentes que ayer, mañana más que hoy, y apliquen a la vida pública ideas más complejas, claras y elegantes.

Aquí hallará mañana el lector la nota oficiosa que el hombre de la calle escribe.

El Sol, 7 de diciembre de 1917

II

NOTA OFICIOSA DEL HOMBRE DE LA CALLE

El hombre de la calle se considera en el caso de poner algunos reparos a la actitud que el señor ministro de la Guerra parece anunciar en una nota publicada días hace.

El hombre de la calle, como miembro de la sociedad española, está personalmente interesado en que el señor La Cierva y los demás ministros lleven a cabo una gestión fecunda. A este fin desea que los ministros no tropiecen con más dificultades que las inevitables y no multipliquen aquéllas con las que a sí mismos se creen.

La primera condición para ello es que los ministros actuales no olviden en ningún momento su origen ministerial. Nacieron a la gobernación en virtud de un movimiento triturador de ficciones. No pueden, en consecuencia, apoyarse en esas ficciones aniquiladas. No pueden, por ejemplo, hacer el gesto druídico con que los ministros anteriores al estío último solían conjurar a las mayorías parlamentarias, coro de sombras fieles y monosilábicas que sostenían sobre sus hombros irreales toda una España de alucinación. No pueden tampoco usar de las frases hechas y frívolas convenciones que en aquella España servían de eficaces resortes, pero en ésta sólo sirven para recordarnos torpes fantasmagorías.

Por otra parte, no se han creado aún, afortunadamente, las nuevas ficciones. ¿Dónde, pues, habrán de apoyarse estos ministros para dar a la nación sus golpes de palanca?

El hombre de la calle sospecha que no se puede gobernar en el vacío. Gobernar es apoyarse en fuerzas sociales. Hasta el pájaro, para cantar, apoya su lírico cuerpecillo en la rama benévola. Del mismo modo, el ministro, para gobernar, se sustenta sobre energías de la adhesión pública.

Dejemos a un lado el tópico de la opinión pública, más necesitado de reforma que otro alguno. Pero es lo cierto que no se puede gobernar sin apoyarse en la adhesión de una parte de los españoles. ¿De cuántos? No es lo importante el número de amigos con que un político cuente, aun entendiendo por amigos todos los que honradamente coinciden con sus ideas. El entusiasmo de los amigos puede servir para encumbrar al político, para darle vida una hora. Pero no basta para que gobierne. Por muchos que sean los partidarios de un político, son siempre prácticamente más numerosos los enemigos. Lo importante para un político es la adhesión de los enemigos, la cual solemos llamar respeto. El respeto que un ministro logre inspirar a los enemigos constituye la fuerza real en que se apoya su gobernación.

Lo propio acontece con el escritor. Cuantos más adeptos tenga, o lo que es igual, cuanto mayor éxito logre, más crecerá el círculo de los hostiles, envidiosos y resentidos. Hecha la resta, queda sólo en su favor el respeto que su obra y su conducta hayan sabido infiltrar en la misma hostilidad.

Si es necesario siempre al hombre público ganarse el respeto de los enemigos, lo es mucho más en el tiempo que vivimos. Porque las líneas generales de lo que debe hacerse, los nuevos programas condensadores de nuevos partidos no están aún claros en ninguna cabeza. Es una hora en que los ministros no pueden formalmente contar con amigos. Deben adoptar el supuesto táctico de que todos los españoles —hartos de desesperanzas y desengaños— somos sus enemigos. Día por día, minuto por minuto, palabra por palabra, tienen que conquistar nuestro respeto.

Y para ello es imprescindible un mínimum de seriedad en las palabras y en los actos. Los españoles de la nueva generación hemos sido educados en la irrespetuosidad a los gobiernos. Porque los hombres que los integraban hicieron imposible todo anhelo de respeto germinante en nosotros. Los discursos que oíamos, los escritos que de ellos leíamos manifestaban una cínica resolución de enfrontarse con el sentido común. Solían ser palabras y frases inanes, absurdas, exentas de contenido, como nacidas en cerebros paralíticos. Los que gozaban de un alma delicada se sentían reiteradamente ofendidos al advertir en las gesticulaciones del político la suposición de que los españoles a quienes se dirigían formaban una sociedad de idiotas. Un fondo de conciencia étnica hace brotar en mis labios la maldición contra esos hombres frívolos y de índole inferior que han segado en nuestros corazones las dos potencias supremas de nacionalización, que han dejado nuestras almas mancas y con dos muñones: sin respeto ni esperanza.

Pero no está bien que el hombre de la calle se encarame al trípode de las maldiciones. Marchemos por lo llano. El caso concreto que motiva los párrafos anteriores no es para tanto y no debe todo lo dicho aplicarse a él. Se trata simplemente de que en la nota del ministro de la Guerra hay una frase que dice así: «El Ejército todo desea que no se le mezcle en cuestiones políticas». Esto dice el señor La Cierva a los periódicos, invitándoles a que no hablen de la actuación de las Juntas de defensa. Significa, pues, que son los escritores quienes mezclan en política a los militares. Como esto es sencillamente una cosa sin sentido, suplico al señor La Cierva que evite en lo sucesivo puerilizar. Porque el hombre de la calle aspira a respetarle, y el señor ministro no debe ponerle estorbos al logro de esta aspiración.

Por encima de toda duda está, señor La Cierva, que no son los escritores quienes han mezclado en política al Ejército, sino el Ejército quien libérrimamente se ha mezclado en política. Ha cumplido actos políticos, ha dado al viento manifiestos, cartas y entrevistas. De esa intervención política ha nacido la España de hoy, y de ella, probablemente, brotarán la flor y el fruto de la futura. Sobre esa intervención gravita hoy íntegra la existencia nacional. ¿Le parece serio al señor ministro que no se hable de eso?

¿Qué idea tienen de la vida social los ministros españoles? He aquí una pregunta teórica que el hombre de la calle se ha hecho más de una vez. Y la respuesta ha sido siempre la misma: los ministros españoles tienen de la vida social una idea propia, a la vez, de un Faraón y de un cacique de aldea. Creen que la vida social se hace en sus despachos. No se enteran de que la vida social es convivencia.

Cercada de guerra, permite Prusia que se haga propaganda nada menos que para una reforma constitucional. Con el torso en la trinchera y un tétrico mar hasta los lomos, permite Inglaterra que hable todo el mundo cuanto guste y que un Lord incruento predique la paz. Por algo los Gobiernos de estos dos pueblos próceres obran así. Mas todo es en vano. Los ministros españoles seguirán creyendo que tiene sentido, que no es una probada torpeza creer que su misión está en que no se hable de las cosas.

Todavía no se ha comenzado a decir hasta qué punto la aparición de las Juntas de defensa —primero las militares, luego las restantes— constituye, tal vez, el hecho más glorioso, más saludable, más original, más europeo que la España de los últimos cien años puede presentar al mundo. Y ya se acude aldeanamente, ciegamente, puerilmente, a trabar las plumas y las lenguas.

¿Por qué? Aquí hallamos lo aldeano, lo ciego, lo pueril del caso: porque puede acontecer que algún periódico del extrarradio, cultivador de una literatura grosera y sin autoridad, escriba palabras que acaso «puedan relajar la disciplina». La desproporción entre el peligro y la cautela parece monstruosa. Ahora bien, la cultura de un espíritu se mide por su distancia de los razonamientos monstruosos. El oso tiene su política: la política de la patada del oso. Para espantar la mosca que ofende la mejilla del hombre amigo, el oso aplasta la cabeza del hombre.

Nos dirigimos hacia la instauración de una nueva estructura nacional. Para ello hace falta que todas las fibras españolas entren en conmoción, que todos vivamos más enérgicamente. Y nos salen al paso con un ademán de alcalde de cuadrilla.

¿Cuándo aprenderán nuestros ministros que los hombres de la calle no hemos venido al mundo para que se nos gobierne con facilidad, sino al contrario, los Gobiernos existen para que los hombres de la calle puedan vivir cada día con mayor plenitud y menos vetos?

El señor La Cierva, entre muchas excelentes condiciones, tiene algunos defectos graves. Uno de ellos, que ha viajado poco. Su actuación ofrece casi siempre una fisonomía provincial. Otro defecto es que tiende a podar la libertad del prójimo.

El hombre de la calle le dirige, con inmejorable intención, esta nota oficiosa, a fin de que deje triunfar en su ánimo sus dotes mejores sobre las menos buenas. Recurrimos, pues, como es uso en el Vaticano, del señor ministro distraído al señor ministro atento. No hay sobra de hombres en España que gocen de ciertas cualidades superlativas residentes en el señor La Cierva. «Invocamos su patriotismo» para que no anule con sus vicios sus virtudes.

El Sol, 9 de diciembre de 1917

III

COMEDIA DEL LIBERTINO ESCRUPULOSO

Al señor Sánchez de Toca le parece monstruoso que los militares, organizándose en Juntas de defensa, transfieran al cuerpo armado el principio sindical descubierto y elaborado por los obreros. Como la mayor parte de los españoles pedimos al porvenir y esperamos de él próximamente lo contrario que este político conservador, me parece la ocasión excelente para que discrepemos de sus juicios.

Todo el mundo conoce el famoso juego de palabras que emplea Bergson para condensar una de sus más sagaces teorías: *«le désordre* —dice— *c'est le conflit entre deux ordres»*. «El desorden es el conflicto entre dos órdenes». Cuando la situación de las cosas en la realidad no coincide con la cuadrícula de las ideas en nuestra cabeza, decimos que las cosas están en desorden. El orden de las ideas en la mente respetable, pero un poco faraónica, del señor Sánchez de Toca no admite que en el mundo existan Juntas militares de defensa. Nada más natural: la mente del señor Sánchez de Toca fue educada en la tertulia de Cánovas del Castillo, y se amamantó de la ubérrima Restauración. La Restauración fue una época en que reinaba un orden delicioso: se hizo en ella o se dejó de hacer todo en beneficio de una máscara y ficción de orden. Mas a la deliciosa época restauradora siguieron los años de las vacas flacas. No se olvide que nosotros, los que ahora estamos en la mitad del camino, tuvimos que nutrir nuestra mocedad con las amarguras de 1898. El 1898 —¿será necesario advertirlo?— no es una página de retórica: es el deshonor y la vergüenza, es la miseria y la desesperanza, es haber hallado, al despertar, truncas las esperanzas y tradiciones familiares, mancillado el hogar, segada de todo ideal, de toda virtud la nativa vega. El 1898 no es una página de retórica, antes bien es la herida abierta que en el alma llevamos los españoles de treinta años y a la cual tenemos que asomarnos para ver la vida y el mundo. Justo es, pues, que el orden de nuestras ideas no coincida con el que usufructúa el señor Sánchez de Toca. A este político respetable le acomete de pronto el atormentador escrúpulo de que se está faltando a la disciplina; esto le parece un horrífico desorden. En cambio pudo vivir medianamente feliz en un régimen público que toleraba la triste farsa suburbana de un ejército inexistente, escarnecido por el favoritismo y gobernado por la incompetencia. Es más, según me dicen; cuando en la crisis última fue llamado a Palacio nuestro barroco estadista, indicó a la Corona que se hallaba de acuerdo con las Juntas de defensa. Cierto que éstas no eran cómplices en tal acuerdo: ni lo habían buscado, ni tenían de él sospecha.

Este escrúpulo subitáneo, que brota en el viejo corazón astuto de nuestro don Joaquín Sánchez de Toca, consigue enternecernos un momento.

Pero nada más que un momento. El porvenir es cosa demasiado seria para que lo supeditemos a estas ternuras transitorias motivadas por un hombre, sin duda respetable, pero caduco, y cuyo interés consiste en que perdure la estructura social donde él ha vivido y triunfado.

Nosotros necesitamos que la segunda parte de nuestra vida sea un poco más grata y más humana que la primera; necesitamos, por lo menos, preparar a nuestros hijos una España más noble y fértil, que se parezca lo menos posible al establo de Augias. Obreros, militares, labradores, técnicos, industriales, estamos resueltos a ello. Sin jactancias ni vociferaciones esdrújulas; más bien con la tranquila energía que proporciona la luminosa evidencia del deber. Sabemos que un pueblo no cambia de esqueleto sin dolores y peligrosos trances. Pasaremos, sin duda, por horas de congoja y aparentes desórdenes. Pero aquéllos serán dignos del tiempo venidero, que sepan, en medio de los sucesos multicolores, no perder de vista la meta final, la España mejor.

Los militares han sido los iniciadores de la nueva trayectoria: sería un error que viesen en la literatura del señor Sánchez de Toca una objeción seria. Ni ellos ni nosotros creemos que las Juntas de defensa militares y civiles puedan vivir perdurablemente como hasta aquí. A ellos y a nosotros nos urge que esta nueva institución, nacida, con tan fecunda originalidad, de los dolores nacionales, reciba su consagración jurídica. Si logramos esto antes del fin de la guerra, habremos ofrecido al mundo un ejemplo de nuevos organismos sociales, que bastará para justificar a sus ojos nuestra ausencia de la lucha universal.

En vez de mirar al futuro el señor Sánchez de Toca se ocupa ahora en deletrear la historia romana, y nos invita a una política con un programa de primero de latín. Es extraño que hombre tan culto y tan sutil no se haya hecho cargo de que el militar que esta guerra prepara para el mañana es un tipo social nuevo e incomparable con el soldado napoleónico, con el capitán de tercio o el centurión de Sylla.

Tiene cada época su prototipo social, quiero decir, un oficio que sirve de modelo y orientador para las formas todas de la sociedad. En la Edad Antigua es el soldado. Todas las instituciones públicas se derivan, o cuando menos, se inspiran en el guerrero. El ciudadano es ciudadano porque es soldado de la patria y no al revés. Los ciudadanos romanos son los *quirites*, que quiere decir los hombres de la lanza. Y cuando la comunidad de los Siete Montes entra en la historia, realiza la reforma constitucional de Servio Tulio, la cual consistió en sustituir la organización del pueblo, fundada en las herencias familiares —las curias— con otra —las centurias— calcada en las conveniencias militares.

Lo que el guerrero fue para el mundo antiguo, es para nuestra edad el obrero. Sus creaciones jurídicas, sus órganos de cooperación y de defensa van, poco a poco, informando el cuerpo todo del Estado. Querer detener esa corriente ante el oficio militar equivale a cerrar para éste la puerta del futuro.

La presente guerra, turquesa formidable de fuego y de muerte, ha moldeado un nuevo ideal de guerrero. Vive hoy el militar europeo enterrado en la trinchera; cuando salga de ella veremos que la mitad de su cuerpo es de obrero. Y sentirá indomable repugnancia por todos los arcaicos privilegios que hacían del Ejército un ejemplar de faunas desaparecidas.

Vamos, pues, hacia el intento de fabricar una España distinta y superior a la que el señor Sánchez de Toca ha conocido. Para ella necesitamos todas las manos: la del militar como la del obrero, reunidas en la sublime faena de labrarnos una patria saludable. Que no venga un abogado de otros tiempos a romper astutamente esta severa fraternidad.

Y aun cuando venga, el lema de las Juntas de defensa debe ser el mismo que Cromwell dio a sus ejércitos: *Vestigia nulla retrorsum*: ninguna huella hacia atrás.

* * *

Hecho este breve alto para oír la antigua y sugestiva voz de don Joaquín Sánchez de Toca, digamos lo que al partir dicen los conductores de tranvía en Nueva York: *Forward!* ¡Adelante!

El Sol, 28 de diciembre de 1917

Hacia una mejor política

I

POLÍTICA DEL *CUASI*

En primeros de junio publicaba yo cierto artículo titulado «Bajo el arco en ruina». Presentaba en él la reciente desobediencia militar como un suceso mucho más grave que una revolución. Porque la revolución, o triunfa o es vencida; si triunfa, instaura un nuevo régimen; si fracasa, restaura con nuevo vigor el preexistente. Pero la actitud de los oficiales no lleva a lo uno ni a lo otro: era sólo el primer capítulo de una revolución; era, por tanto, la invitación a una serie de ellas. Y en efecto, desde entonces asiste España a una revolución por entregas. La rebeldía militar de junio es seguida por la secesión parlamentaria de Barcelona. Tras ésta viene la huelga general de agosto, que repercute en la crisis patética de octubre y en la expulsión de sargentos y brigadas en diciembre. El azar, el puro y benévolo azar, permitió que no corriese igualmente la sangre en todas estas fechas; pero en todas, la misma amenaza cruenta se cernió sobre nuestro pueblo.

En el citado artículo expresaba mi temor de «que los partidarios de soluciones ficticias fuesen los verdaderos promotores de la revolución —sin saberlo, como era prosista el gentil hombre burgués». La única manera de corregir la situación —concluía yo— «es llevar lo ya hecho a sus últimas consecuencias».

Los acontecimientos se han complacido perversamente en darme la razón. Cada mes, cada quince días, un hecho anómalo y peligroso traía a la memoria de los desmemoriados el recuerdo de que vivimos un proceso revolucionario. A las veinticuatro horas, sin embargo, volvemos a olvidarnos de ello. Y en tanto, nutriéndose a sí mismo el morboso estado, aumentan las dificultades de su curación. Por si algo faltara para calificar la circunstancia, ya han hecho su aparición el hambre y el frío, los dos trágicos personajes que no se sabe quién suele dar cita en las horas revueltas de la Historia.

Nadie podrá decir mañana que la tormenta ha llegado de improviso. Todo lo contrario: viene paso a paso, «sin prisa y sin pausa, como las estrellas», decía Goethe. Envía por delante mensajeros para extremar la cortesía, y avanza tan mesurada, que parece temerse a sí misma.

Pero, ¿es evitable? —se me opondrá. ¡Ah! Eso no lo sabe nadie. Habría, pues, que responder como los bohemios de Murger cuando uno de ellos pregunta: ¿Dónde cenaremos esta noche? Y los demás: Mañana lo sabremos.

En cambio, se impone una pregunta clara: ¿Se hace lo posible para evitarlo? ¿Existe proporción entre la gravedad del momento y el tono de las soluciones?

A esto sí podemos responder: no.

Siempre he creído que, al menos en España, los mayores enemigos de la Monarquía no son los republicanos, sino un enemigo interior, tan íntimo, que habita en el círculo mismo de la Corona: es la indecisión de la política monárquica. Natural es que las monarquías no acepten las ideas llamadas radicales. Cuando en un pueblo el radicalismo de ideas triunfa, la Monarquía sucumbe.

Pero una cosa son las ideas radicales y otra los modos radicales. Nadie que no padezca una visión de la realidad deformada por el partidismo afirmará que la inquietud pública proviene de un entusiasmo creciente por estas o aquellas utopías políticas. Si alguna vez se ha manifestado con claridad en algún pueblo el afán de cambiar los modos y no las metas, es ahora en España.

Con rara unanimidad se demandan otros hombres y otros procedimientos. A esta demanda la política monárquica contesta con *cuasis*. No juzga, por lo visto, que es llegada la hora de ofrecer con plenitud lo que, sin ella, se ve obligada a aceptar.

El Gobierno vigente es ejemplo precioso de un Gobierno del *cuasi* o de un cuasi-gobierno. En efecto, no es un Gabinete de partido turnante, pero apenas si es otra cosa. Con el Presidente está en él cuasi el partido liberal, y con el señor La Cierva, cuasi el maurismo; con el señor Rodés, cuasi los republicanos y cuasi la Asamblea de parlamentarios. Con algún ministro no ha entrado cuasi nada, y con algún otro de lo viejo, cuasi todo. Nos parece revivir el admirable trozo de Larra que tituló, va para cien años, *Cuasi pesadilla política*.

Urgía un Gobierno ejecutivo, ubicuo, de radicales ademanes, en el cual concurriesen los más vivos colores de la gama política. Mejor un Gobierno-Arlequín que un Gobierno en gris menor, como el actual.

Un hombre, y más un pueblo, se alimenta, sobre todo, de la esperanza. Si no come hoy, pero espera comer mañana, se aguanta. Si los vicios que hoy ve está cierto de no verlos mañana, aguarda quedo el amanecer. Lo imposible es contener en la mansedumbre un pueblo a quien no se le da pan y se le quita la esperanza.

En días como éstos, de faena urgente e innumerable, el mayor enemigo de la política monárquica es un Gobierno paralítico.

¡Junio-enero! Seguimos bajo el arco en ruina.

El Sol, 22 de enero de 1918

II

UN POCO DE SOCIOLOGÍA

Uno de los fenómenos más extraños que la Historia presenta es la tolerancia de los hombres para la perduración de instituciones públicas reconocidamente ineficaces. Todos estamos de acuerdo en que este o el otro organismo nacional no sirve ya para cumplir su misión; parecería natural que inmediatamente se le sustituyese o modificase; cuando menos, que meditásemos con toda urgencia su relevo. Sin embargo, no solemos hacer esto. Al contrario, sentimos vagamente la impresión de que aquel organismo es, como el rocío o la marea, un hecho cósmico irremediable.

Este fenómeno sociológico no es peculiar de España ni de nuestro tiempo: se ha dado en toda sociedad y en todo tiempo, hasta el punto de representar en la mecánica social un papel análogo al que en física representa la inercia, y en biología el anquilosamiento. Si en cualquier instante de su historia realizamos una sección ideal en la estructura de una sociedad sana, hallaremos, como en la sección de un tronco de árbol, un núcleo de instituciones en plena vitalidad, que ejercen con suficiencia su función; en torno a ese núcleo habrá una zona de otros organismos públicos menos enérgicos, que han perdido en la conciencia de las gentes una parte de su sentido originario. En fin, circunscribiendo a esta zona habrá otra ocupada por juntas, comisiones, oficinas, leyes, magistraturas, caídas en evidente decrepitud, como las capas del tronco que se han convertido en corteza. Jamás hallamos que el árbol sea sólo medula; parece necesitar un mínimum de corteza, de materia fenecida que proteja la interior vitalidad. Del mismo modo, no podemos encontrar una sociedad que no lleve dentro de sí costumbres, leyes, instituciones petrificadas, cuya utilidad es desconocida, las cuales, no obstante, prolongan su existencia aparente.

Si ascendemos al momento de entrar en la Historia el pueblo jónico o el pueblo romano, los encontramos ya arrastrando principios sociales que no tenían sentido claro para los contemporáneos. Así, entre los jonios la organización en *fratrías* o hermandades no tiene ya en el alborear histórico otra realidad que ciertas periódicas comidas en común. Cuando Roma pone el pie en la Historia aparece cargada con no pocas magistraturas y reglamentos superfluos y sin sentido vivo. Por lo pronto, las tribus originarias que formaron la ciudad conservan una jerarquía que el romano de Servio Tulio acepta aún, pero ya no entiende: los *Tatii* preceden siempre a los *Ramnes*, y éstos, a los *Luceres*. Además, casi todas las instituciones son dobles; hay dos colegios de sacerdotes *Salii*, y otros dos de *Luperci*. Cada tribu se duplica en dos órdenes: hay *Tatii priores*, esto es, antiguos, y *posteriores*, o modernos. Las vestales forman tres parejas. El origen de esta duplicación, que va a conservarse al instituir el consulado, el tribunado, los ediles, etcétera, parece ser la fusión prehistórica de dos comunas: la Roma de la montaña, o palatina, con la Roma de la colina, o Quirinal. Los ciudadanos de una y otra no sienten entre sí la menor diferencia, y han perdido hasta la noción clara de su originaria separación. No obstante, toda magistratura palatina tiene rango superior a su correspondiente del Quirinal. Y ejemplo curioso del poder sugestivo que estas preeminencias tradicionales poseen, es que, no obstante la mayor altura del Quirinal, jamás un romano le llamó otra cosa que colina, reservando la dignidad de monte al menos levantado Palatino.

Cito estos ejemplos tan conocidos porque no existen otras sociedades a cuyo nacimiento asistamos con mayor proximidad. Además, se trata de dos pueblos que nacen no sólo como Estados, sino como culturas. Parecería, pues, natural que, no habiendo en ellos ni un pasado por liquidar ni principios heterogéneos recibidos de otras civilizaciones, todo en el cuerpo público gozase de plena actualidad. Sin embargo, vemos que no es así. Toda sociedad despilfarra una cantidad de sus energías en llevar a cuestas instituciones supervivientes que no sirven para lo que pretenden servir. En su clásico libro sobre *Civilización primitiva*, llamó Taylor a este fenómeno *survival*. El nombre no es el más oportuno, porque esos residuos de otros tiempos no sobreviven, antes bien, sobremueren, hacen gravitar sus cadáveres sobre la porción viva de la sociedad.

Un sociólogo conservador podía insistir sobre este punto mostrando cómo esas organizaciones que ya no cumplen su primario fin, tienen, no obstante, algún papel en la vida pública, aunque sólo sea como el corcho en torno al árbol, para abrigar y defender de las mudanzas atmosféricas los órganos interiores más vivaces, pero más tiernos.

Yo no tendría nada que oponer a esa interpretación conservadora. Al contrario, me parece muy oportuna y acertada. Cuando oigo a un radical o progresista describirme su ideal de la sociedad, me parece ver un cuerpo humano al que han desollado y cuyas carnes vivas hiere e irrita el viento al menor soplo. Por lo visto, en el plan de la naturaleza está dispuesto que necesitemos para subsistir cierta dosis de acorchamiento y de callo.

Pero asimismo reconocerán los señores conservadores que es preciso poner una tasa al corcho y al callo. Cuando en un pueblo, como en España acontece, casi todas las instituciones y organismos públicos no funcionan, la vida nacional está en grave peligro. La tolerancia de instituciones desvirtuadas tiene marcado un máximum, del cual no es posible pasar so pena de fenecimiento o de... revolución.

Porque, no lo duden los señores conservadores: un motín podrá nacer de otras causas, pero una revolución es siempre la revolución contra el corcho, contra el callo y contra el imperio de los cadáveres. En vez de sustituir día por día lo que va dejando de ser eficaz con nuevas articulaciones, rodajes y poleas, dejan las inercias conservadoras que se acumule la obra muerta y llegue un momento en que no se pueda echar mano de una parte del organismo para corregir la otra parte defectuosa, sino que sea menester una súbita y catastrófica transmigración del alma pública a un cuerpo completamente nuevo.

En España hemos llegado palmariamente a este caso extremo. Cuando nos quejamos de la insinceridad electoral y buscamos corregirla, pensamos en los tribunales, pero al punto nos sale al paso la insinceridad, no menos grave, de éstos, y así sucesivamente. Busca con los ojos el español una institución saludable que emplear como instrumento para la purificación y vivificación de las otras. Sus ojos se deslizan de ésta en aquélla sin que ninguna le prometa buenos servicios. Todas le parecen anquilosadas, cuando no podridas. En tal situación de ánimo es lo más peligroso que, al vagar la mirada del español por el público desván, descubra, pendiente de un clavo, el hacha. Si la inconsciencia de los hombres responsables no le proporciona mejor instrumento, ¿quién podrá extrañar que haga él del hacha una institución?

Nada, pues, menos revolucionario y demoledor que pedir a las clases llamadas de *orden* un poco de entusiasmo y solicitud en la obra de reforma sentimentalmente iniciada en España. Urge revisar los organismos públicos en relación a su eficacia; urge podar instituciones enteras que han perdido todo prestigio, para sustituirlas con otras muy distintas. Esto exige que esas clases de orden moderen su místico respeto por cuanto es viejo y sólo porque es viejo es tradicional.

Fuera de España una sublime podadera ha comenzado su labor: la guerra. En medio de sus cruentos defectos tiene ésta, por lo menos, una virtud: sacudir la inercia social echando por la borda toda institución caduca. La lucha internacional obliga a rendir su máxima eficacia a los miembros de cada pueblo, y pone de manifiesto la insolvencia vital de muchos de ellos. Así en Francia y en Inglaterra se va apoderando de la conciencia pública la convicción de que una buena parte de las estructuras políticas inventadas en el siglo XIX son incapaces, y la hora de la paz será su última hora.

Porque no sólo han fracasado instituciones tradicionales, sino también instituciones democráticas. Al arrumbar Europa con aquéllas y éstas, tal vez descubramos que muchos radicales españoles se hacen tradicionalistas de la democracia.

El Sol, 15 de febrero de 1918

III

LA GUERRA Y LA INERCIA POLÍTICA

En medio de sus cruentos defectos, decía yo el otro día, tiene la guerra, cuando menos, una virtud: fluidifica el cuerpo del Estado, funde cuanto en él había petrificado y, dándole la blandura propia del plasma vivo, permite una nueva organización más enérgica, sensible y eficaz. No pienso que la guerra sea un poder creador, como no pienso que sea capaz de aniquilar nada seriamente humano. Lo más que puede hacer es favorecer o detener la expansión de ideas y de afanes colectivos que existían previamente. Pero esto es ya bastante poderío.

Ahora bien, esta guerra no ha sorprendido a Europa en el momento de iniciar nuevas rutas de vida. Al contrario: Europa yacía en la más triste inercia. Descontenta de su régimen público e ideológico, parecía no atreverse a ensayar uno nuevo. La constitución vigente de la sociedad había perdido todo prestigio, y, sin embargo, ningún pueblo se atrevía a romper los moldes establecidos. Los proyectos de otra existencia mejor se deslizaban tímidamente en las meditaciones más solitarias.

La institución parlamentaria, por ejemplo, había sido triturada, porfirizada por la crítica. En el ánimo de casi todo el mundo estaba la convicción de que el Parlamento significa la derrota de toda competencia y a la vez el triunfo de hombres de segunda calidad; los políticos y los periodistas, que necesitan unos de otros, como el aspa del molino el viento de la estepa. Al llamarlos de segunda calidad, no es necesario advertir que me refiero a la condición típica del oficio, no a los individuos que ejercen éste. El político parlamentario no tiene nada que ver con el estadista: no es un hombre que posea una idea serena, honda, compleja, y bien fundada de los problemas nacionales e internacionales. Decenio tras decenio, en España y fuera de España, hemos visto menguar el calibre intelectual de los llamados «hombres públicos», hasta el punto de que hoy parecen dedicarse a este menester sólo aquellos hombres que no sirven para nada sustantivo. La única cualidad que se exige al parlamentario es que sea elegido. Por esto se compone el Parlamento de gentes que poseen un talento inferior y hasta equívoco: el arte de hacerse elegir, arte poco compatible con un temple correcto y distinguido.

El político no es el estadista, sino el agitador, el ciudadano vociferador y gesticulante. Voz y gesto son modulados variamente, según que el político se sienta en la izquierda o en la derecha del hemiciclo; pero rara vez la voz empuja una idea y el gesto madura en acción.

El periodista no hace otra cosa que repercutir al político, y viene a ser un agitador por escrito. Opina sobre todo lo divino y lo humano con una liviandad incalculable, usando de un lenguaje que cada día se aproxima más a los barrios bajos del Diccionario.

Estos hombres, que podían ser útiles situados en su recto lugar, son los que el siglo XIX ha encargado de gobernar a los pueblos.

Tales eran las ideas arraigadas en la opinión pública mucho antes de que la guerra estallase. ¿Por qué no tenían consecuencias ejecutivas? A esta inercia de Europa, a esta parálisis que estorbaba a la acción seguir de cerca al pensamiento, aludía yo antes. La guerra, sacudiendo las reservas de la vitalidad occidental, parece resuelta a ponerle remedio. Todo anuncia que la lucha de ahora, lejos de detener un movimiento histórico iniciado, va a movilizar las ideas, que yacían sin piernas y sin brazos.

Muchos otros ejemplos cabía traer del desequilibrio anterior a la guerra entre las convicciones y los actos. El más importante de ellos —que me limito hoy a nombrar— es la desproporción entre la aquiescencia que el derecho económico del obrero había conquistado en la mayoría de las voluntades y la balbuciente legislación social. ¿Correspondía, por ventura, el grado de expansión sentimental que en Francia alcanzaron algunas ideas de socialización con las leyes e instituciones sancionadas para regular el trabajo, el jornal, el retiro, los Sindicatos, etcétera?

Esperamos, pues, que la convulsión bélica traiga consigo una radical revisión de las instituciones, y corrija el monstruoso desnivel existente entre lo que pensamos de ellas y lo que ellas son.

El Sol, 21 de febrero de 1918

IV

MÁS, MÁS MINISTROS

Aunque remota de la sangrienta línea, comienza España a sentir vagamente análogo afán. Por lo menos, se ha logrado ya una cosa: que sea lícito hablar de ciertas reformas sin quedar convicto de lunatismo.

Por ejemplo, de la más urgente y de la más asequible: la reforma de la institución ministerial. ¡El ministro al uso!... Yo espero que dentro de no muchos años, cuando vuelva a reinar en Europa el buen sentido, ausente durante un siglo, nos parecerá eso que hoy llamamos un ministro algo semejante a eso que hoy llamamos un megaterio.

Un buen día, siete ciudadanos, capitaneados por un octavo, se encargan de gobernar la nación. Cada uno comienza a regentar una rama amplísima de los servicios públicos, cuya constitución y mecanismo desconoce por completo. La nación tiene que esperar seis, ocho, diez meses, a que los señores ministros declaren haber alcanzado una turbia sospecha de los negociados que integran su resorte. Llegado este momento de iluminación, de ministerial Pentecostés en que el señor ministro aprende las lenguas de sus negociados, sobreviene la crisis política. Otros siete ciudadanos, bajo un nuevo octavo, ascienden, frescos, radiantes, primaverales, por las laderas del Gobierno: dicen las mismas palabras de salutación y promesa, y se disponen nuevamente a flotar sobre el caos de sus negociados alícuotas, como el espíritu de Dios sobre la nebulosa genesíaca. Y así una vez, y otra, y un siglo. Algunos amigos míos llaman a esto democracia.

La ausencia de sentido común que la conciencia contemporánea pone de manifiesto al tolerar una institución en tal grado absurda, basta para desprestigiar a nuestra época, políticamente tan vanidosa. ¿Es eso, eso lo que ha venido a lograrse después de la Revolución francesa? ¿Es ese el resultado del siglo de las luces? Lo siento por la Revolución y por las luces.

Tres defectos radicales, que nacen unos de otros, se han notado cien veces en la institución ministerial: la falta de competencia en los ministros, la falta de continuidad en su labor y la supeditación, más aún, la absorción de sus deberes administrativos por sus obligaciones políticas.

¿Cómo corregir lo primero? El ministro no puede ser competente porque tiene que ser un político. Tiene que ser un político, porque los siete ministros son solidarios de una vaga cosa que se llama «política del Gabinete»; en virtud de ella, un chiste que el ministro de Gracia y Justicia dispara ante unos periodistas, arranca de sus poltronas a todos los demás. Mientras esta solidaridad se exija, no podrá efectuarse una selección de competencias.

Pero, además, aun cuando por azar cayese una cartera en manos competentes, no podrían éstas ejecutar una faena fecunda. Con alguna excepción, cada ministerio acumula una cantidad increíble de funciones públicas. La vida contemporánea se ha ido complicando fabulosamente. Con esa complicación ha coincidido una tendencia —yo creo que transitoria— a concentrar en el Estado todos los hilos de la existencia social. Así es hoy un solo ministerio más difícil de conducir que el Estado de Luis XIV. Un hombre completamente serio no podría hoy decir: «El ministerio de Hacienda soy yo». Esto excluye, por vía automática, de los ministerios a todo hombre completamente serio. Hace falta una sabia mezcla de audacia, inconsciencia y frivolidad, para que un ciudadano se atreva a tomar sobre sí la responsabilidad de cuanto se hace en una secretaría de despacho. Porque los ministerios siguen siendo, como institución, lo que fueron en tiempos menos complejos las secretarías de despacho.

Y uno se pregunta: ¿qué razón clara existe para la actual división en siete carteras? ¿Por qué no más, por qué no menos? ¿Se trata de una devoción cabalística hacia el número siete? La consideración material del tiempo y el esfuerzo que el mejor dotado necesita para hacer algo bien, nos propone ya la multiplicación de los ministros. Más ministros y más orgánicamente repartidas sus funciones.

Esta prolificación de las carteras traería, naturalmente, consigo la corrección, cuando menos, la atenuación de la solidaridad política entre los individuos de un Gabinete. Compaginar a siete es difícil; pero a catorce, es imposible. Cada uno gozaría de mayor independencia frente a los otros, y cuando en un orden gubernativo alcanzase un tema gravedad política suficiente para derribar a un ministro, no arrastraría a todos los demás. La situación de cada uno sería, pues, más estable, por ser menos dependiente, y menos dependiente, por ser más densa, limitada, y concreta su responsabilidad.

De este modo se evitaría también que la actuación propiamente administrativa de cada ministro esté impregnada por entero de significación política. Hoy la personalidad y la labor del ministro quedan absorbidas por su fisonomía política. De aquí que la más leve Real orden sea sospechada de partidismo y carezca el firmante de autoridad moral para imponer respeto —no sólo obediencia— a sus decisiones.

El asunto suscita innumerables comentarios. Cortémoslos aquí, ya que no habría manera de agotarlos.

El señor Maura inició en la última crisis una reorganización ministerial que parecía tender a lo mismo que yo aquí sostengo. Sin embargo, su intención, al fracasar, quedó imprecisa. Además, en ella se unían dos propósitos, tal vez concordables, pero distintos: la introducción de ministros sin cartera y la selección de competencia.

Yo creo más eficaz y hacedero reducir, por lo pronto, la reforma de esta institución al simple aumento de ministerios. Ello permitiría reducir a dos o tres resortes el carácter estrictamente político, dejando libres a los demás de la solidaridad con un programa de grupo. Entonces cabría poner al frente de estos ministerios exentos de política a ciudadanos competentes.

El Sol, 22 de febrero de 1918

V

EL HOMBRE DE LA CALLE
BUSCA UN CANDIDATO

El hombre de la calle, claro está, no aspira a ser elegido. Se contentaría con ser elector feliz, con ser un elector que encuentra un candidato de su gusto. Por esto ha encendido la lámpara de Diógenes, y anda por ahí buscando un candidato entre los hombres y un hombre entre los candidatos.

¿Son tantas, por ventura, las exigencias del hombre de la calle que corra el riesgo de no hallar candidato suficiente? No; todo lo contrario. Las candidaturas que en papeles rojos y amarillos le hacen desde todas las paredes ademanes tauromáquicos no encajan en su humilde aspiración de elector, porque todas son excesivas. Él preferiría personas y modales más modestos, y los optantes a la diputación le asustan con sus promesas superlativas. Izquierdas y derechas se acercan a él y se obstinan en querer hacerle feliz. El hombre de la calle, perplejo y confundido, se deshace en excusas ante parejas efusiones de tan egregios personajes. «¡Oh, no se molesten por eso, señores!; no merece la pena...» Y al encontrarse en el Botánico con su vecino, el de las clases pasivas, le dice: «¡Ya ve usted...! ¡Qué corazones más caritativos! ¡Los republicanos, los monárquicos..., todos quieren hacerle a uno feliz!»

El hombre de la calle es ya viejo, tan viejo como el sufragio universal. Ha atravesado todas las vicisitudes y experiencias de éste, y, sin grandes meditaciones, ha llegado a formarse, cuando no ideas, ciertos instintos políticos. Así, empieza a sospechar que no sólo este o aquel partido, sino

la política entera, está montada en un tono de grandilo-
cuencia y megalomanía que fatalmente la desvía y pervier-
te. Lo primero que debía hacer para volver al buen camino
es la gentil renuncia de hacer felices a los hombres. Monarquía y República, centralismo y regionalismo, tradicionalismo y democracia no son órganos para la felicidad. Ésta
depende de circunstancias mucho más hondas y graves que
cuanto la política puede discutir.

El siglo XIX, que es nuestro más próximo enemigo, cometió el monstruoso error de aplicar a la política los mismos
sentimientos radicales que antes se apacentaban en la religión. Nos prometía ésta salvarnos, poniéndonos en trato
con poderes soberanos capaces de resolver nuestros últimos problemas. La religión administra las postrimerías, y
por tanto, será erróneo, pero no absurdo, que le dedi-
quemos las más profundas emociones.

Mas la política, aun en el mejor caso, ¿qué puede lograr?
Un mejor orden en lo más externo de la vida social. Ni siquiera tiene medios para acercarse a las relaciones sociales
más importantes: no puede organizar la amistad entre los
hombres, ni la lealtad mutua, ni el amor, ni la diversión. En
el mundo antiguo intentó, con grave fracaso, algo de esto:
en Esparta instituyó la legión sagrada que sancionaba la fidelidad de los amigos; en Roma se ocupó de dar placer al
pueblo haciendo de los juegos circenses una institución del
Estado. Pero en nuestra edad, ¿qué puede la política? Torcien-
do hacia la escena interior nuestra atención observemos
lo que íntimamente nos ocupa y preocupa durante los días
de un año, lo que constituye en verdad nuestra vida, y
advirtamos que la política es sólo una tangente que apenas
roza un punto de esa nuestra viva realidad. Casi por entero,

el volumen de nuestra existencia personal queda intacto por la política. Ni siquiera en el orden económico logra ésta tener una misión sustantiva. A lo sumo, podría intentar repartir con equidad la riqueza. Pero no puede crearla. La pretensión de salvar económicamente a un pueblo desde el ministerio de Hacienda ha resultado dondequiera fallida. Un pueblo donde no abunden los ambiciosos de dinero que vayan frenéticamente empujados por una sed individual de oro será siempre un pueblo mendigo.

Todo esto presume oscuramente el hombre de la calle, y por eso desconfía de los candidatos que le invitan a apasionarse y le garantizan la felicidad. ¡Apasionarse en política!... El error característico de la centuria pasada ha consistido precisamente en estimar el apasionamiento político como un deber. Por este motivo puso la vida social en manos de los que mejor sabían hacer el león, el toro y la hiena en las asambleas públicas, y con sus contrarios alaridos acertaban a encender los instintos pasionales de la muchedumbre. Incorporándonos en este punto la mejor sabiduría de otros siglos, tornemos a creer que es el apasionamiento una desventura en que se cae, no una virtud a que se deba aspirar. Entre la tibieza y la pasión está el sentimiento humano y cálido, que da vigor a la inteligencia sin turbar su claridad. Y al desdeñar el apasionamiento, volvamos la espalda a los apasionadores de la derecha y de la izquierda. Una ética más fina y progresiva nos hace considerar a quien nos hostiga hacia el partidismo como un hombre moralmente inferior. A los hostigadores de la opinión pública preferimos los educadores de la opinión pública.

El hombre de la calle quisiera ser un espíritu libre y no recaer, bajo nuevos disfraces, en aberraciones de edades pretéritas. Por eso no está dispuesto a entregar al político la libertad que ha conquistado del sacerdote.

El hombre de la calle votará al candidato que le presente este programa: «La política no puede hacer felices a los hombres, ni hacerlos discretos, ni hacerlos ricos. En consecuencia, debe la política retirarse al secundario puesto que le corresponde, en vez de erigirse en escaparate de la vida social». Durante los últimos quince años España ha mejorado algo, mientras su política era cada vez peor. Como es ésta un telón de boca que nos impide ver el resto de la existencia nacional, nos parece que todo va en decadencia. ¡Señores políticos: a retaguardia, así los malos como los buenos! ¡Paso a los ingenieros, a los labradores, a los obreros, a los industriales, a los profesores, a los artistas!

El Sol, 24 de febrero de 1918

La verdadera cuestión española

I

Un año va a hacer que en no pocas capitales españolas funcionaban las ametralladoras. Pocos días antes se reunía en Barcelona un Parlamento faccioso, y unas semanas más atrás la oficialidad del Ejército se había declarado en rebeldía. Un año va a cumplirse, y nos preguntamos qué intentos serios se han hecho durante él para salir al encuentro del estado social que en aquellos acontecimientos se sintomatiza. Habrá quien nos responda señalándonos el actual Gobierno, tan brillante y tan raro de forma, que parece un aparato ortopédico.

Pero esta respuesta sólo merece una atención eutrapélica. El Gobierno actual, ni siquiera en pretensión, es un ensayo de organizar el futuro nacional. Significa, por el contrario, un ensayo de liquidar la política inveterada y servir de transición a un porvenir todavía anónimo. De este porvenir nos ocupamos, y en vista de él, insistimos en nuestra pregunta: ¿Qué intento, qué germen, barrunto o sospecha de intento aparece en el horizonte, hacia el cual podamos orientar las esperanzas?

Para un aficionado a meditar sobre los fenómenos sociales, nada más curioso que esta alternativa de espasmos y calmas beatíficas a que hemos asistido en los últimos catorce meses. Con astronómica periodicidad se levanta sobre el Estado español una tormenta pavorosa que amenaza con todas las destrucciones. El azar, un divino y reiterado azar, deshace en la atmósfera el peligro, y al día siguiente los españoles tornamos a las más tranquilas emociones cotidianas.

Este fácil olvido del ayer no puede atribuirse meramente a falta de memoria. Procede de una falta de inteligencia política habitual en nuestra raza. Se olvida el suceso de ayer porque no se le entendió bien. Esta serie de conflictos que hemos atravesado no se presenta ante la conciencia pública como una serie, esto es, como un conjunto orgánico de síntomas diversos en que se manifiesta una profunda e idéntica causa.

Bien está que el humilde labriego, sumido en su terruño, o el obrero, incrustado en su taller, o el pequeño comerciante, tras de su mostrador, carezcan de aquellas visiones sintéticas en que se definen los vastos hechos sociales. Ni en España, ni en ninguna otra nación, se eleva la gran masa colectiva a la conciencia de sí misma. Por esta razón es y será eternamente imprescindible para todo cuerpo social la existencia de una minoría de cabezas claras donde venga a condensarse la reflexión que falta a la mayoría. El caso doloroso de nuestro pueblo es que esa minoría consciente parece no existir.

¿Cómo explicar si no la tranquilidad con que asistimos a la historia de este último año? ¿Cómo explicar que aquí y allá no surjan grupos de hombres reflexivos, que con su inquietud y su afán revelen haberse percatado de la gravedad de estas horas españolas?

Lejos de esto, es probable que parezca a muchos morbosamente retórico calificar de gravísima la situación nacional. Razón de más para que, moviendo el pie por plazas y caminos, demos, como el personaje bíblico, grandes voces de alarma: ¡Voz de Gog, voz de Magog! ¡Ay de ti, Sión, que no vuelves sobre ti!

¿Pero qué acontece? —oímos decir. ¿No ha resuelto este Gobierno todos los conflictos? ¿Siguen hoy actuando políticamente las Juntas militares? ¿Continúan en huelga los empleados postales? ¿Existe amenaza de subversión en los empleados civiles?

En efecto, a esta hora y minuto, nada de eso acontece: si al hecho escueto del desmandamiento militar o de la huelga de Correos se llama conflicto nacional, y a la suspensión, interrupción o aun conclusión de esos hechos se llama resolver los problemas nacionales, claro es que estaríamos de acuerdo en diputar a este Gobierno como el gran taumaturgo.

Pero es el caso que esos acontecimientos no son, en verdad, el conflicto ni el problema efectivo. Afinar las ideas en este punto me parece obra de patriótica urgencia. Una sublevación de oficiales, una huelga de carteros o un motín de arzobispos, son emergencias deplorables, tal vez peligrosas, por ventura difíciles de manipular. Pero de ellas o de otras parejas va tejida la existencia ordinaria de los Estados. Serán, pues, todo lo grave que se quiera; pero dentro siempre de una órbita de normalidad social. Es una puerilidad suponer que la norma en la vida es la paz. Mientras creamos que la lucha entre los partidos, entre las clases u otras agrupaciones no es el modo normal de convivencia colectiva, no acertaremos a distinguir lo verdaderamente anómalo cuando se presente. Y ahora se ha presentado. Permítaseme expresar una vez más la opinión de que el problema nacional planteado en 1917, y luego variamente renovado, no consiste en que estas o las otras gentes se hayan revuelto contra la autoridad del Poder público, sino en que, con tal motivo, hemos descubierto los españoles que el Estado carece de autoridad positiva para hacer frente a las fuerzas de disgregación.

Se me opondrá que este Gobierno ha mostrado poseer autoridad suficiente para con su sola presencia ahuyentar las subversiones.

Sin duda, lo ha logrado con las pasadas; pero ¿tendrá igual fortuna con las venideras? Es de temer que no. Más que otra cosa, la composición de este Gobierno demuestra que ninguno de los órganos públicos vigentes bastaba por sí mismo para hacer efectivo el poder del Estado, y ha sido menester reunir los restos y los posos de autoridad, *no institucional, sino personal*, que quedaban en España.

¿Para qué? Simplemente para contener unas horas la corriente de pública atomización. ¿No es absurdo que la normalidad de un pueblo dependa de la presencia en el Gobierno de individuos personalmente insustituibles? Un azar, una enfermedad, una mala inteligencia recíproca puede, dentro de veinticuatro horas, destruir su concurso. ¿Qué pasaría entonces? Entonces, creo yo, verían los ciegos cómo, hablando en serio, este Gobierno no había resuelto conflicto alguno. Curar una enfermedad no es reprimir los síntomas de ella, sino aniquilar las causas de esos síntomas. Del mismo modo, a la hora que corre, la enfermedad nacional no consiste en que las gentes se encrespen contra el Estado, sino en que los organismos del Estado carecen de todo prestigio, única fuente, a la postre, de autoridad normal.

Como es uso en la Trapa recordarse diariamente, unos a otros, los monjes, la amarga certidumbre de la muerte, así, cada día que dura este Gobierno nos recuerda que el Estado español vive en extrema y no corregida anormalidad. Hacia 1835, el erario español no ofrecía garantía bastante a los banqueros del mundo para obtener un empréstito, y Mendizábal, que tenía banca abierta en Londres, tuvo que arriesgar su crédito personal para conseguirlo. Así ahora vive el Poder público español del crédito de prestigio que hemos abierto los ciudadanos a unas cuantas personas.

Y por si algo faltara, este crédito personal es sobremanera escaso.

El Sol, 12 de agosto de 1918

II

Quedábamos en que a la hora de ahora España no está gobernada por instituciones, sino por unas cuantas personas a quienes, en fuerza de las circunstancias, hemos concedido los ciudadanos una ampliación de crédito individual. A esto hemos llegado. ¿Quién tiene la culpa? Desde luego, no la tengo yo, no la tiene el grupo de escritores que desde hace diez años viene anunciando el derrumbamiento inevitable de la España oficial; esto es, de aquellos organismos encargados de las funciones específicamente colectivas. Nuestros esfuerzos han sido inútiles. Nadie nos ha hecho caso. Yo me pregunto si en nuestro país se ha hecho caso alguna vez de quien no tiene en su abono otra cosa que haber pensado largo tiempo sobre aquello de que habla. Pero sea de ello lo que quiera, no interesa ahora la investigación de quién tiene la culpa. Con que se reconociera el hecho anónimo del pecado, podíamos contentarnos.

Cuando en junio de 1917 se desmandaron los militares, buscaron con los ojos los españoles un organismo público capaz de hacer frente a la actitud del Ejército. Y hallaron que ni el Parlamento ni el Gobierno tenían vigor suficiente para dominar la subversión. Por tratarse de una clase armada, cabía suponer que cuando el Ejército se insubordina ninguna otra institución puede imponerse. Pero acaeció que poco después los carteros, los inermes e incruentos hombres postales, se rebelaron a su vez, y ni el Parlamento, ni el Gobierno, ni el Ejército mismo pudieron reducirlos. Esto que llamamos sociedad es, por lo visto, cosa más sutil y compleja que el simple juego de fuerzas brutas. En la vida contemporánea, la fuerza material apenas si tiene eficiencia alguna sobre las luchas interiores de una sociedad. La contienda se produce entre poderes espirituales y se resuelve, según una mecánica psicológica, donde las energías combatientes son los prestigios. El poder de mayor prestigio absorbe invisiblemente al otro, y vuelve con perfecto automatismo el equilibrio social.

No importa mucho que una institución se corrompa siempre que queden otras sanas y ungidas de autoridad.

Apoyándonos en cualquiera de éstas, podremos disciplinar, corregir y curar la institución decadente. Pero la verdadera cuestión española es que no existe organismo nacional ninguno que ejerza sobre los españoles ese supremo influjo espiritual, mezcla de respeto y esperanza, con el que pueda renovarse y reconstruirse el resto de la contextura pública. Esto es, en mi entender, lo que debería repetirse a la mañana todo español consciente. No es, pues, cuestión de derechas, ni de izquierdas, ni de zurdas: es una cuestión previa que se plantea de idéntico modo para todo corazón patriota y reflexivo.

Repasemos una vez más la lamentable cadena: no pueden tener autoridad los Gobiernos porque el Parlamento de que nacen y donde se apoyan no la tiene. Y no la tiene porque los organismos locales o centrales, administrativos y de justicia, que intervienen en los comicios, han perdido, con sus prevaricaciones o con su inepcia, el respeto de las gentes. Lo propio acontece con los órganos de la opinión que en toda sociedad normal sirven para suplir las deficiencias de los órganos de poder. Ha dejado torpemente la Prensa que se evapore su potencia sugestiva, y hoy no logra conmover a las muchedumbres ni hacerse oír en la hora de peligro.

Y en tanto, la vida de los españoles crece en complejidad y se hace más intensa. Se trabaja más, se gana más, se goza más. La provincia se va incorporando frente a Madrid. El capital se condensa en núcleos industriales cada vez más numerosos. Los obreros extienden su red de organizaciones defensivas. El mundo, en torno, frenético de vitalidad, ahora guerrera, mañana creadora, aprieta nuestra existencia y nos invita con nuevos problemas a nuevas decisiones.

Parece, pues, llegado el instante para que la nación española dé en todos sentidos el máximum de su rendimiento histórico. ¿Cómo ha de darlo si su estructura nacional no funciona, si es una máquina anquilosada y burlesca que, lejos de multiplicar y reunir los esfuerzos individuales, los entorpece, derrama y aniquila? Los españoles han mejorado fabulosamente en los últimos veinte años; pero España, España es más fantasma que nunca.

No se concibe, en verdad, qué placer sentimos en conservar intactos unos organismos públicos que los ciudadanos unánimemente desprecian. Y sin embargo, apenas se habla concretamente de alguna innovación profunda —la descentralización, por ejemplo—, todos son espantos, como si el régimen hasta ahora vigente nos hubiera abrumado de glorias y satisfacciones.

Vano será cuanto se emprenda, mientras no triunfe, del Bidasoa al Guadalete, una gigantesca voluntad de ensayo y novedad. La España viva tiene, en lo económico y en lo espiritual, unas dimensiones mucho mayores que la vieja España oficial de la Restauración y la Regencia. ¿Por qué no labramos otra a la medida?

Si alguna vez se ha postulado un cambio de régimen público por necesidad, que no por capricho, es ahora. No se trata de volcar sobre el cuerpo español modas legislativas que en nada le son afines. Todo lo contrario: se trata de evitar el absurdo con que pretendemos conservar bajo los músculos de un hombre el esqueleto de un niño.

Nuestro Parlamento, nuestros ministros, nuestros funcionarios, nuestra Prensa, nuestra Universidad, perpetúan su gesto aldeano, ruin e inelegante, mientras el industrial, el obrero, el agricultor, el artista han viajado, han sustituido antiguas por nuevas ideas, aspiran a una vida más ágil y más amplia. De esta nueva España real, que está ahí, fuera de la arqueología oficial y oficiosa, hay que extraer el nuevo esquema de organización.

La pura belleza arquitectónica repudia caprichosos ornamentos. Un edificio es bello cuando sus fachadas expresan, con sus formas, el sistema de fuerzas que mantiene en pie la construcción. Hallar la manera de exteriorizar la realidad interior es el secreto de toda arquitectura. Debemos añadir que lo es asimismo de toda política.

De treinta años a esta parte, la sociedad española se ha transformado profundamente. Intentemos dotarla de una nueva estructura pública. La mecánica de nuestro pueblo es hoy muy otra que en tiempos de la Regencia: han aparecido nuevas fuerzas, se han desvanecido no pocas, antaño dominantes; la proporción de las energías ha variado. Traigamos todo esto a expresión política y entonces veremos cómo España *funciona*.

El Sol, 26 de agosto de 1918

La fiesta de los ingenieros

COMPETENCIA Y POLÍTICA

Con ocasión de festejar a uno de los suyos, los ingenieros civiles van a realizar hoy un acto que merece la atención y la simpatía de todos los españoles. Presentarán al Rey un plan completo de reformas y trabajos que, en el orden de su especialidad, viene a ser el magnífico esquema de una reconstitución nacional. Están cansados los ingenieros de ver que hoy un político, mañana otro, aparece en la plaza pública pregonando tal o cual específico reconstructor. Unas veces se trata de los riegos, otra son los caminos vecinales, cuando no el ferrocarril o la opulencia forestal. Exentos los pregoneros políticos de toda noción técnica sobre el menjurje que a voz en grito encarecen, convierten siempre en huero tópico lo que acaso merecía ser una bien nutrida realidad. Haciendo de un vocablo su privada plataforma, aspira a acaparar éste los caminos o los ferrocarriles, mientras el de más allá pretende recoger en su menudo vaso todos los riegos peninsulares. Sin buen orden ni continuidad, las mejoras de la tierra, de la industria, de las comunicaciones, viven sometidas al alza y baja del personaje político como si se tratara de su patrimonio nativo o le hubieran caído de premio en alguna lotería. Es en verdad inconcebible que soporte pacientemente la conciencia pública esta pueril práctica, y conviene que de una vez se concluya con el absurdo de convertir funciones esenciales de la vida colectiva en programa unipersonal del bobo o del audaz.

A este fin, los ingenieros han elaborado un sistema de transformación técnica de España, poniendo en él su competencia, sin la cual es en estas materias vana palabra el mejor propósito. Invitarán al Rey a que lo acoja como un bien nacional y un anhelo de todos para que, amparando su ejecución y libertándola de las vicisitudes políticas, llegue a la plenitud de su realidad.

No se trata, pues, de que los ingenieros quieran hoy dejar su ingeniería para tornarse una fuerza política. Es, más bien, todo lo contrario. Acuden a la vida pública como lo que son, como hombres de ciencia y de práctica técnica; aportan a la gobernación lo que es su haber, el conocimiento, y piden que, en lugar de orientar las leyes de obras públicas en el viento de los discursos, alimenten los Gobiernos la *Gaceta* con este acervo de minuciosos y meditados estudios.

No necesitamos decir que acogemos con toda efusión el propósito de los ingenieros. Es para nosotros un punto trascendental de nueva política que, dejando de ser exclusiva faena de abogadetes y decidores, integre todas las fuerzas nacionales; una de ellas, y de las más eficaces, es la competencia. Todos los cuerpos técnicos deben colaborar como tales en la política. La iniciativa de los ingenieros puede significar la instauración de este excelente y nuevo uso.

Pero, claro está, la repercusión que halle en el país dependerá del rigor que se emplee para eliminar todo equívoco y de que no se dé pretexto al Gobierno y sus periódicos para inscribir en las listas del partido maurociervista, entero y verdadero, el Cuerpo de los ingenieros civiles españoles.

Suponemos que en el discurso que hoy pronuncie, pondrá el señor Ossorio y Gallardo sus cinco sentidos, pero sobre todo el tacto.

Publicado sin firma, *El Sol*, 21 de junio de 1919